川北眞紀子 *Kawakita Makiko*
薗部靖史 *Sonobe Yasushi*

アートプレイスとパブリック・リレーションズ

——芸術支援から何を得るのか

有斐閣

はしがき

私たちは経営学の分野でパブリック・リレーションズ（広報）を研究している。その立場から，企業に対して芸術支援に関するインタビューを重ねてきた。それらを通して感じたのは，優れた活動を行っている企業や部署の担当者が一様に「芸術を通して社会を支え，社会にお返しをするのだ」という気概を持っていたことである。

経営学やマーケティングの分野では，企業へリターンがあるのかどうか，あるとすればどの程度かということに意識が向かいやすい。だが，芸術支援に関しては，支援する企業が得するかどうかよりも，社会や他者に向けての感謝の思いが圧倒的に強かった。もちろん企業が利潤を追求する存在である以上，担当部署のマネジャーであれば社内や株主の同意を得なければならないだろうし，企業イメージが良くなることや，販売促進との兼ね合いなど，ベネフィットをまったく意識しないということはないだろう。

しかし，芸術支援の担当者やその企業のトップは，自社だけでなく社会全体を広く俯瞰し，過去から未来への文化継承を見据えていた。そうしたビジョンを持った企業にとって，アートプレイスは芸術を通して社会志向を獲得する場として機能していた。アートプレイスでの活動によって，企業は地域社会にとってなくてはならない企業市民として地域に溶け込み，地域コミュニティや芸術コミュニティを味方にしてきていた。

本書の読者のなかには企業経営者や芸術支援担当者もいることだろう。そうした方々には，「どれほどの関係者や関係企業が，わが社を必要としてくれているのか」と考えてみてほしい。本書で取り上げるとおり，芸術支援を通じて関わるステークホルダーは多岐にわたる。「社員は自社を誇りに思ってくれているのか」「株主は逆境のなかでも支援し続けてくれるのか」「消費者は企業やブランドのファンであり続けてくれるのか」「取引先は苦楽をともにする関係で，今後もそうあってくれるのだろうか」。

それらの質問に「はい」と答えられるなら，彼らは企業にとって味方であり，今後も自社の存続を強力にアシストする原動力になってくれるに違いない。反対に，残念ながらまだ自信を持ってそう答えられないという方は，ぜひともアートプレイスの活用を検討していただきたい。本書で取り上げたさまざまな事例は，アートプレイスを味方づくりの場として活用するヒントがそこかしこにちりばめられている。

本文でも触れてきたように，たしかに，アートプレイスを構築するには時間や手間がかかり，その効果がどのようなもので，どの程度高まるのかといった厳密な検証をするのは非常に難しい。たとえ単純な指標を用いて定点観測をしたとしても，アートプレイスの構築と同じくかかる数年から数十年の時は早送りすることができない。しかし，即時的な効果が得られない，すぐに答えがでないことがかえって，人々のつながりを深めることに結びつき，模倣を容易でなくしていくと考えれば，それはそれとして意味があるといえるだろう。

本書は 2017 年から 2022 年までに実施したインタビュー成果にもとづいている。まず，2018 年 10 月から 2019 年 3 月にかけて，雑誌『経済広報』に企業の芸術支援についての記事を寄稿した。それ以降も各所でインタビューを続けて，このたびようやく本書を上梓することとなった。本研究は問いや答えが明確でないなかで探索的に進めていったため，構想から執筆までに数年を要することとなった。その間，私たちの調査にご協力いただいた企業ならびに芸術文化施設の方々には，原稿の確認や写真の提供なども含め，多方面でお世話になった。心から御礼を申し上げたい。なお，本文では学術書の慣例にならって各位の敬称は省略したことをここに明記し，ご容赦いただきたい。

いくつかの研究会や学会で，構想段階の事例や枠組みを発表した際には，多くの先生方からご意見をいただいた。なかでも一橋大学大学院商学研究科（現・経営管理研究科）で古川一郎研究室の出身メンバーが中心となって発足した研究会で発表したときには，その指摘に多大な刺激を受け，それが本書を執筆するきっかけとなった。

古川一郎先生（武蔵野大学／一橋大学名誉教授），後藤晋哉氏（S. Goto Marketing），鎌田裕美先生（一橋大学大学院），金春姫先生（成城大学），Assarut Nuttapol 先生（チュラロンコン・ビジネススクール），上原渉先生（一橋大学大学院），飯島聡太朗先生（共立女子大学），谷雨氏（KINTO テクノロジーズ株式会社），鴇田彩夏先生（目白大学），松井彩子先生（武蔵野大学）にこの場を借りて御礼申し上げたい。

また，著者の一人が参加したClubhouse上での有志の集まりでは，多様な分野の研究を紹介いただき，たいへん参考になった。出版にあたっては有斐閣の柴田守さんと四竈佑介さんに執筆や編集などに多大なるご協力をいただいた。編集担当の四竈さんには，内容に関する指摘にとどまらず，多くの示唆的なアイデアをご提供いただいた。装幀家の守先正さんには，本書の内容を踏まえた素敵なブックデザインをしていただいた。

なお，本研究は科研費20K01946の助成，ならびに2022年度パッヘ研究奨励金I-A-2の助成を受けたものである。これらの支援なしに，ここまでの取材は行うことができなかっただろう。心から感謝を申し上げたい。

本書は，芸術自体と芸術の持つ社内に向けた影響を研究する川北眞紀子と，スポンサーシップを通じた社外に向けた心理変容を研究する薗部靖史の，それぞれの持ち味を生かして著された。ともすれば利害が異なりやすい企業，従業員，芸術組織，芸術家を中心とするステークホルダーが交流を深める場であるアートプレイスというサーチライトによって，パブリック・リレーションズとアート・マネジメントにまたがる曖昧で不確かな領域に向けて，ある程度光を当てることができたのではないかと考えている。ぜひとも企業の経営層，社会貢献活動の担当者や広報担当者だけでなく，芸術組織のマネジメントに関わる方，アーティストの方々にもご覧いただきたい。

本書が企業の芸術支援のあり方について一石を投じることができたとすれば望外の喜びである。それでも，アートプレイスのすべてを描き切れたとは考えていない。本書の枠組みが，どのような条件下でうまくいくのかを，企業規模や目的，芸術との適合度，期待する効果などについて検討し，効果測定を実施してみることは，研究と実務の双方で意義があるだろう。われわれは今後も「企業と芸術がいかに付き合っていけばよいのか」という視点でこの研究を継続していきたいと考えている。もしも何かの機会に直接お会いすることがあれば，本書の感想とともに忌憚のないご意見をうかがえれば幸いである。

2022年初秋

著者一同

著者紹介

川北眞紀子（かわきた まきこ）

南山大学経営学部教授

筑波大学芸術専門学群卒業。慶應義塾大学大学院経営管理研究科博士課程修了，博士（経営学）。学部時代は日本画を専攻。リクルートに入社し広告制作を担当。その後，広告事務所を主宰し，グラフィックデザインやマーケティング企画に携わる。趣味はチェロ演奏。

主著に『広報・PR論――パブリック・リレーションズの理論と実際』（2014年〔共著〕，有斐閣。第10回日本広報学会賞〔教育・実践貢献賞〕。2022年，改訂版），「クラシック音楽の鑑賞者行動の定性研究――関与対象の違いによる類型化とマーケティング対応」（『南山経営研究』33(2) pp. 235-253，2018年），「芸術文化組織の参加型広報プログラムに関する定量調査――ボランティア動機がコミットメントに与える影響」（『広報研究』23，pp. 67-79，2019年〔共著〕。第14回日本広報学会賞〔研究奨励賞〕），『アクティブ・ラーニングのためのマーケティング・ショートケース――ビジネススクール流思考力トレーニング』（2020年〔共著〕，中央経済社），『商品開発・管理の新展開』（商品開発・管理学会編，2022年〔分担執筆〕，中央経済社）など。

担当章：序・1・2・3・4・5・9・終章，補論1，補論2（1，2節），補論3（1，3節）

薗部靖史（そのべ やすし）

東洋大学社会学部教授

早稲田大学商学部卒業。一橋大学大学院商学研究科博士後期課程修了，博士（商学）。一橋大学大学院商学研究科ジュニアフェロー，高千穂大学商学部助教，同准教授，東洋大学社会学部准教授を経て，現職。学部生の頃より広告理論，マーケティング・コミュニケーションを，大学院入学以降にマーケティング・リサーチを学ぶ。

主著に『広報・PR論――パブリック・リレーションズの理論と実際』（2014年〔共著〕，有斐閣。第10回日本広報学会賞〔教育・実践貢献賞〕。2022年，改訂版），「芸術文化組織の参加型広報プログラムに関する定量調査――ボランティア動機がコミットメントに与える影響」（『広報研究』23，pp. 67-79，2019年〔共著〕。第14回日本広報学会賞〔研究奨励賞〕）「動画共有サイトのユーモアと認知的経験が動画への態度と購買意図に及ぼす影響――観光PR動画を用いた定量分析」（『広報研究』23，pp. 93-105，2019年〔共著〕，第15回日本広報学会賞〔研究奨励賞〕），“The Prestige Effects of Sponsorship on Attitudes toward Corporate Brands and Art Events”（『企業と社会フォーラム学会誌』9，pp. 42-58，2020年〔共著〕，第16回日本広報学会賞〔研究奨励賞〕），『1からのデータ分析』（古川一郎・上原渉編，2022年〔分担執筆〕，碩学社）など。

担当章：第6・7・8・10・終章，補論2（3節）補論3（2節）

目次　アートプレイスとパブリック・リレーションズ

序章

アートプレイスへの注目

1. 企業が直面する課題

いま，企業は大きな変革の試練に直面している。インターネットが生活の隅々にまで入り込み，コロナ禍で人々の価値観や行動が変わった。人々が製品や企業に求めるものは，これまでのビジネスで前提としてきたものとはかなり異なってきている。

お手本のない世界

高度経済成長期には海外製品に追いつけ追い越せと，企業はお手本をめざして努力をすればよかった。追いついた日本企業はその後，綿密な消費者調査をもとに顧客の望む高性能な製品やサービスをつくりだしていった。たしかに，消費者のニーズ調査を得意とする企業が競争した結果，どの商品もそれなりに優れているものとなっていった。

だがその結果，どの企業の製品もそれほど差がないものになってしまった。いわゆる，**コモディティ化**が進んでしまったのである。実際に，買い物をする場面を考えてみると，棚に並んでいる製品のどれを選んでもそれほど失敗はしないだろうなと思い，ていねいに比較して検討することなく買い物かごに入れることが多い。だが，そうなると企業は競合他社と価格でしか勝負ができなくなってしまい売り手は疲弊していくことになる。

さらに，インターネットがビジネスの可能性を大きく変え，コロナ禍で消費者のデジタルへのシフトが決定的となった。これまでの事業の前提や常識が通用しない**「お手本のない」世界**がやってきたのだ。不確実性の高い状況のなかで価格競争から脱出し，人々に選んでもらえる商品を提供するためにはどうすればよいのだろうか。今後を生き抜くため，企業はこの問いへの答えを探さなければならなくなってきた。

ソーシャルグッドへの要求

企業の不祥事があとを絶たない。エンロン[★1]や東芝の不適切会計など不祥事はなぜ起こるのだろうか。良くないことだとわかっていても，硬直化した企業内のしがらみから抜け出せず不正を続けてしまうことはめずらしいことではない。その少しの不正の積み重ねが，不祥事へとつながっていく。少しのミスであっても，衆人環視のなかにある SNS 社会では，それがまるで重大な事故や事件であるかのように炎上していくこともある。企業は，誰に見られていてもよいマナーで，日々誠実に事業を続けることが求められている。

こうした不祥事を起こした企業の製品は購入されなくなってしまうおそれがある。人々は企業に製品の良さだけを求めて購入するのではなく，それを企画開発して提供するまでに，企業がどのような対応をしているのかという部分にも意識が向くからである。そうした意識は，企業が不祥事を起こさないことだけでなく，**良いことを行う**といった**ソーシャルグッド**への要求にも向けられはじめている。

消費者は，モノやサービスが提供されるまでのプロセスにこだわり，そのプロセスに嘘がないのか，環境に負荷のない製造方法なのかといったさまざまな情報とともに製品を消費する。機能性や便利さだけでなく，購買による心の充足もまた重視されるようになっている。クラウドファンディングでは，そのプロジェクトの背後にあるストーリーに共感できるかどうかで人々はお金を出し，良いことを応援してそこに参加するという満足感を得る。つまり，人々が製品を買うときに，その**背景にあるストーリー**まで消費するようになってきたのである。

さらに，国連では SDGs という言葉が提唱され，持続可能な目標を立てようと世界各国に呼びかけてきている。カンヌライオンという世界的なコミュニケーション分野の賞では，**ソーシャルグッドな取り組みをしている**

企業や NPO のコミュニケーションが次々と受賞している。企業の社会的責任（CSR）の次の段階として，「未来まで持続可能である」という社会性が企業に求められるようになった。**「社会的によい存在」であることへの人々の要求**が高まり，企業もそれに応えなければならなくなっている。

これまでのコミュニケーションが効かない

若者たちのマスメディアへの接触時間は低下してきている。自宅で新聞を購読していない家庭が多く，テレビ番組を見る場合もリアルタイムではなくオンデマンド配信でタイムシフト視聴する。彼らのメディア接触時間の多くは，SNS やネット動画の視聴に充てられている。[★2]そのため，マスメディアの広告の影響力は落ちる傾向にあり，他方でネット上の動画やインフルエンサーの SNS 投稿が影響力を持つようになってきている。これまで企業が前提としてきたコミュニケーションだけでは，消費者に情報を届けることは難しくなっている。

消費者は機能的なモノだけにお金を払うのではなく，ブランドへの愛着，人々とつながる場としてのサービスの場など，ブランドあるいは企業と消費者個人が重なる部分に価値を見出すようになってきている。そのためのコミュニケーションは，**企業と消費者の双方向でのやりとりを通して，さらには，消費者が参加する場づくり**といったことを計画することによってなされなければならない。広告スペースを買って，素敵な写真とキャッチコピーを載せるといった従来型の**一方向コミュニケーションだけでは，人の心を動かすのに不十分**なのである。

★1　エンロンはアメリカの大手の総合エネルギー企業である。巨額の不正経理が明るみに出て 2001 年に破綻した。

★2　1 日の各情報行動の平均時間は，「テレビ放送を見る」時間は，20 代で 127.9 分，10 代で 70.5 分である。「ネット動画を見る」時間は，20 代で 80.1 分，10 代では 77.8 分である。「ソーシャルメディアを見る・書く」時間は，20 代で 51.7 分，10 代で 44.3 分である。（橋元 2021 より）。テレビを見ている時間よりも，ネット動画やソーシャルメディアに接触する時間のほうが長いということがわかる。

2. 芸術がある場，アートプレイスへの注目

これらの背景を受けて登場するのが芸術（アート）である。芸術は「役に立たない」といわれていながらも，それでも何か効用を見出して存在意義を説明しようとしてきたのが，芸術文化組織や文化政策セクター，そして企業メセナの担当者たちであった。ここでは，**アートプレイスとは，アートがあり人々がそれに触れる場をさす**。たとえば，企業が関わるアートプレイスといえば，企業が運営する美術館やコンサートホールなどがそうである。企業が協賛する芸術祭やコンサートなど，期間限定で行われるイベントもアートプレイスである。

企業が美術館やコンサートホールを持つことは以前から行われてきたし，メセナ協議会が設立された1990年頃には有名オーケストラ公演へのスポンサードや，有名美術展へのスポンサードが数多く存在した。しかし，近年のメセナアワードで表彰される活動を見てみると，芸術支援活動が少し変化してきているのがわかる。単なる資金提供だけでなく社員が参加する活動や，人々のコミュニティをつくる活動が注目されてきている。つまり，**アートプレイスでさまざまな人が参加し交流していくというスタイル**が注目されているわけである。言い換えれば，**アートプレイスは企業にとって，人々と接触するための有力なメディア**としての役割が期待され，新たに脚光を浴びはじめているのである。

本書では前述したように，製品開発のお手本がなく（あるいは製品のコモディティ化が進み），ソーシャルグッドへの要求が高まり，既存のマスコミによるコミュニケーションが効かなくなっているという3つの課題に対して，アートが何かヒントをもたらすのではないかと考えている。

そこでは4つの機能が関連しそうである。まず，コモディティ化への解決の手がかりとしての**真正性を表現するためのアート**，**イノベーションの誘発材としてのアート**という機能の2つである。ソーシャルグッドへの手がかりとして，**倫理センサーとしてのアート**の機能もあげられる。そして，これまでのコミュニケーションが効かなくなってきた課題に対して，ステークホルダーとの**関係構築のつなぎ役としてのアート**の機能である。

真正性（オーセンティシティ）を表現するためのアート

コモディティ状態を回避するために，企業はどうすればよいのだろうか。そのひとつの方法が，消費者に真正性（authenticity）を感じてもらうことではないだろうか。

真正性とは，**対象に対してどれくらい「本物であるのか」**を示す概念とされ（田中 2013），**本物**あるいは**本物感**と訳されることもある。Gilmor and Pine II（2007）は，消費者は，以前はコストや品質をベースに購買をしていたが，あらゆるものがコモディティ化してしまった現在では，本物かどうかで購買するようになってきたことを指摘している。

たとえば，あるブランドに本物感があるかどうか，といった点が消費者にとって購買の理由になることがあるだろう。では，その本物感（真正性）とはどこからもたらされるのだろうか[★3]。彼らは，これらの**真正性を表現するためにアートを使うことができる**（Gilmor and Pine II 2009）という（真正性についての詳細は**補論 1** を参照）。

芸術を製品に直接組み込むことで，顧客にとっての新たな価値をもたらすことができるだろう。それだけでなく，アートを提供物の世界観に利用することで，さまざまな**経験価値**[★4]が提供できるかもしれない。このように直接的そして間接的な影響を，アートはビジネスにもたらすことができるのではないだろうか。

イノベーションの誘発材としてのアート

秋元（2019）はイノベーティブな発想とアートは相性がよいはずだと主張している。芸術体験は，一種の「常識からの逸脱行為」であり，その時代の合理性や論理だけでは測ることができないものであり，ビジネスにおける**イノベーションもそのような「常識からの逸脱行為」によって生まれてくる**のだとしている（秋元 2019）。

アーティストと相互作用を持つことが，人材にクリエイティブな発想をもたらし，創造的な組織文化を育むといった可能性も多く指摘されてきた。つまり，**企業の内部資産である人的資源や組織文化に刺激を与えるためのアートの存在**が注目されてきているのである。

たとえば，他者の視点や立場から世界をイメージすることを視点取得と呼ぶが，**多元的な視点取得**が創造的な成果を生むことが組織論の分野で示されている。チームの多様性や接触相手の多様性が多元的な視点を介して創造的成果を高めるのだという（竹田 2021）。また，創造性がイノベーションへと結実していくまでには，アイデアが生まれ精緻化されるだけでなく，組織内で他のメンバーによって擁護され実装されるフェーズが必要となってくる（Perry-Smith and Mannucci 2017）。この擁護をチャンピョニングと呼ぶが，アイデアの芽を潰さないためにも，他の組織メンバーが**イノベーティブなアイデアをチャンピオニング（擁護）できる感覚を持つ必要**がある。組織全体でアートに触れる重要性がここにある。

また，課題解決を志向する**デザイン思考**や課題設定を志向する**アート思考**といった考え方は，クリエイティブ人材の思考法をビジネスに取り入れようとするものである。このようなメソッドが開発され，いくつもの企業がそれを研修に導入しているのである。

お手本がない時代には，新たなものを自分で発想しなければならない。また，まったく異なった価値観や世界観を「今までにない」からと却下するわけにはいかない。既存でないもの，新しいもの，論理を超えているものといった**未知のものに価値をおくアート**が革命期には必要なのだ。新しい発想をもたらす個人のクリエイティビティだけでなく，**多様な価値観を許容できるマインドを持った組織風土，言い換えるとクリエイティブなアイデアの芽を摘まずに育む組織風土は，芸術に触れることで育まれる**かもしれない。つまり，**イノベーションを誘発し，それを擁護できる組織文化を育む可能性を持つもの**が，アートなのである。

倫理センサーとしてのアート

企業人は企業内で求められる成果に向けて日々努力を重ね，企業内のしがらみやルールに縛られて生きている。不祥事が起きる要因として，上司に逆らってでも倫理的に正しいことをすることが難しい社内風土であることが，頻繁に指摘される。これは，組織論で非倫理的向組織行動[★5]と呼ばれるものである。たとえば，損失を隠すということは，倫理的にはよくないことであるにもかかわらず，「組織のため」になると信じて実行してしまうといった行動である。

長期的に見ると組織のためにはならないことでも社内プレッシャーに負け，非倫理的な行動をしてしまうことはありうる。そのためには，「倫理的におかしいぞ」と感じるセンサーを個人が持たねばならないし，組織としてもそのセンサーを持ち続ける文化を獲得する必要がある。この**倫理センサーを維持する**ために，アートプレイスで**多様な価値観を持つ人々との相互作用**と，アートが持つ批判的な側面に触れることは有用だろう。社内でしか通用しない固定された価値観に縛られずにすむかもしれないからだ。

また，世間の価値基準は変化し続けている。たとえば，SDGs という言葉は 2015 年に国連で提唱され，企業が取り組まなければならない目標として定着しつつある。人々の環境意識やジェンダー観，生活価値観も刻々と変化していっている。一昔前の価値観でつくられた社内ルールを引きずったままだと，多くの問題のタネを抱えた組織となってしまうだろう。変化を感じ取る個人の能力や，多様な価値観を許容し新しい価値観を受け入れる企業文化を育むことは，企業のセンサーの感度を高めていくことになるだろう。また，現代アートは社会課題と向き合うものが多く，そういった視座を提供してくれる可能性がある。

企業の倫理センサーの感度が高まり社会課題が捉えられると，**ビジネスに活かすことができる２つの利点**がある。まずひとつは，**新事業のヒントは，人々の課題解決を考えることから生まれる**ことが多い。これは CSV[★6]（creating shared value）といわれてきた考え方であり，社会課題の解決とビジネスの成功を両立させるという考え方である。

次に，**世間の認識とのズレを修正することにより不祥事の回避が可能となる**ことである。自社の営利追求という「正義」が，社会の良識と異なる場合に，それに気づくことができるのである。たとえば環境問題や人権問題に対する感度が高ければ，法的なグレーゾーンにある自社の廃棄問題や労働環境の問題に対して自らを律することができるだろう。倫理的な問題があるかどうかという視点を通して，自社の常識を疑う目を持つことができるのである。そうした目を持てば，問題発言による炎上や，不適切な商慣行の問題の露呈など，危機を回避することができるかもしれない。

関係構築のつなぎ役としてのアート

以上の３つの点は，これまでにもアートのビジネスへの効果について指摘されてきたことである。しかし，いかにしてビジネスに還元していくかの具体的な方策についてはあまり語られてこなかった。その方策のひとつとして，芸術支援の方法のなかでも，**アートプレイスを企業が自らつくる**ことに今回は焦点を当てていきたい。

アートがある場には，人々をつなぐ機能がある。本書で取り上げる事例でも，多くの場合，アートプレイスが企業と多くのステークホルダーとをつなぐ役割を果たしている。**ステークホルダー**とは，経営学の用語で企業などの組織を取り巻く利害関係者や利害関係団体をさす。それは顧客や取引先だけではなく，従業員や採用市場，地域住民や業界団体までと非常に広い。

たとえばマーケティングの立場から見ると，顧客に対していかに企業がコミュニケーションをとっていくのかは最重要課題であろう。顧客に対して自社というブランドを確立させていくためには，顧客とともにブランド価値を高めていく必要がある。価値は顧客とともにつくるという共創の時代であるからだ。そのため，媒体を買って一方的に発信するだけの広告だけでは不十分になっているのだとすると，顧客と企業がともに価値をつくる場が必要となってきている。

また，企業内の社員とのコミュニケーションに関しても，アートプレイスが重要な存在であることも多い。その企業が自らの存在意義を確かめ，社員とともに事業を営んでいくためには，社員が経営理念を理解し体得しなければならない。そのためには，経営理念を標語として掲げるよりもアートプレイスでともに考えるスタイルのほうが，手間や時間がかかるかもしれないが，関係を育むには非常に有用だろう。

アートプレイスをつくることは，**さまざまなステークホルダーと長期的に良い関係を築く**ことに寄与している。即効性はないかもしれないが，ともにアートを媒介にしてコミュニケーションをとることは，これまでにない新たな関係をつくりだし，周辺に自社の味方をつくっていくことができるのである。

このようなビジネス界からの芸術への注目の流れは，芸術分野で生きる人々にとって朗報であろう。2020年にはじまったコロナ禍でコンサートが中止に追い込まれ，美術館は閑散とし，文化イベントに人が集まることが難しくなってしまった。パンデミックを契機に，それまで，顧客志向であることに抵抗感のあった芸術家や芸術文化組織の人々が，自分たちの存在意義を模索しはじめている。

★3　彼らは，5つのジャンルのオーセンティシティがあるとしている。それは，自然なもの，オリジナルなもの，参照元があるもの，例外的なもの，影響力のあるもの，である。

★4　経験価値とは，利用経験プロセスにおける感動や満足感といった心理的な側面から見た価値である。購買したモノが消費者の問題解決行動に利用可能であるといった機能的価値と対比して使われる。

★5　非倫理的向組織行動（unethical pro-organizational behavior: UPB）とは，「組織あるいはメンバー（例：リーダー）の能率を促進するために，社会的中核となる価値観，慣習，法，あるいは適切な行動基準を侵害する行為」であり，その構成要素は2つある。ひとつは社会的規範に従わない不道徳な行動で，たとえば粉飾による株価の維持や製品の製造日偽造などの遂行行動である。もうひとつは，製品の欠陥に関する情報を隠蔽するといった怠惰行動である（Umphress and Bingham 2011，北居ほか 2018）。

これを山口（2017）は「狭い世間の掟」と呼び，人材の流動性がないと「広い世間の掟」が見えなくなると指摘している。自分が所属している「狭い世間の掟」を見抜く力を持つには，異文化体験を持つか，美意識を持つかのどちらかが必要だとする。ここでの美意識とは，自分の目の前でまかり通っているルールや評価基準を相対化できる知性を持つことを意味している。つまり，倫理的に良いという観点まで含めた価値判断を「美意識」とし，その内在化がアートで培われるという主張である。

★6　CSV（creating sheared value）は，M. ポーターとM. クラマーによって提唱された概念であり，共通価値と訳される。経済的価値を創造しながら，社会的ニーズに対応することで，社会的価値も創造するというアプローチである。これまでの考え方は，社会的価値を追求するためには事業の利益をある程度犠牲にしなければならないとされてきた。しかし，そうではなく社会的価値を追求しながらも，それが結果として事業の成功に結びつくのだという考え方が共通価値のアプローチである。たとえば，インドでのトムソン・ロイターの農民向け月極サービスでは，3カ月5ドルで，天候や穀物価格に関する情報や農業へのアドバイスを受けられる。推定契約者200万人の6割が収入を伸ばしているという。

3. 本書のねらい

本書では，**アートプレイスをPR（パブリック・リレーションズ）の視座から捉えることで，そのさまざまな意義を考えていく**。芸術支援はそれほどすぐに，ビジネスに効くというものではない。むしろ，**ゆっくりと，かすかに良いことがある**と捉えたほうがよい。**手間暇をかけることで，人々との関係性を深め，少しずつ企業の味方をつくっていく**のである。厳密にいえば，芸術支援に時間がかかるのは，芸術に即効性がないからではない。芸術の場が人々をつなぎ，企業がステークホルダーとの関係を構築するというパブリック・リレーションズ自体が時間を要する営みだからである。

このあとの**第1部**では，メディアとしてのアートプレイスについて解説する。**第1章**で，企業と芸術との関わりについてより詳しく考えていく。アートとは何か，アートとエンタテイメントやデザインとの違いを支援の面から考える。次に企業と芸術との関わりの現状と歴史を概説する。**第2章**では，ビジネスにとってのアートプレイスについて，本書の重要な枠組みとして用いるアートプレイスの4類型を説明する。

次にアートプレイスの事例を紹介していく。**第2部**は企業が所有するタイプのオウンド・アートプレイスである。**第3章**は，ショッピングセンターの販促イベントが工藝作家の登竜門にまで発展したニッケの「工房からの風」の事例である。**第4章**は，100年以上にわたり日本の芸術家の発表の場をつくり続けた資生堂の「資生堂ギャラリー」と「資生堂アートハウス」を取り上げる。**第5章**は，芸術支援が社員への理念浸透装置として機能しているベネッセの「ベネッセアートサイト直島」の事例である。

第6章は，日本の生活文化を新たな視点で捉えて社会に提供してきた「サントリー美術館」と，日本初の本格的なクラシック音楽ホールである「サントリーホール」を中心に，サントリーの芸術支援を取り上げる。**第7章**は，メーカーや販売会社が地域のステークホルダーと一緒に，地域のアマチュア楽団による音楽会を開催してつながっていくトヨタ自動車の「トヨタコミュニティコンサート」を紹介する。

第3部は，企業が直接アートプレイスを所有しないタイプの，ペイド・アートプレイスを取り上げる。**第8章**は，日本における企業の芸術支援の原点ともいえる「大原美術館」を取り上げる。**第9章**は「可児市文化創造センターala」という公共施設の，企業の小さな支援を集めながら人々をつなぐ「私のあしながおじさんプロジェクト」を取り上げる。**第10章**は，クリエイターと企業をつないで共同の場をつくることによって，企業に新しいアイデアをもたらす「ロフトワーク」を紹介する。

終章では，これらの複数の事例をもとに，本書の結論となるアートプレイスの形態が生み出すコミュニケーション効果についてまとめる。4タイプのアートプレイスの特徴をもとに，企業への効果の違いを検討する。これらの結論から，アート組織に対するヒントも提供していきたい。さらに芸術支援のこれからについても考える。

本書では主な読者層として，次にあげる人たちを想定している。芸術支援を行っている，あるいは，これから行いたいと考えている企業や経営者，広報やCSR，SDGsに携わる人たち，および，芸術組織の責任者，芸術家である。これらの読者に必要最低限の分量で内容をわかりやすく理解してもらうため，本編では学術研究の詳細を省いて説明している。

だが，実際のところ，本書は学術研究をもとに執筆している。研究者など，本書で用いた理論に関心を持つ読者もいるかもしれない。そこで，本書では，芸術支援に関する研究についてのレビューは本編のあとに**補論**として掲載する。**補論1**では，アートプレイスの役割について，交流の舞台としてのメディア，文化経済学の視座，アートの価値に触れていく。**補論2**では，企業と社会のあいだと題し，ステークホルダー理論とアートプレイス，企業の芸術支援によるCSVを考える。**補論3**では，企業のコミュニケーションと文化芸術について扱う。外部へのコミュニケーション効果を視野に入れた芸術へのスポンサーシップと，企業内部のコミュニケーションとアートについて検討する。

本書では比較的大手企業の事例を取り上げたが，これらの事例は規模にかかわらず参考になると考えている。支援のやり方によっては，かえって小規模であるほうが好都合なものもある。たとえば，資生堂がギャラリーをはじめたのはまだ小さな企業であった頃である。サントリーも創業当時から社会貢献のひとつとして芸術に関わり，ブランド力を高めてきた。トヨタコミュニティコンサートは，大企業のなかでの比較的小さな取り組みを取り上げている。ディーラーや地域の人々をさりげなくサポートすることで，人々をゆるく長くつないでいくことは，むしろ小さな企業や地域の拠点にとってこそ参考になるしくみであろう。大原美術館の取り組みも，地域の複数の企業がアートプレイスを介してゆるやかにつながり，地域愛を育んでいる事例として取り上げている。

大企業でなくても，こういったアートプレイスでの小さな関わりの構造をつくりながら，自社の事業分野や自社らしさと関連させた活動に取り組んでいくことは可能だろう。お金をかけずに手間をかけながら工夫を凝らして長期的に周囲の人々を巻き込む手法は，立ち上がったばかりの小規模な組織など多くの企業に応用できると考えている。また，社内の目利きの担当者の存在，ステークホルダーと関係を築いていくためのルールづくり，支援する芸術分野と自社の顧客との適合については，各事例の具体的な取り組みにさまざまなヒントが見られる。

また，芸術組織の関係者にとっても，何かヒントが得られるのではないだろうか。芸術家は芸術を「商業利用」されてしまうことに少なからず抵抗感を持っている人が多い。しかし，その一方でレベルの高い芸術活動を生み出す環境をつくりだし，維持していくためには資金が必要である。そうした構造的な課題を抱えてきたのが芸術組織である。コロナ禍を経て**芸術組織がその芸術的価値を維持しながらも，社会のなかで歩み続けるために，芸術の多様な活かし方を理解することは，生き残りの一歩**なのではないだろうか。多様な活かし方を考えることは，多様な価値観を提示することができる芸術の得意とすることのはずである。

参考文献

秋元雄史（2019）『アート思考――ビジネスと芸術で人々の幸福を高める方法』プレジデント社

北居明・鈴木竜太・上野山達哉・松本雄一（2018）「『組織のため』の罠――非倫理的向組織行動研究の展開と課題」『組織科学』52（2），18-32.

竹田陽子（2021）「多元的視点取得が創造的成果に与える影響」『組織科学』forthcoming.

田中祥司（2013）「真正性の評価過程」『早稲田大学大学院商学研究科紀要』77，91-103.

辻惟雄（2005）『日本美術の歴史』東京大学出版会

橋元良明編（2021）『日本人の情報行動 2020』東京大学出版会

三浦俊彦（2020）『東大の先生！　超わかりやすくビジネスに効くアートを教えてください！』かんき出版

山口周（2017）『世界のエリートはなぜ「美意識」を鍛えるのか？――経営における「アート」と「サイエンス」』光文社

Gilmore, J. H. and B. Joseph Pine II（2007）*Authenticity: What consumers really want,* Harvard Business School Press.（ジェームズ・H. ギルモア，B. ジョセフ・パインII，林正訳『ほんもの』東洋経済新報社，2009 年）

Gilmore, J. H. and B. Joseph Pine II（2009）*Using art to render authenticity in business,* Arts & Business.（https://www.researchgate.net/publication/291769083_Using_art_to_render_authenticity_in_business）最終アクセス 2022 年 10 月 25 日

Perry-Smith, J. E. and P. V. Mannucci（2017）From creativity to innovation: The social network drivers of the four phases of the idea journey, *Academy of Management Review,* 42（1）, 53-79

Umphress, E. E. and J. B. Bingham（2011）When employees do bad things for good reasons: Examining unethical pro-organizational behaviors, *Organization Science,* 22（3）, 621-640.

第1部

メディアとしてのアートプレイス

第１章

企業と芸術との関わり

1. 芸術（アート）とは何か

芸術あるいはアートとは，いったい何をさすのだろうか。印象派の絵画やクラシック音楽は芸術といえそうだが，マンガや演歌は芸術といってよいのだろうか。アート関係の本を見ていても，さまざまなタイプの芸術概念がある。本書ではアートと芸術を同義で使っており，その範囲を広く捉えていることを断りつつ，芸術やアートがどのように捉えられてきたのかを最初に整理しておこう。

芸術とは“未知”のものであるという立場

ベネッセアートサイト直島のディレクターや金沢21世紀美術館館長を経て，東京藝術大学名誉教授でもある秋元雄史によると，芸術体験は一種の「**常識からの逸脱行為**である」という。また，現代アートにとっては，「わからない」ことはむしろよいことで，なぜなら「わからないもの」に接することで思考が促されるからである（秋元 2019）。つまり，**芸術は自分が理解できる概念や常識，知識の外にある未知のもの**として捉えられている。そして，未知であるがゆえに人々を刺激するものとしての価値があるとされてきた。

また，芸術か否かは，受け手によって異なるという見方がある。クラシック音楽の教育に携わるE. ブースは，『ティーチング・アーティスト』という本のなかで，芸術とエンタテイメントの違いについてこう述べている(Booth 2009)。「エンタテイメントはそれが知っている範囲で起こるが，芸術は，私たちが知っている範囲の外で起き」る。「同じ音楽が芸術になったり，エンタテイメントになったり，はては苦行にもなったりするのである」(p. 23)。つまり，作品によって違うのではなく，作品と受け手とのあいだでおこる鑑賞体験に焦点を当て，受け手にとっての未知のものを芸術であるという捉え方をしている。

アート（芸術）とエンタテイメント（デザイン）の違い

それでは，美術分野でのアートとデザインの違い[★1]，音楽分野での芸術とエンタテイメントとの違いはどこにあるのだろうか。**エンタテイメントやデザインは，芸術ではないのだろうか。**いくつかの観点からその違いが述べられてきた。

ひとつめは**お金を稼ぐことができるかどうか**である。欧米では，一般的に市場経済のなかで成り立つものをエンタテイメントと呼び，市場経済のなかで成り立ちにくい非営利のものをアートと呼び区別している（林 2004)。

また，使いやすく美しいデザインの製品は，より高い値段で売れることになる。エンタテイメントもデザインも顧客がお金を払ってくれるため成り立ちやすい。一方，アートは一部のものを除いて，顧客からのお金だけではやっていけないことが多い。そのため，公的な支援や篤志家による支援，企業からの支援などにより成り立つことになる。

2つめは，ひとつめに関連することだが，**顧客志向と作品志向という違い**に現れる。エンタテイメントは顧客にお金を払ってもらうために顧客志向になりやすく，顧客が期待しているものを提供しようとする。水戸黄門の劇を見にくる観客は，期待どおりに印籠が出てこないと納得しないだろう。そのため，芸術に比べてわかりやすいという特徴がある。一方，芸術のほうは作品の質が求められるが顧客志向であることは求められず，わかりにくくてもかまわないのである。アーティストは顧客に迎合することを嫌う傾向さえ見られる。

3つめは，**課題解決をするデザインと課題発見をするアート**という視座の違いである（詳しくは補論3 p. 263参照)。「デザイナーが生み出すのが

“解決策（答え）”であるのに対し，アーティストが生み出すのは“問いかけ”である」。解決策がわれわれを前進させる製品やサービスだとすれば，問いかけは物事の目的や意味を深く追求していくものであるという（Maeda 2012）。そもそも何が問題なのかといった問いからはじめるものがアート思考である（秋元 2019）といわれるように，アーティストが社会に向き合いながら課題や問いを見つけていくプロセスがアートの本質であるとする。つまり，デザインは顧客のための課題を解決する手段であり，アートは課題を解決はしないが，そもそもの課題を見出すような新しい視座を提供してくれるのである。

★1　デザインのことを「応用芸術（Applied Art）」，純粋なアートを「純粋芸術（Fine Art）」と表現することが多い（梅村 2006）。

2. 芸術には支援が必要なのか？

次に，芸術を支援という点から考えてみよう。**図 1-1** は芸術とエンタテイメント／デザインとの関係を表した図である。ここでは，芸術（アート）とは**「失われたらまずい」もの**としよう。たとえば「火事で失われたら取り返しがつかないな」と一般の人でも思う文化財や，専門家が認める美術品，新規のコンセプトを生み出そうとする現代美術などは，おそらく

図 1-1　芸術とエンタテイメント／デザインの関係図

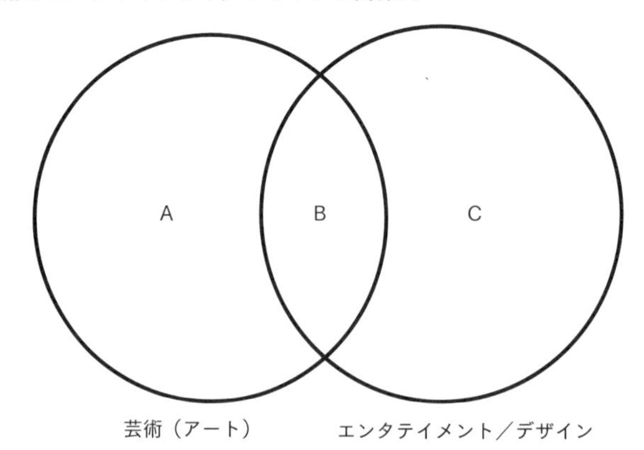

芸術として価値が高そうである。**エンタテイメントやデザインは，顧客を楽しませたり，モノを素敵にしたりという目的を持っていることが多く，顧客がお金を支払ってくれるもの**という定義にしておこう。

まず，エンタテイメント／デザイン（B+C）は，顧客がお金を支払ってくれるため，支援がなくても生き残っていける。

一方，芸術（A+B）はどうだろうか。一部のものは，顧客が鑑賞するときにお金を払ってくれるため，採算が取れるかもしれない（B の部分）。たとえば，現代アートなどでは，十分採算が取れそうな作品や活動が見られる。[★2] しかし，歴史的価値が高い文化財の保存，制作費がかかりすぎるが顧客からのチケット収入だけでは採算が取れないオペラやオーケストラ公演，顧客が非常に限られるが未来のために残したい伝統芸能などは A の部分にあたり，顧客以外のセクターからの支援が必要になってくる。

芸術への支援が可能なセクターは，公的支援，個人の寄付による支援，企業など法人による支援の 3 つである。他国と比較してみると，フランスやドイツなどに代表されるヨーロッパは公的支援が多く，アメリカは個人の寄付が多いといわれている。[★3] 日本は公的支援も少なく，また個人の寄付額も少ない。アメリカと比較すると日本は個人の寄付額が少ないのだが，その理由は，寄付控除の対象となる寄付先の団体が非常に限定的であることや法人の税額控除が優先されてきたという歴史的背景によるものという（Goto and Hemels 2007）。

このような背景のもと，**日本の芸術を支えてきたのは，企業などのプライベートセクターによる芸術支援**ではないだろうか。たとえ社長の趣味のコレクションからはじまったとしても，美術館を運営・公開し社会に還元している企業や企業財団は多い。また，地域の伝統芸能の支援やコンサートへのスポンサードなど，広告宣伝費という名目で支援している例も見られる。地域の企業が，地域の芸術活動を支え，地域の誇りを維持してきたという歴史がある。

日本の経営者のなかには芸術をたしなむ文化人も多く，これまではトップダウンで文化や芸術に力を注ぐことができた。しかし，企業が上場すると株主に対する説明責任が生じる。不景気になると「社長の趣味」以上の理由を提示しないと，金銭的な支出が難しくなってきている。そのようななか，企業のメセナ担当者たちは，さまざまな方法で説明責任を果たしながら，メセナの体制を確立させ，芸術と関わり続けているのである。

企業が芸術を支援してきた理由のひとつは，まず**広告宣伝として必要**であるという点がある。スポンサードすることにより，実際に地域や業界，世界における認知度を高めている事例は多く，認知度や企業イメージアップのために実施するという見方である。もうひとつは，**社会貢献としての支援**である。CSR（企業の社会的責任）やSDGsという文脈で，企業は社会的な価値を提供することが求められる世の中になってきているため，その対象のひとつとしての芸術支援という見方である。詳しくは巻末の**補論2**を参照されたい。

★2　たとえば，村上（2006）は，日本画からマンガまでの日本の絵画を串刺しにし「スーパーフラット」というコンセプトを打ち出した。クオリティの高い芸術作品を生み出しながらも，顧客志向でありアート市場では高値で取引されている。歌舞伎も，伝統芸能としての芸術性を保ちながらも贔屓筋（ひいき）というファンを維持し，コロナ禍に入る前までは黒字化していた。

★3　文化庁の予算は約1000億円であり，国家予算に占める割合はわずか0.1％である。他国と比較してみると，公的支援が多いといわれるフランスは4000億円を超え国家予算に占める割合は0.89％である。2016年度データ（「諸外国の文化予算に関する報告書」一般社団法人芸術と創造〔https://www.bunka.go.jp/tokei_hakusho_shuppan/tokeichosa/pdf/h24_hokoku_3.pdf〕）より。

3. 企業と芸術のかかわりの現状

企業の芸術支援のかたち

それでは，企業の芸術支援のかたちには，どのようなものがあるのだろうか。日本では**社会貢献（フィランソロピー）を目的にした企業による芸術支援**は**企業メセナ**と呼ばれている。一方，**芸術イベントや芸術組織への広告目的の資金提供**は，**スポンサーシップ**と呼ばれている。

ひとつめの企業メセナは，企業が自ら美術館やクラシック音楽ホールを運営したり，クラシックコンサートや美術展を主催したり，芸術家や芸術団体に対する顕彰事業や奨学金，助成を行ったりといったものである。この場合は企業が直接実施することもあれば，企業が財団に出資し，その財団が実施することもある。財団の場合，その種類によって税制上優遇されることがあり，また企業本体の業績に左右されずに長期的に芸術支援に取り組みやすいともいわれている。

もうひとつのスポンサーシップは，ほかの団体への資金提供であり，たとえば，芸術団体やメディアが主催するイベントへのスポンサーとして参加することである。近年では，企業研修にアーティストや劇団員が関わるといったことも増えている。企業内に美術品を展示することで，来客だけでなく社員が常にアートに触れる機会を提供しようとする場合もある。いずれも芸術と企業が関わるかたちであるため，本書ではすべて芸術支援と捉えている。

企業メセナの現状

では，具体的に，企業はどのような芸術との関わりを持っているのだろうか。メセナ協議会の調査（メセナ協議会 2021）によると，実施件数ベースでは音楽分野が 35.1% で，そのなかでもクラシック音楽が飛び抜けて多い。美術分野は 31.6% であり，その内容は現代美術，洋画，日本画が多い。ほかには工藝，ものづくり・産業文化，祭り・郷土芸能，映像，文学といったジャンルが続く。そして，その活動の 8 割が新規ではなく継続支援であり，長期的な視座で実施されてきていることがわかる。

活動の手法は，自主企画と他団体への資金提供の 2 とおりがある。自主企画を実施している企業は 58.6% である。たとえば，自社で美術館を運営したり，音楽イベントを主催したりというかたちである。自社で企画するのではなく，芸術専門組織であるオーケストラや美術館などの他団体への支援・提供は 64.8% であり，その支援方法は資金だけでなく，マンパワーや場所，製品・サービス，技術・ノウハウと幅広いものになっている。

メセナの担当部署は非常に多岐にわたる（図 1-2）。各企業において，メセナの目的が非常に多様であることが担当部署を見てもわかる。総務関連，広報関連や CSR 関連が上位にきているが，文化・社会貢献の専任部署を持っている企業が 13.7% ある。宣伝，営業といった販売目的の部門が担当することは 10% 程度であり，経営企画や社長室といった部門が担当している場合もある。

メセナの取り組み目的（複数回答）を見てみると，「a. 芸術文化支援の

図 1-2　メセナの担当部署

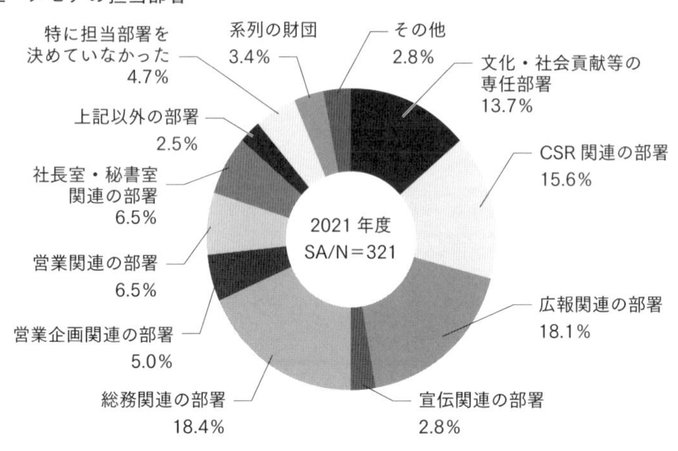

（注）　メセナ実施企業 n＝321。
（出所）「2021 年度メセナ活動実態調査」より。

図 1-3　メセナの取り組み目的

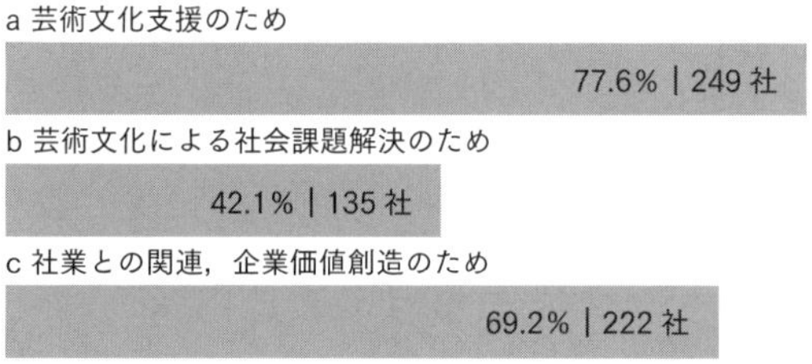

a 芸術文化支援のため
77.6% | 249 社
b 芸術文化による社会課題解決のため
42.1% | 135 社
c 社業との関連，企業価値創造のため
69.2% | 222 社

（注）　メセナ実施企業 n＝321。
（出所）「2021 年度メセナ活動実態調査」より。

ため」77.6%，「b. 芸術文化による社会課題解決のため」42.1%，「c. 社業との関連，企業価値創造のため」69.2% となっている（**図 1-3**）。純粋に芸術文化を支援するという目的をもちろん持っているが，一方で，それは社会課題解決の手段として捉える企業が半数近くある。また，ビジネスに結びつけようとする企業も 7 割となっている。

メセナの取り組み目的ごとにとくに重視した点を見ていくと，「a. 芸術文化支援のため」では，全般の振興の次に，地域文化の振興をあげている企業が多い。「b. 芸術文化による社会課題解決のため」に重視しているものは，「まちづくり・地域活性化」「次世代育成・社会教育」が 6 割を超えている。また，「SDGs」をあげる企業は 28.4% である。

図1-4　社業との関連，企業価値創造のために重視した点（5年前との比較）

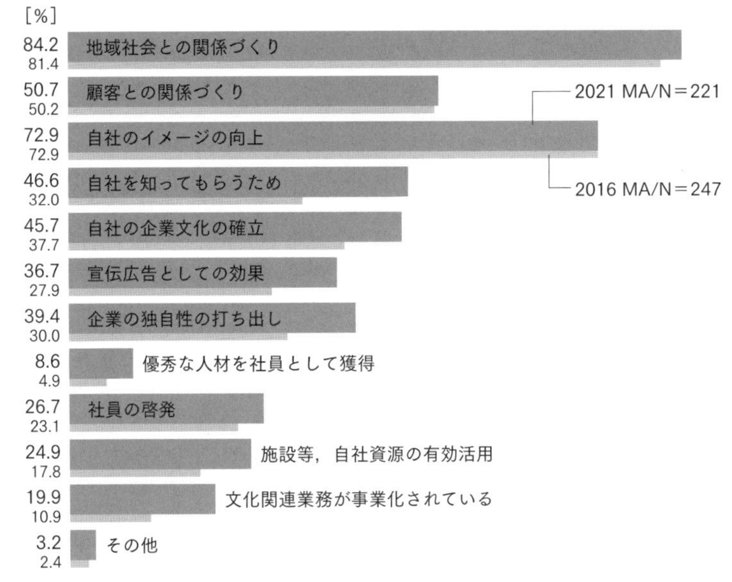

（出所）「2021年度メセナ活動実態調査」より。

また，「c. 社業との関連，企業価値創造のため」に重視した点（**図1-4**）は，「地域社会との関係づくり」は8割以上と最も多い。また，「顧客との関係づくり」「自社のイメージの向上」「自社を知ってもらうため」「宣伝広告としての効果」など，顧客に対するマーケティング手段として捉える企業も多い。さらに，「自社の企業文化の確立」「社員の啓発」「優秀な人材を社員として獲得」など，自社内の人的資源への影響をあげる企業も少なくない。つまり**地域社会，顧客，社員という大きく3つの重要なステークホルダーを意識して自社の価値づくりをしようとしている**ことがうかがえる。そして，それは**「つながりをつくる」役割が大きなポイント**となっている。

芸術支援は地域社会への還元という目的だけでなく，社会課題解決の手段としても捉えられており，さらに，それがビジネスにも効果があると考えている企業が多くある。このように企業が芸術支援をする目的が多様であることは，**芸術支援への説明責任が生じた**結果であるかもしれない。さまざまな目的を意識した芸術との関わりが，企業活動として実施されてきているのである。

4. 企業と芸術のかかわりの歴史

芸術支援の歩み

日本におけるプライベートセクターによる芸術支援は，江戸時代に入った17世紀頃からはじまる。裕福になった商人が浮世絵や歌舞伎，工藝などさまざまな文化に興じるようになり，町人文化へと広がっていった。たとえば豪商であった三井家（のちの三井財閥）は，自らが芸術をたしなみながらも，芸術のパトロンでもあった（林2004）。

明治になると，西洋からの「美術」という概念が入ってくる。それまでの日本には純粋芸術（ファインアート）と応用芸術（デザイン）の境界はなかった。琳派の絵師たちは屏風絵や襖絵，蒔絵に描いていたし，印籠や根付の細工物，陶芸などの工藝品が主な美術品であり，「生活用具をキャンバスにし展開しているスタイル」（梅村2006, p. 51）であった。

豪商は財閥となり，その創始者たちは熱心に美術品のコレクションを日本へと紹介してきた（林2004）。川崎造船所の社長であった松方幸次郎は，大正時代にヨーロッパにあった美術品を熱心に収集した。日本の若い画家たちに本物の西洋絵画を見せてやろうという気概を持ち，美術館をつくろうとしていた。昭和恐慌により断念することになるが，このコレクションは，のちの西洋美術館のコレクションの礎をつくった。また，倉敷紡績の大原孫三郎は社会事業を熱心に行っていたが，そのひとつとして芸術にも関心を寄せた。画家の児島虎次郎を支援し，児島がパリへの留学時代に集めた西洋絵画を日本に紹介し，大原美術館を設立したのである。これは現在でも地域資産となっている（**第8章**）。

また，**文化を牽引することで独自の企業ブランドを確立していこうとする企業**が現れる。資生堂は，明治以降，ギャラリーを持ち芸術家を多く社内に抱え，また多くの芸術家を支援しながら文化を発信してきた。文化を資産と見なしており，芸術家たちとの交流が社内の力となると考えている。また，三越は1905年にデパートメント宣言をし，店内で展覧会を行うだけでなく，少年音楽隊を結成するなど，芸術支援をしながら同時に集客誘引をしていた。戦後になると，セゾングループは百貨店を時代精神の根拠地として位置づけ，新しいライフスタイル提案をしていったのだが，そのベースは芸術支援であった。セゾングループのトップであった堤清二が私財を投じて 1987 年にセゾン文化財団を設立し，美術館の運営や演劇への助成，出版事業を行い，それらをベースにしながら文化で消費を牽引しようとしたのである。企業が芸術への支援をすることで，社員と芸術家や文化人との交流が生まれ，それを社内での力として蓄えつつ，外部へのイメージ資産へとつなげていくという例であった。

このように 1970 年代以降は，**芸術を支援する企業財団が設立**されていき，さまざまな支援が行われるようになった。そして，1988 年に行われた第 3 回文化サミットで，日仏の文化環境の差異から，経済大国であるがおよそ文化大国ではない日本がクローズアップされた。これを契機に，文化支援に熱心な経営者たちはフランスでの民間企業の文化擁護の拡大に努めているアドミカル（商工業メセナ推進協議会）に着目し，横の連携を図るメセナ協議会の設立に動くことになる（メセナ協議会 n. d.）。

メセナ協議会設立以降の企業メセナ

メセナ協議会以降の動向については，文化経済学者の河島伸子の議論をもとに整理しておきたい（河島 2016）。

1990 年のメセナ協議会の設立を契機に，企業メセナが関心を集めるようになり，多くの企業が**社会貢献（フィランソロピー）**のひとつとして企業メセナを実施しはじめる。この時期にいくつもの迷い，疑問，困惑が広がったことが指摘されている。そのなかのひとつが**企業メセナとは何か**という問題であった。アメリカの企業フィランソロピー（慈善）が関心を集めており，フィランソロピーのなかで対象が文化・芸術なら「メセナ」という認識になっていた。一方，それまでさかんに行われていた「冠スポンサーシップ」は，たとえ対象が芸術活動であったとしても「メセナではない」と排除された。「企業が広告宣伝費を使い，文化の発展や普及に対する貢献という目的なしにお金だけ出していることは，かえって国内における芸術文化の地道な発展を妨げていると批判が強かった」（河島 2016, p. 275）ため，あえて，メセナというフランス語が選ばれ，商業的スポンサーシップ活動と一線を画したかったのだと河島は指摘している[★4]。

また，同時に指摘されたのは，企業メセナに社が取り組まなければならない理由が明快ではないという点，実際にどのような活動に取り組むべきなのか，専門性がないのにどうしたらよいのかという問題であった。そこで，メセナ担当者たちが，自らアーティストやプロデューサー，他社のメセナ担当者などと人脈を築き，現場に足を運び，問題発見と解決に取り組んでいったため，メセナは質を高めていった。10年後には，メセナ活動は非常に優れたものになり，メセナに関する社の方針・理念の策定，メセナの予算化，メセナ担当部署の決定という3つの課題がクリアされていった。[★5]

2000年以降のメセナの変化については，次の3つが指摘されている。まず，セゾングループの文化施設の撤退などがあり金額面で低迷したものの，不況に立ち向かうメセナの姿が見て取れたことである。第2は，内容と形態の変化が見られたことである。単にお金を出すパトロンではなく，企業間パートナーシップ，アウトリーチ，NPOとの連携といった動きが見られるようになった。第3は，メセナ活動の評価，見直し，それにもとづくプログラム改善というサイクルをつくろうとする意識・体制が生まれたことである。メセナが一企業にとってではなく文化や社会にとってよいものであるという視座に向かった。

2011年，企業メセナ協議会による**企業メセナの定義が変更**された。「芸術文化支援」から「**芸術文化振興による社会創造**」に変更にされたのである。これを期に，メセナはさらに多様化していくこととなる。

近年のメセナ

こうして，メセナの目的は単に芸術文化支援ではなくなった。芸術文化支援は手段であり，目的は社会創造なのだと宣言してからさまざまな取り組みが生まれている。これまでは，芸術作品を収蔵し公開あるいは公演し，芸術セクターが盛り上がれば目的が達成されていた。現在でももちろん，このような王道の取り組みは数多くある。しかし，今では，**芸術で何ができるのかが問われている。**

2015年にSDGsという用語が登場したものの，そこでは芸術振興という言葉は明記されていない。とはいえ，メセナ協議会は**メセナがSDGsに一役買っている**ことを自認しており，メセナレポートでもSDGsとの関連を主張する部分が大きくなってきている。持続可能な社会のために，芸術支援がどのように役立つのかを意識しながら，メセナを企画し運営していくことが求められてきている。そのため，近年のメセナアワードには次のようなものが選ばれている。

2013年の「全日本製造業コマ大戦[★6]」は，特定非営利活動団体全日本製造業コマ大戦協会が主催する町工場の技術力を喧嘩ゴマで競う大会である。「日本の産業を支える高度な技術力とものづくりの精神を，コマという遊びで社会に開くユニークな取り組みで，文化の地平を拡大した」と評価されている。コマという文化，喧嘩ゴマという遊びを要として，日本の小さな町工場の横のつながりをつくっている。

2014年の「日本ケニア友好ソンドゥ・ミリウ公共図書館での読書文化普及のための支援活動」は，日本工営株式会社がケニアの発電所建設に関わったことをきっかけに，ケニアに図書館をつくり運営している[★7]。現地の所長が，地域の婦人会の要請に応え，図書館設置に奔走し，読書文化を根づかせようとする活動を行っている。

2019年の「綴プロジェクト[★8]」は，キヤノン株式会社と京都文化協会が共同で，文化財の高精細複製品を制作し，ゆかりのある寺社や地方自治体などへ，50作品以上寄贈してきた。美術品の複製のプロセスが，キヤノンの技術者たちのモチベーションやチャレンジ精神の育成につながっており，また，技術開発のレベルが高まるという効果も見られた。さらに，地域の学校へのアウトリーチを実施し次世代教育にも寄与している。

これらの事例では，文化振興だけがゴールなのではなく，その先にさらなるゴール，あるいは効果が見えている。町工場のつながりと工場で働く人々の技術進歩や誇りの獲得，ケニアでの読書文化振興による教育支援と企業と地域のネットワークづくり，社員の技術力向上と地域の教育支援という先のゴールを持つ高精細複製プロジェクトとなっている。

おわりに

2019年の世界博物館会議のテーマは，「文化をつなぐミュージアム――伝統を未来へ Museums as Cultural Hubs: The Future of Tradition」であった。つまり，**アートプレイスがハブとして機能する**ことを示しているのだ。これが，これからの芸術文化に求められる役割である。伝統的な芸術文化を保存し提供するだけでなく，未来につながる資産としての意義が求められている。実際に，**第9章**で取り上げる「可児市文化創造センターala」は，文化芸術で生きる活力とコミュニティを創出し，誰ひとり孤立させない社会をめざすと宣言している。ほかの事例でも，さまざまなつながりが生まれている様子が見られる。

本書では，**アートプレイスをパブリック・リレーションズの視座で見ていくため，このようなハブとしての視点を強調**したい。**アートプレイスを，人々がコミュニケーションするメディアと捉えていく。**

★4　とはいえ，メセナ協議会の調査が示しているように，メセナ実施企業の7割がメセナの目的は企業価値を高めるためと回答しており，認知アップやイメージ向上を目的としてあげているところは非常に多い。マーケティングのための広告宣伝を唯一の目的としていないとはいえ，意識をしていることはたしかであろう。

★5　Kawashima（2012）は，日本における企業による芸術支援の特徴を，公的な文化政策の欠如，さらに芸術マネジメント専門家の欠如といった問題に対して，企業は無意識的に対処し独自の芸術支援を行ってきている，と指摘している。彼女は，企業による支援において，社会貢献としてのメセナと，マーケティング視点でブランド価値を高めるスポンサーシップとの違いが明確でないことを指摘しつつも，メセナ活動は企業の社会的責任の枠組みのなかでなされており，社内で正当化するための独自の言語を持つことの必要性を強調している。

★6　全日本製造業コマ大戦は，ものづくりの技術を誇る企業が，自社開発のコマを回して直径25 cmの土俵で闘う大会である。メディアにも取り上げられ，町工場の誇りとなっている。新たな技術開発への挑戦だけでなく，技術を補完するために他社と連携する姿も見られた。町工場のモチベーションの向上と製造業の活性化が狙いである。産業を支える高度な技術力とものづくりの精神を，コマという遊びで社会に向けて発信するユニークな取り組みで，文化の地平を拡大した。各社が独自性を発揮しながら連携を図っており，創造的に産業の活性化をめざしている。メセナ協議会ウェブサイトより。

★7　日本工営株式会社は，ケニアで水力発電所建設の事業に携わっていた。現地の所長は，学校の図書室が鍵付きの棚に保管され，子どもたちが自由に使えないことに気づき，地域の要請に応えるかたちで図書館の開設を提案し，社内に寄付を呼びかけた。事業主の発電会社に建物の一部を提供してもらい，2001年に「ソンドゥ・ミリウ公共図書館」が設立された。運営は地元の婦人会の婦人たち12名であり，その運営を支えるのは，同社と「図書館を応援する会」である。2004年には，新図書館を建設して拠点を移している。ハード面だけでなく読書文化を根づかせようとするソフト面の活動も行っている。メセナ協議会ウェブサイトより。

★8　開始から10年，葛飾北斎や俵屋宗達，雪舟といった貴重な文化財を，全国の所蔵者および海外に渡る前に所有していた寺社や地方自治体などへ，50作品以上寄贈してきた。独立行政法人国立文化財機構文化財活用センターとの共同研究プロジェクトを発足させ，複製であるためガラスケースなしの鑑賞体験が可能となり，新しい鑑賞スタイルを可能している。地域の学校への複製品によるアウトリーチも行っている。メセナ協議会ウェブサイトより。

参考文献

秋元雄史（2019）『アート思考――ビジネスと芸術で人々の幸福を高める方法』プレジデント社

梅村修（2006）「日本におけるアートの移り変わり」辻幸恵・梅村修『アートマーケティング』白桃書房

河島伸子（2016）「企業メセナ」文化経済学会〈日本〉編『文化経済学――軌跡と展望』ミネルヴァ書房

林容子（2004）『進化するアートマネージメント』レイライン

村上隆（2006）『芸術起業論』幻冬舎

メセナ協議会（2021）「2021年度メセナ活動実態調査」

メセナ協議会（n. d.）「設立趣意文」（https://www.mecenat.or.jp/ja/about_mecenat/council_history）最終アクセス2022年10月25日

Booth, E.（2009）*The music teaching artist's bible: Becoming a virtuoso educator,* Oxford University Press.（エリック・ブース，久保田慶一監修・訳，大島路子・大類朋美訳『ティーチング・アーティスト――音楽の世界に導く職業』水曜社，2016年）

Gilmore, J. H. and B. J. Pine II（2007）*Authenticity: What consumers really want,* Harvard Business School Press.（ジェームズ・H. ギルモア，B. ジョセフ・パインII，林正訳『ほんもの』東洋経済新報社，2009年）

Gilmore, J. H. and B. J. Pine II（2009）*Using art to render authenticity in business,* Arts & Business（https://www.researchgate.net/publication/291769083_Using_art_to_render_authenticity_in_business）最終アクセス2022年10月25日

Goto, K. and S. Hemels（2007）Charitable giving and tax incentives: Japan, the Netherlands and the U. S., *Tax Notes International,* October 15, 311-318.

Kawashima, N.（2012）Corporate support for the arts in Japan: Beyond emulation of the Western models, *International Journal of Cultural Policy,* 18（3）, 295-307.

Maeda, J.（2012）「ジョン・マエダの考える"デザインを超えるもの"」*WIRED,* 2012.09.26.（https://wired.jp/2012/09/26/so-if-designs-no-longer-the-killer-differentiator-what-is/）最終アクセス2022年10月25日

第2章

ビジネスにとってのアートプレイス

1. アートプレイスを介した関係性づくり

パブリック・リレーションズの視座

筆者は経営学のなかでも広報という分野の研究をしてきた。広報とは英語でパブリック・リレーションズ（PR: public relations）のことである。日本語でPRというと，「自己PR」というように「アピールすること」といった意味で使われており，本来とは違う意味で使われてしまっているが，本来はパブリックと良い関係を結ぶためのコミュニケーションのことをさす。[★1] 広報担当者は，**組織が多くのステークホルダーとの関係をいかに良好な状態を維持し味方をつくっていくのか**に心を砕いている。また短期的に成果を出さねばならない広告とは異なり，**パブリック・リレーションズは長期的なスパンで捉えられる**ものである。

そのコミュニケーションには，相手によってさまざまなラベルがつけられている。たとえば，投資家相手の場合はインベスター・リレーションズ（IR），顧客を相手にする場合はマーケティングPR，従業員を対象とする場合はインターナル・コミュニケーションまたは社内広報，周辺住民に向けてならコミュニティ・リレーションズ，記者や編集者などマスメディアと関係を築く場合はメディア・リレーションズ，といった具合である。

これらのステークホルダーと長期的に良好な関係を築き，味方をつくることがなぜそれほど重要なのだろうか。それは，**企業は単独では生き残っていけない**からである。顧客との良好な関係が維持できれば，顧客は継続的に顧客であり続けてくれるだろう。従業員が企業と良い関係にあれば，離職率は減り，会社に損害を与えるような事件を起こすこともないだろう。近隣住民との良好な関係があれば，地域社会でさまざまな問題があった場合でも好意的に対応してくれるかもしれない。投資家と良好な関係があれば，資金調達もより容易であろうし，銀行の金利は下がるかもしれない。自社の味方のありがたさが最もよく現れるのが，危機に際したときである。誰かに攻撃されたときに，ほかのステークホルダーが味方となり，さまざまな手助けをしてくれるということがある。

企業の広報担当者は，この**多様なステークホルダーに対して自社の味方をつくるという目的を持って接する**。ただ問題なのは，それぞれの相手は少しずつ異なった利害を持っており，必要とする情報も違い，必要なコミュニケーション手法が異なるのである。企業の社会性を核としながらも，味方をつくるコミュニケーションが重要となる。そのため**CSRやSDGsをめざす社会貢献の部門と広報部門は非常に密接な関係を持つ**ことになる。**「社会に良いこと」を実践しながら，それを外部に伝えていき，周囲の人々を巻き込みながら味方をつくっていく**。これが，望ましい広報の姿であろう。

関係性に重きをおく「広報」とアートプレイス

これまで，筆者はさまざまな芸術との関わりの事例を取材してきた。そこでは，多くの人々がアートを通して，あるいはアートが埋め込まれたアートプレイスで関係を育んでいた。企業が主役の場合もあるが，企業が影で支えながら芸術家や地域の人々とともに未来を考える姿もあった。

企業が芸術との関わりを通して，長期的にステークホルダーとの良い関係をつくりだし維持しているのである。これはまさに，パブリック・リレーションズのひとつのかたちといっていいだろう。そこで，**ステークホルダーとの関係づくりという広報の視点で，芸術との関わりの事例を分析していく**こととする。それにより，アートプレイスでのコミュニケーションの意義が見えてくるのではないかと考えている。

関係性を捉える3つのポイント

アートプレイスでのコミュニケーションの効果，つまり，そこで誰とどのような関係性を育むことができるのかについて，3つのポイント，すなわち「ステークホルダーの範囲」「関係性の深さ」「関係構築にかける時間」から考えていくことにする。

まず，「**ステークホルダーの範囲**」は，どのような範囲の関係者と関係構築ができるのかを考える視点である。多くのタイプのステークホルダーと，あるいは多くの人数と関係ができる場合は「広い」とする。限定的なステークホルダーで，少ない人数の人々と関係をつくる場合は「狭い」とする。次に「**関係性の深さ**」である。これは，相手が美術館で絵を鑑賞して帰るといった「浅い」関係の場合もあれば，ともにワークショップに参加し課題に取り組むといった「深い」関係の場合もある。最後に「**関係構築にかける時間**」である。これは，短期的な取り組みの場合は「短い」，長期的な取り組みの場合は「長い」とする。単発のイベント協賛は短い取り組みではあるが，それを継続させることで長い取り組みとなることもある。

これら3つのポイントから，アートプレイスの効果を説明していく。

★1　広義には「組織体が社会とのよりよい関係性を構築し維持すること」（関谷 2014）。

2. アートプレイスの4類型

ここでは，本書の核となる**アートプレイスを捉える枠組み**を提示しよう。これにより，アートプレイスを通じたコミュニケーションをより明確に捉えることができるだろう。

その分類基準は，アートプレイスでのステークホルダーの**相互作用性が高い（交流型）か低い（鑑賞型）か**，そしてアートプレイスの**運営主体が自社の内部（オウンド）か外部（ペイド）か**である。この2つの軸を使った4つの分類を考えていこう（**図2-1**）。

この4つのタイプの違いが，どのように企業に影響するのだろうか。企

図 2-1　アートプレイスの 4 分類

		芸術組織運営主体 外部化 ペイド	芸術組織運営主体 内部化 オウンド
相互作用性	高 交流型	交流型ペイド・アートプレイス	交流型オウンド・アートプレイス
相互作用性	低 鑑賞型	鑑賞型ペイド・アートプレイス	鑑賞型オウンド・アートプレイス

業への効果については，**ステークホルダーとの関係性**，**内部効果**，**外部効果**，という 3 つの側面について整理しながら，述べていこう。

相互作用性による分類（交流型／鑑賞型）

アートプレイスでの相互作用性とは，ステークホルダーである人々同士のアートプレイスでの相互作用の程度の高さをさす。実際に同じ場に集い，一方向ではなく双方向でのコミュニケーションができる場合を相互作用性が高いという。ここでは，相互作用性が高いプログラムを中心としたものを交流型，低いものを鑑賞型と分類した。たとえば，美術品を展示するのみの施設の場合は，アートプレイスを鑑賞型として捉えることとする。それにとどまらず，その場にアーティストが来て社員や地域の人々とともに展覧会をつくっていく場合には交流型とする。

鑑賞型のメリットは，関係するステークホルダーの**範囲が広く**，比較的多くの人にリーチが可能であることであろう。範囲は広いがオーディエンスとの関係はそれほど深まらず**浅い**。評価の定まった[★2]アートを多くのオーディエンスが鑑賞するかたちがよく見られる。

交流型は，アーティストやアート作品を中心としながら関係者が集まり関わり合うため影響する**範囲は狭い**。そのため，相互作用の頻度も高くなり，関わった人々とのコミュニティが形成され**深い**関係性をもつことになり，彼らを企業の味方につけることができる。現在進行形で制作されるアートとの関わり合いが可能であるため，評価の定まらないアートを扱うことも可能となる。

ただ，実際の事例はこの分類どおりにはっきりとは区別できない。たとえば，美術館は鑑賞型として捉えられる。しかし，美術館が対話型鑑賞をした場合，美術館のスタッフ，ボランティアガイド，鑑賞者が同時に作品の前に集まり相互作用が生まれるセッションをすることがある。このような場合は，一種の交流型として機能する。事例を見てみると，鑑賞型アートプレイスがベースとなり，交流型のプログラムが実施されていることが多い。また，鑑賞型だったものが，徐々に交流型としての様相を示すようになるもの，あるいはその逆もあった。アートプレイスの役割が変化していくことも多い。

芸術組織の運営主体による分類（オウンド／ペイド）

近年，広告業界で利用されるメディア分類は，大きく変化している。マスメディア4媒体といった電波か紙かという伝達形式による分類ではなく，マーケターから見た利用タイプによる分類になっている。その代表的なものに，**PESOモデル**というメディアの4分類がある（詳細は**補論1**）。媒体社にお金を払って利用する**ペイドメディア**，記者や編集者など専門家である第三者が発信する**アーンドメディア**，生活者が発信する**シェアードメディア**，企業自らが所有し独自のコンテンツを発信する**オウンドメディア**，の4つである。これまでのようにペイドメディアに頼るだけでは限界がきており，アーンドメディアやオウンドメディアを活用することが重要になってきていると指摘されている。

そのなかでも，企業が直接関わることができるものは，ペイドメディアとオウンドメディアである。ペイドメディアは，媒体社がその専門に特化したコンテンツを提供しており，それに惹きつけられた視聴者や読者がついている。お金を払えば，このオーディエンスにアプローチすることができる。オウンドメディアの場合は，自社内にコンテンツ編集をするチームをかかえながら運営することになる。魅力的なコンテンツをつくりながら，オーディエンスを育てていく必要がある。手間も時間もかかるし，スキルも必要であり，また，それほど多くの層にはアプローチできないかもしれない。その代わり，オウンドメディアに集まってくる人々は，その企業のファンとなっており，企業と強い関係ができている可能性が高い。

このペイドメディアとオウンドメディアの概念をアートプレイスに当てはめて考えてみよう。**アートプレイスの運営主体が自社ではなく別の組織のものはペイド・アートプレイス**であり，従来型のスポンサーシップはこれにあたる。**アートプレイスを自ら運営する場合がオウンド・アートプレイス**となる。たとえば，企業あるいは企業財団が直接美術館や音楽ホールを運営するといった場合である。この違いのポイントは，**その場をコントロール可能かどうか**という点である。

ペイドメディアの代表である従来型のスポンサーシップは，別組織が運営するコンサートや企画展にお金を支援するというかたちをとるため，企画内容や運営方法を**コントロールはできない。**自社との関わりの深いコンテンツなどにはなりにくい。その代わり，**短期間**の支援も可能であるし，また，芸術組織やイベントの専門性やイメージ資産を最大限に活用可能である。また，**自社では到達できない層へのコミュニケーションが可能**である。

一方，オウンド・アートプレイスは，金銭的な**コスト**だけでなく，専門人材を確保しながら手間暇をかけて**長期的に**関わっていく覚悟が必要である。アート作品への投資，施設や設備，運営コスト，株主への説明の手間なども必要となる。その代わり，**自社の経営理念を反映させたコンテンツや，さまざまな目的に応じた望ましいプログラム**が実施可能となる。また顧客だけでなく，おのずと**社員と芸術家あるいは芸術作品との接点も増える**ことも多く社内への影響は大きそうである。以下では，これらの4つのタイプのアートプレイスの特徴を述べていこう。

鑑賞型ペイド・アートプレイス

従来から企業の芸術支援でよく見られるのが，芸術イベントへのスポンサーシップである。ステークホルダーとの関係は**図2-2**のように表される。たとえば，有名オペラの来日公演に対して，資金提供するというものである。この場合は，日本でのコンサート主催者は外部の組織であり，コンサート内容に口出しすることは基本的にできない。イベント名に冠スポンサーとして企業名がつき，プログラムに名前が載ることと，招待チケットが提供されることなどが協賛に対する提供物となる。社会貢献予算が少なかった日本企業が，広告予算を使って芸術支援をしようとしてきた経緯

図 2-2　鑑賞型ペイド・アートプレイスのステークホルダー関係図

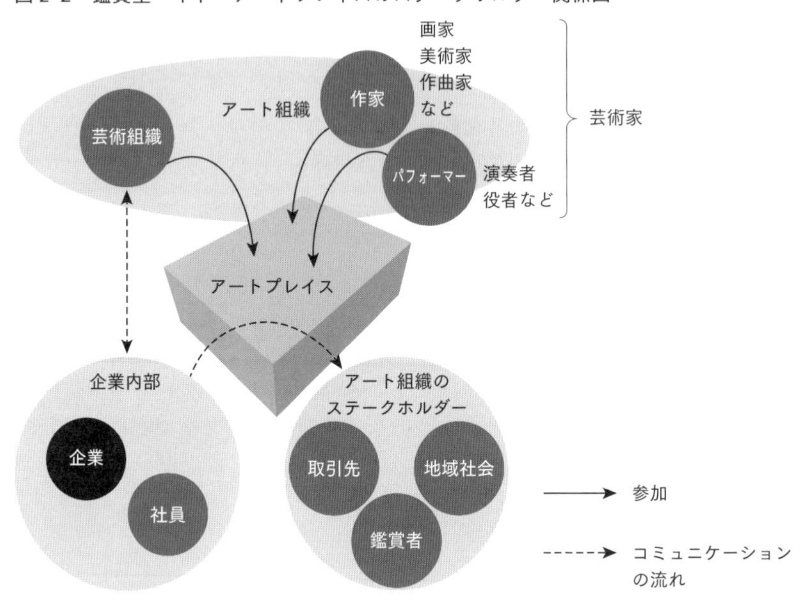

でこのかたちが採用されることがあったともいわれている。

メリットは，**浅い関係性だとしても広く**アプローチができることである。また，アートプレイスを自社で運営することと比べると，**短期間の支援**も可能であるし，少ない予算での部分的な協賛も可能である。社内に芸術の専門人材がいない場合でも実施ができる。支援する芸術組織のファンにリーチが可能という点でも，新たな層とのコミュニケーションが期待できる。芸術組織の知名度やイメージ資産を自社に転移させることも可能であり，芸術が持つ本物感（真正性）を感じさせる効果もあるだろう。**外部への認知拡大**を図るという点からも，「知名度を上げる」「イメージを上げる」「取引先を招待する」など，**社内での説明がしやすい**という利点もあるだろう。

ただし，限界もある。前述したように，企業が文化の発展という目的なしに，お金だけを出して商業利用することは，かえって芸術の発展を妨げているという指摘もあり，好意的には捉えられてこなかった側面もある。自社のコントロールのきかない芸術団体のプログラムであるため，**「自社らしさ」を出していくことは難しい**だろう。また，内容によっては**炎上リ**

図 2-3　交流型ペイド・アートプレイスのステークホルダー関係図

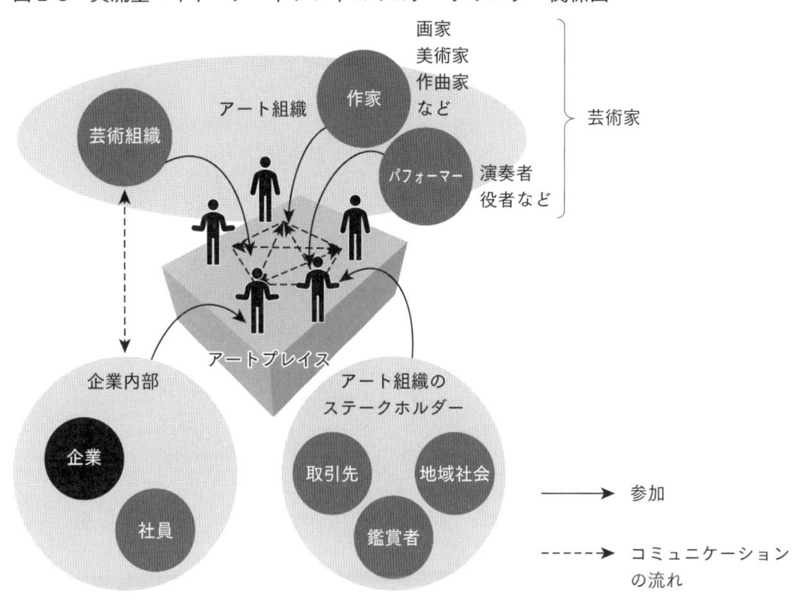

スクも抱えることになる。[★3]

実際，以前は評価の定まった知名度の高い芸術作品や芸術団体を起用したものが多く実施されてきた。これは自らのステイタスを示そうとする**威信財としての側面**を持っていたことは否めない。しかし，近年では現代アートの作家と地域住民との相互作用を重視する地域の芸術祭なども増加してきており，**多様なスポンサーシップの可能性**が出てきている。

交流型ペイド・アートプレイス

外部の芸術組織へのスポンサードであっても，参加性の高い場合はペイド・アートプレイスとして捉えられる（**図 2-3**）。たとえば，アーティストだけでなくボランティアや地域住民が一同に集い，ともに作品をつくっていく芸術祭などは，交流型ペイド・アートプレイスにあたるだろう。また，鑑賞型ペイド・アートプレイスである美術館やコンサートであっても，学芸員やアーティストとの対話型鑑賞，演者とのワークショップなどは，交流型のプログラムである。

ペイドであるため，**短期間**の取り組みからはじめられる。**狭い**範囲のス

図 2-4　鑑賞型オウンド・アートプレイスのステークホルダー関係図

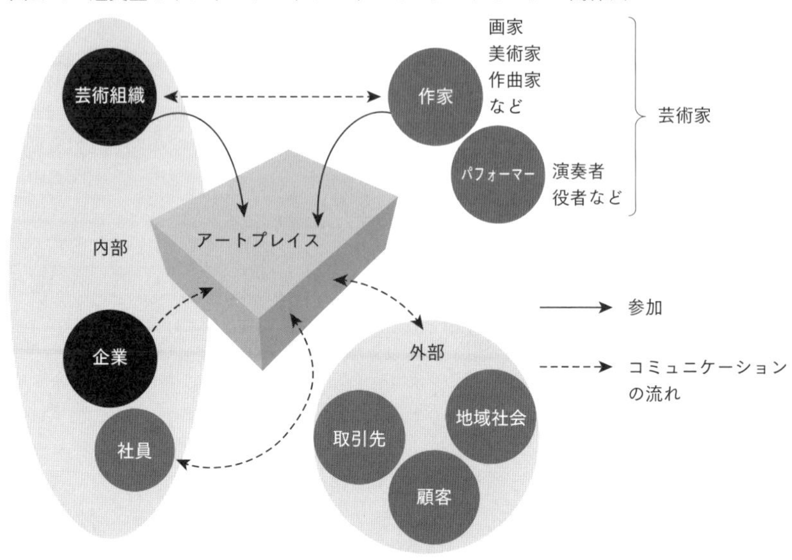

テークホルダーに対してであるが，**深い**関係性を築くことができる。そのため，外部に，企業の味方あるいはファンを少しずつ増やしていくことができるのではないだろうか。この場合，内部への効果を期待し，企業は単に資金提供するだけでなく，その社員や関係者もこの取り組みに参加することに意味がありそうである。近年では，**社員とアーティストとの相互作用が企業の商品開発や新規事業などのプロジェクトにプラスの作用がある**とされ，それを仲介する団体や，その効果についての調査なども行われている。**第 10 章**のロフトワークの事例はこれにあたる。

鑑賞型オウンド・アートプレイス

企業が自社で，あるいは企業財団を通してアートプレイスを自ら運営するものは，鑑賞型オウンド・アートプレイスとして捉えられる（**図 2-4**）。これは，どちらかというと一方向のコミュニケーションを前提としている。たとえば，サントリーホールやサントリー美術館など，企業あるいは企業財団が運営する美術館や音楽ホールがこれにあたる。

浅い関係性であるが**広い**層にアプローチが可能である。自社での運営のため，金銭的コストだけでなく手間がかかり，**長期的な**取り組みとなるた

図 2-5　交流型オウンド・アートプレイスのステークホルダー関係図

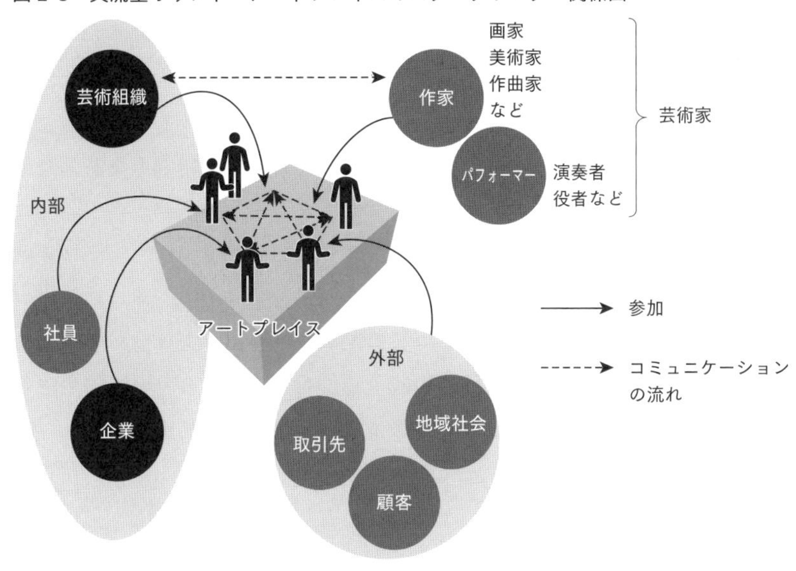

め本格的に関わる覚悟が必要となる。

このタイプの特徴は，評価の定まった作品のアーカイブをすることが多く，地域の文化資産のコレクションや公開，西洋のクラシック音楽文化の普及，次世代教育といった社会的な使命を目的にしているものが多い。公的な機関が実施しきれない部分を補完する役割もある。その場合は，**社会的企業としてのプレゼンスを外部に発信**することができる。また，自社で所有するため，経営理念を反映した独自のコンテンツを打ち出すことが可能であり，**経営理念**に沿った企業イメージを外部だけでなく**企業内部にも浸透**させることができるだろう。さらに，美術館や音楽ホールの来場者，つまり，芸術を志向する層への接触が可能となるということは，**文化的素養があり余裕のあるセグメントとの接点ができる**ということでもある。

交流型オウンド・アートプレイス

企業が自ら運営するもののなかでも，ステークホルダーの相互作用性が高いものは，交流型オウンド・アートプレイスとして捉えられる（**図 2-5**）。アーティストや社員など，関係者が実際にその場に来て，双方向のコミュニケーションがある状態である。そのため，それほど多くのオーディエンスとの関わりは持ちにくく，**狭い範囲**となる。その代わり，参加したステークホルダーは，その場へのコミットメントが高まり，やがて企業との絆が**深まる**という可能性は高い。企業がアートプレイスを所有するため，**長期的な**取り組みとなりやすい。自社で専門人材をかかえ運営するだけではなく，**アートプレイスでの交流を設計するという役割**も果たさねばならないため，鑑賞型よりもさらに専門性を必要とし手間がかかる。

また，現代アーティストや，プロやアマチュアの演奏家など，アーティストとのコラボレーションは，さまざまな効果を生みそうである。このアートプレイスにおいては，独自のコンテンツを生み出すプロセスで，**企業オリジナルの風土の形成や，独自の競争優位を内部に生む**という効果が期待できる。さらに，本物の芸術から派生する**真正性や高品質なイメージは，独自の企業文化として外部へと伝わっていく**のである。

★2　芸術を説明するときによく使われる言葉に「評価が定まっている」あるいは「評価が定まっていない」という表現がある。通常のものは評価が定まっているものに価値がおかれるが，評価が定まっていないことに価値をおくというのは，芸術のひとつの特性であろう。過去の芸術作品は評価が定まっていることが多く，そのアーカイブをベースとして未来へ活かすことができる。一方，現在進行形でつくられる芸術は，常識を打ち破ろうと新しい模索がなされていることが多く，それに対しては評価が定まらないのである。

★3　たとえば，「あいちトリエンナーレ 2019」のスポンサー企業は，数々の電話攻撃を受けることになった。

3. アートプレイスの4類型から見出される効果とは？

これまで述べてきたように，このアートプレイスの形態の違いが，特性の違いをもたらすことをまとめたのが**表 2-1** である。**この特性の違いが，どのようなコミュニケーション・プロセスを経て，企業にどのような効果をもたらすのだろうか（図 2-6）。これが，本書が明らかにしたい問いである。**その点を第2部から具体的に企業の事例を通して見ていきたい。さまざまなアートプレイスに関わる関係者へのインタビューをもとに事例を記述する。とくに，本書では，交流型オウンド・アートプレイスに焦点を当てているため，これを中心として見ていくこととする。

表 2-1　アートプレイスの形態による特性の違い

	ペ イ ド	オウンド
交 流 型	期間：短期 範囲：狭く深い コンテンツ：外部の専門家による	期間：長期 範囲：狭く深い コンテンツ：オリジナル
鑑 賞 型	期間：短期 範囲：広く浅い コンテンツ：外部の専門家による	期間：長期 範囲：広く浅い コンテンツ：オリジナル

図 2-6　アートプレイスのコミュニケーション・プロセス

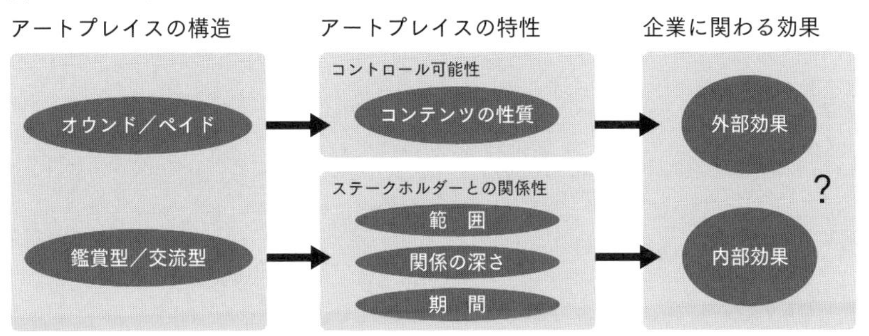

参考文献
関谷直也（2014）「広報・PR とは」伊吹勇亮・川北眞紀子・北見幸一・関谷直也・薗部靖史『広報・PR 論――パブリック・リレーションズの理論と実際』有斐閣

第2部

事例研究 1 オウンド・アートプレイス

第3章

工藝作家が育つ場をつくり，「文化を楽しむくらし」を届ける

日本毛織株式会社「工房からの風」

交流型
オウンド・
アートプレイス

1. メセナ大賞で注目されるクラフト展

日本毛織株式会社（ニッケ）の「工房からの風」は，ショッピングセンターの販促イベントとして生まれた工藝作家のための公募イベントである。このメセナの取り組みが，クラフト作家のコミュニティやネットワークをつくりだし，さらに工藝市場をつくりだしている。2016年にメセナアワードの大賞を受賞し，その後，企業内外で注目されるようになっている。

当初はそれほど人々が交流するしくみは整っていなかったが，公募展として発展していくと，**交流型オウンド・アートプレイス**として多様な人々が交流するイベントへと成長していっている。

ニッケは1896年に設立された東証一部上場企業である。戦後は日本の繊維産業を代表する企業として，1964年には日本で第2位の納税額を誇ったこともあった。その後，繊維不況を経て現在では，衣料繊維事業，産業機材事業，人とみらい開発事業，生活流通事業の4つの分野へと事業

を拡大してきている。ニッケグループの連結売上は約1066億円（2021年11月）であり，5000人を超える従業員を抱える。オイルショックのあとには，各企業はリストラに走ったが，ニッケの場合は工場跡地を売るのではなく，文化のある街を開発していこうとした。従業員が住む街の雇用確保という社会課題に向き合い，新しい事業として街をつくろうとしたのだ。そして，現在の日本の社会課題は子育てと介護であり，その分野で世の中の役に立ちながら，事業としても成立させようと介護事業や子ども向け事業を展開してきた。2020年8月には，ニッケコルトンプラザの“ツムグテラス”という子ども向けの施設が，キッズデザイン賞を受賞している。待機児童問題や地域コミュニティの希薄化などの社会課題を背景とした施設づくりが評価されたのである。

本章では，「工房からの風」が，ニッケにとってどのような意義をもっているのかについて，インタビューと関連資料をもとに明らかにしていく[★1]。そのステークホルダーとのコミュニケーション効果を検討し，さらに長年にわたる取り組みがどのようなプロセスを経てさまざまな役割を担ってきたのか，そしてそのキーとなる部分は何かを検討していく。

★1　本章のインタビューは次の日程で，以下の方々に取材をした。2018年10月3日（ニッケコルトンプラザ）：ニッケ鎮守の杜プロジェクトディレクター・稲垣早苗。2020年2月18日（日本毛織株式会社）：日本毛織株式会社取締役常務執行役員・人とみらい開発事業本部長・上野省吾，同社・取締役常務執行役員・長岡豊，同社・経営戦略センター総務法務広報室長兼海外事業戦略室長・國枝康雄，同社・経営戦略センター総務法務広報室・小山博士，ニッケ鎮守の杜プロジェクトディレクター・稲垣早苗（所属と役職は当時のもの）。本文中の写真も提供いただいた。

2.「工房からの風 craft in action」とニッケ

ショッピングセンター主催の工藝作家の公募展

「工房からの風 craft in action」は，毎年10月の土日の2日間に行われる，工藝作家の公募展である。千葉県市川市にあるショッピングセンター，ニッケコルトンプラザの外にある鎮守の杜を舞台にしたもので，作家の作品の販売だけでなくさまざまなワークショップも行われる。毎年50人の

「工房からの風 craft in action」会場

若手作家が出展しており，現在では日本の工藝作家の登竜門といわれるまでになっている。

このイベントを主催しているのはニッケコルトンプラザというショッピングセンターである。通称ニッケと呼ばれる日本毛織株式会社が，工場跡地に建てたものだ。このショッピングセンターを構想したときのポスターには**「工藝学校のある街をつくります」**という宣言が書かれ，「文化を楽しむ　くらし」をテーマとする街をつくるのだという決意が示されている。このエリアは文化芸術に親しむ余裕のある人々が住む地であり，ものづくり企業らしいテーマ設定がされていた。

この商業施設の開業に関わったメンバーに稲垣早苗がいた。稲垣は，金沢で工藝に触れながら俳人としても活躍してきたという経歴の持ち主で，ここにギャラリーショップを企画する。それが「NIKKE こるとん銀花」であった。季刊『銀花』は，日本の暮らしの美意識を主題にした趣味雑誌で，日本の工藝作家を多く取り上げ，ていねいに取材をしていた。当時，この銀花の名前を冠するギャラリーがいくつかあり，稲垣が出版社に協力を依頼したところ，出店は難しいが協力はできるということで，このギャラリーショップをオープンすることが決まった。ギャラリーとしての展示

「工房からの風 craft in action」会場

スペースにショップを併設する，22坪の店舗であった。このショッピングセンターは文化芸術に親しむ余裕のある顧客を想定していたが，美術画廊などの出店が実現しなかったため，日本毛織は直営の文化芸術を扱う店舗をひとつ運営したいと計画していたという。

公募展への発展

ギャラリーショップのオープンから5年経った1993年，「工房からの風」という名前の展覧会が，施設内のイベント会場で開かれた。若手作家を中心としたグループ展の様相であった。そのグループ展は，1998年に公募展となる。公募展をはじめる心境を，稲垣はこう綴っている。「公募展をしよう。扉は，未知の作り手に向かって開こう。**作るのは新しい出会いの場**」（稲垣 2006，pp. 82-83）なのだと。

この公募展では，新人作家が応募したいと思ってもらえるようにさまざまな工夫がなされている。現在活躍する作家にも出展してもらい，彼らにも審査に加わってもらった。さらに，季刊『銀花』に新人作家を紹介するページをつくってもらい，編集者にも審査に加わってもらった。この審査会では，審査の視座についての話がきっかけとなり，作家たちの工房をめぐる交流会になっていった。イベント当日には，全国から来場者があり，作品を中心に人の輪ができていた。さらに，稲垣は作家たちの言葉を集めた小冊子の編纂を行った。

販促活動としてスタートしたグループ展が公募展へと育っていた。その中心人物はディベロッパーのテナント誘致などの企画担当として入社した稲垣である。彼女がギャラリーやイベントを立ち上げ，それが徐々に実を結んでいった。現在では，稲垣は独立し外部の人間として「工房からの風」を主導している。

この屋内イベントが屋外へと飛び出したのが 2001 年であった。敷地内にある鎮守の杜に飛び出していったのである。このイベントが単なる販促活動ではなく，メセナであると意識するようになったのは，毎年開催するようになった 2005 年頃からであるという。

作家同士，買い手，使い手との交流が生まれる

クラフトフェアはほかにもあるが，この「工房からの風」の特徴は，そのていねいな関係づくりを通じて，工藝作家が育つ場をつくりだしていることにあるだろう。そこには**作家同士の交流が生まれる仕かけ**がある。過去 2 年間に出展した作家は応募できないため，毎年同じ顔ぶれにならない。出展が決まった作家はフレッシュな顔ぶれとなる。

イベント当日の展覧会会場では，作家自身が販売することで**使い手とつくり手の直接の交流**がある。さらに全国の百貨店のバイヤーやギャラリスト[★2]といった買い手も訪れる。作家が，使い手や買い手と向き合う瞬間である。会場では，先輩作家である風人さんたちが来場者向けのワークショップを行い，素材と向き合う手仕事の精神を伝えている。鎮守の杜を管理するボランティアである庭人さんたちは，育てたハーブでハーブティーを提供している。手仕事による素敵な暮らしづくりを，来場者に伝えているのである。

現在では，年に 2 日間の秋のイベントと，年 12 回ほどのワークショップが行われている。2005 年からはブログを続けており，作家のものづくりの背景をストーリーとして大事に発信してきている。2013 年からは，『風の音』という小冊子を発行し，庭やものづくりについての思いを発信してきている。

「工房からの風 craft in action」会場のトークイベント

ものづくりのアイデンティティ

ニッケコルトンプラザには，1983年に工場跡地活用としてニッケ・タウンを構想したときの社長名による宣言が残っている。「工藝学校のある街をつくります」というタイトルの文書には，都市には文化の機能の場が必要であるので，「文化を楽しむ　くらし」をテーマとするまちづくりをめざすことが書かれている。

つまり，毛織物をつくってきた「ものづくり企業」であるニッケの，新しく「生み出す」という精神が，まちづくりやこの工藝展の精神と重なっているのである。現在では，ニッケは多様な事業を展開しており「ものづくり」だけを行っているわけではないが，このイベントは企業のアイデンティティを再認識する場でもある。さらに，2016年のメセナ大賞受賞を契機に，「工房からの風」の取り組みが全社にとって重要なことだという認識も高まったという。「工房からの風」は，企業のアイデンティティを社内外に伝える役割も担っているといえるだろう。

ものづくりの歴史とアートな企業風土

ニッケの出発点は，羊毛を使った繊維メーカー，つまり，ものづくりの企業であった。つまり工藝の世界が出発点なのである。経営陣は必ず工場研修を経験していることもあり，ものづくりに対しては非常に理解があるという。

業界紙の記者の話によると，同じ繊維業界でも，その出自により社風がまったく違うという。合成繊維は部品メーカーや電機部品メーカーとあまり変わらない。羊毛を扱う会社は，アートや芸術の気質を持つ。コットンを扱う会社はその中間だという。

ニッケの学生服の強みは，天然素材を扱うアート的な技術にある。現在でも，工場では職人が機械につきっきりで微妙な調整をしているといった，きわめて手工業的な世界である。ウールという天然素材を使って学校の制服をつくる場合，毎年，個体差のあるウールで同じ色を再現して，1年生から3年生まで朝礼で制服の色が変わらないようにしなければならない。それはサイエンスではなくアートの世界なのである。職人が微妙な調整をしながらつくっていくという世界なのである。ウールという天然素材を120年間扱っているなかで培われた文化は，神秘的でありアート的である。それが**ニッケの社風につながっている。**

デザイン部門はもちろん，それ以外の部門でも美術系出身の人が多く，現在でもその流れは残っている。ミラノ事務所に1年駐在し，世界のアートに触れるという研修もこれまではあったという。ニッケはアートな社風を持った企業である。

コミュニケーション

ニッケという名前は，年配の方のあいだでは知名度が高い。以前は学生服にニッケという織りネームがついていたこともあり，親近感のある名前であった。しかし，現在では，その規模の大きさに比べて，知名度はそれほど高くないのではないだろうか。衣料繊維事業や産業機材事業はBtoBビジネスであるため，一般向けのコミュニケーションは多く行われてこなかったためであろう。

人とみらい開発事業では，ニッケコルトンプラザ（市川）やニッケパークタウン（加古川）といった商業施設，介護事業や保育事業，スポーツ事業など消費者向けのサービスも多くあるものの，ニッケという企業ブランドへのイメージ統一をねらったコミュニケーションはあまり行われていないようである。

社内コミュニケーションとしては，家族も含めて見てもらえるように，紙ベースの社内報をつくっている。親が子どもに入ってほしい会社であることが重要だと考えられており，それがサステナブルということである。また，“社長との対話”といった地道なコミュニケーションが行われている。社長が内外の拠点を可能なかぎり回り，直接話をして，宴席をともにする。派手ではないが，地道なコミュニケーションを行っている。

★2　ギャラリストとは，自分のギャラリーを持つ美術商のことである。

3. ステークホルダーとの関係

次に，この「工房からの風」を中心として，どのように人々がつながり，関係を続けてきたのかという点について，関係者へのインタビューをもとに，整理していくことにする。

顧客，地域住民

地域の工場を閉鎖することになったニッケは，土地を売却してしまうのではなく，その跡地にショッピングセンターをつくろうと計画をした。従業員もいるこの街を滅ぼしたくないという思いからはじまっているのだ。しかし，大きなショッピングセンターをつくることは，地元の反対にあってしまう。それを乗り越えるために，神社を残し，緑のある公園を残し，「工藝学校のある街をつくります」というステートメントを掲げて臨んだのであった。

創業の地の加古川の工場も，この市川にある中山工場も，ともに地域密着の，地域に愛される工場であったという。加古川では地域の要望でマラソン大会に協賛しており，それは今でも続いている。中山工場のなかでは地域の人々とともに盆踊りを開催しており，それは，工場がなくなっても跡地につくったニッケコルトンプラザで，「コルトン盆踊り」として続いている。いずれも，**地域の人々が集まることを大事**にしている。ニッケの介護施設では，ニッケコルトンプラザが窓から見える部屋に入りたいとい

ニッケコルトンプラザ

うお年寄りがいるそうである。**地域の人々にとって，ニッケは家族的な存在**なのであろう。

このイベントをメセナ大賞に推薦してくれたのも，顧客である。その顧客は，初期のギャラリーの頃からのファンで，「工房からの風」が出している通信を読み，その**考え方に共鳴**してくれていたという。庭づくりをはじめたことで，これはメセナだと推薦してくれたのだという。

市川は古くからお屋敷町であり，また，文化人が多く居を構えてきたこともあり，文化的な地域といわれている。この「工房からの風」というコンテンツが市川にあっていたのは間違いないだろう。ニッケはこれまで地域の要望に応じて，その地にとって大切なものに協力してきた。市川という場所が，文化的なものを要求するところだったのかもしれない。また，“工藝学校のある街をつくります”と当時の社長がいったということは，そういった背景を汲み取ってのことかもしれない。

現在では，年に 15 人ほどの「庭人さん」が庭づくりに協力してくれるという。週に 1 回は参加できるという条件で，日常の水まきなどの手入れをともにしている。自分自身の仕事があるなか，大変な庭作業に労力を提供してくれているのだ。「手応えのあること，ここにある植物とのふれあいや促成栽培じゃないことへの知識欲，実際手を動かしてつくりだすこと」といった喜びがないと参加は難しい。「工房からの風」のイベント当日には，「トキニワカフェ」で庭人さんの有志が，自分たちが栽培した今年のハーブからブレンドしたお茶を提供している。さまざまな関係者が本当にいいものを提供しようと心を込めてつくり上げており，来場者にも喜ばれるだけでなく，それは同時に，つくり手のやりがいになっている。

社員やインナー

ニッケの社員にとっての「工房からの風」は，どのような存在なのだろうか。現場では，「工房からの風」の開催に向けて，みんなで一緒にお祭りをつくろうと盛り上がるという。ニッケコルトンプラザの社員たちが総力をあげ取り組む一大イベントであり，**一体感をもたらす**ものであるようだ。20 代の新入社員に「工房からの風」を手伝ってもらうと，生き生きと本人もやりがいを持って参加しているようである。また，ニッケコルトンプラザの事業部にいた社員が，この部署から離れたとしても，「工房からの風」と盆踊りには来るという。このイベントは，みんなの気持ちが集まってくる要となっており，心の拠りどころとなっているのだ。

稲垣と本社の幹部社員とは定期的に交流があり，情報共有もなされている。普段はニッケコルトンプラザにいない社員であっても，稲垣の思いに触れ，現場を感じることで，「工房からの風」を**会社にとっての誇り**として認識するのである。ニッケの本社は大阪であるが，「工房からの風」の初期の頃から，本社の役員クラスの人に無理をいってでも来てもらうようにしていた。

メセナ大賞をとってからは，社内での評価はまた少し変わったという。それまでは，本社から離れたひとつの場所で，何か元気にやっているという程度の認識だったが，メセナ大賞をとってからは，本社にとっても大事なことなのだという意識が強くなった。社長が授賞式に出席したことで，これまで多くの有名企業が受賞してきた賞であることを知ったという。外部からこのイベントのメセナとしての価値を評価され，会社がこのイベントの意義を再認識し，イベントの社内での位置づけが変わった。ちょうどニッケの創業 120 年にあたる年でもあったため，記念パーティで稲垣が講演する機会も得た。役員会でも話題になるようになり，稲垣は外部の人間になっていたものの，再び役員たちと会う機会が増え，彼らのほうも「工房からの風」について知りたいという意識が強くなっていたという。

オーガニックや無農薬など自然志向は今では一般的だが，「工房からの風」をはじめた頃は，少し特殊なことだったという。素敵な工藝品や「ていねいな暮らし」といった思いを持ってやっていると，少しずつ人々がつながっていく。そこで出会うキーパーソンがつながっていき，応援者が増えていった。常に理解ある人がいたという。採用においても，「工房からの風」を目当てに入社を希望する人が出てきているほどである。

投 資 家

投資家からは，ショッピングセンターがなぜ他社に勝てるのかについても質問をされる。そのときに，**地元とのつながりが競争優位**だと説明ができるという。たしかに，ニッケは常に地元を大切にしている。創業の地である加古川にも多く投資をし，地域とともに歩んでいる。市川のニッケコルトンプラザの場合も，この市川を愛しているから投資ができるし，**地域とお互いに支え合っている**ため収益が得られるのだという。他社にはこのようなまちづくりは難しいだろう。

「工房からの風」がメセナ大賞をとったという情報は，投資家からは非常に好意的に受け止められているようだ。美術館などハコを建てたのではなく，**周りと一緒に活動していることが評価された**点である。メセナをやろうとか，賞をとろうとしてやったのではない。むしろニッケがやってきたことに世の中が追いついてきたと考えてもよいだろう。ニッケは，当初からメセナとして実施したのではなく，**地域愛をベースに手間暇をかけて人々との関係を育んできた**ことが外部評価を得て，株主へ説明しやすくなったということかもしれない。

最近では，株主優待カタログへの商品提供もしている。カタログに載っているものは，年配向けの商品が多いといわれることもあり，担当部署から「工房からの風」で何か提供できないかと依頼があった。そこで，ある作家とともにニッケのウールを使ったオルゴールをつくり，「工房からの風」のアピールをしつつ掲載している。

工藝作家

工藝作家は自ら応募をして，そこで選考されたのちに出展が決定する。近年では若手作家の登竜門と呼ばれるようになり，**若手作家たちが出会う場**として「工房からの風」は機能している。出展作家たちは，10月のイベント当日までに，2回集まる機会をつくっている。9割以上の作家たちがそこに集まってくるという。1回目に懇親会も開くと，その後は各々がつながり交流が始まる。8月の終わりに再度集まったときには，もうそこでは同じ釜の飯を食った仲になっている。10月の初日の夜のオープニング・パーティでは，ほとんど同窓生となり，作家同士のつながりができていく。作家が希望すれば，稲垣が個人面談を行っている。どのような方向で作品をつくっていきたいのかといったさまざまな悩みに対して，彼女なりの意見を伝えるといった，カウンセリングのようなことまできめ細かく行っている。

この出展のために，作家たちはそれまでにない冒険をする。値段もそれなりの価格をつけて出す。つまり，背水の陣なのである。ただ，本当にそこで化ける人が現れるという。出展を機に，売れっ子になった多くの人たちがいる。これが登竜門といわれるゆえんだろう。実際に，出展作家に話を聞いたところ，ここに来るということは舞台にあがる覚悟が必要で，少し怖いという気持ちも持っているという。

2003年には『風50＋』という冊子を制作した。それまでの出展作家から51人を選び，作品をプロに撮影してもらい，作家自身に「つくり手にとっての幸福」という作文を書いてもらい原稿をつくり上げた。彼らは今，賞をもらうような売れっ子であり，作品待ちですぐには買うことができないほどであるという。

ある年から，風人さんという出展作家OBが参加するしくみをつくった。出展作家はその翌年から2年は応募できないが，その期間，関わりを持ち何かを返したいという人がいる。彼らに企画運営から関わってもらうのだ。そういった方を風人さんと呼び，毎年15人くらいが参加している。出展経験があり，比較的作家に近い人が，ミーティングからいてくれて，搬入・搬出のサポートまで手伝ってくれている。普段，それほど作家同士は会う機会はないが，このしくみのおかげで，さまざまなつながりが生まれている。

風人さんが立ち上げた「素材の学校」というプロジェクトでは，子どものときから自然素材に触れ，ものづくりに触れてもらおうという授業を行っている。紙の作家が校長先生となり，**子どもだましではない本物**を伝えるのだ。彫金の作家は，子どもに金属を叩いてもらい，「金属って実は叩くと柔らかい」ということを感じてもらう。ほうきを一緒に編んでみる授業もある。風人さんが先生となって，一日のうちに，ほうきの時間，織りの時間，革の時間などをつくり，そのことにより，子どもたちが**本物のアーティストと触れ合う機会**を提供している。6，7年前から続けており，ファンの子どもたちが生まれてきている。

本社の役員の人たちが心を動かされるときがあるらしい。それは，直接アーティストに会ったときに，何か琴線に触れるのだという。彼らも，研修で工場に行き，工員さんたちと交わってものづくりをした経験がある。そのため，とくに染織作家の人と話をすると，応援したいという気持ちが出てくるのだ。

アートというのは奏でられた楽曲や描かれた絵だけではなく，それを奏でている人や描く人の魅力もある。とくに今生きているアーティストを支援するというのは，作品ではなく，その人そのものの魅力が重要となる。その人の魅力をどれだけ，企業の決定権のある役員の人たちに知ってもらえるかというのも大事である。

工藝業界

昔ながらの工藝の世界は，作家は徒弟制度からスタートするという世界であった。師匠や兄弟子がいるなかで修業を重ねたのち，ギャラリーや百貨店とつながることができてようやく世に出ることができたのだ。しかし，バブルが弾けた頃からこれが崩れ，世に出るルートが細くなってしまった。いい意味では自由になったともいえる。しかし，同時に公募展がどんどんなくなっているために，ここでも世に出るルートがない。そういう意味で，「工房からの風」は作家が認められるための場となっている。2007年頃からほかの地域でもクラフトフェアが立ち上がるなどブームが起こったものの，どちらかというと地域起こしを目的としたものであった。

このイベントは，稲垣の「**ものづくりの人たちが，ちゃんと世の中で活躍できるしくみ**に，少しでも関わりた」いという思いからスタートした。

今では，新人作家の登竜門といわれるようになったが，それまではさまざまな人に来てもらおうと努力した。初期の頃，プロの人に来てもらおうと，大手の百貨店のバイヤーのほとんど全部，そして全国のギャラリストなどに，多くのDMをていねいに送っていった。

作家のなかには一夜にして仕事のオファーが入るといったこともあるという。しかしinstagramなどでブームになっても仕事は続かないこともある。5年後にも続けて買い手がつくような力のある作家となってほしい，という思いで稲垣は作家たちを見守っている。

メディア

ニッケコルトンプラザがオープンしたときに，工藝専門の季刊雑誌『銀花』[★3]の名前を借りてギャラリーをスタートしている。当時は『銀花』という雑誌に掲載されることが作家にとってステータスであった。1998年の公募展スタート時には，『銀花』編集長も審査に参加した。そして，賞金を出すのではなく，タイアップページを買い，その作家を紹介してもらった。作家を世に出すためのメディアへの露出を意図していた。また，雑誌に力がまだあった2010年頃までは，生活誌や女性誌の有力な編集者にも声をかけ，取材を呼びこんだ。業界紙の『陶業時報』は，この活動を好意的に受けとめており，毎年記者が来てていねいに記事を書いているという。

専門雑誌との連携だけでなく，一般のテレビ番組にも取り上げられたこともある。日本テレビの『ぶらり途中下車の旅』は，この取り組みを見つけ，稲垣と俳優とが庭で藍染を行う様子を取り上げた。稲垣らが信念を持って続け，それを彼らなりに発信すれば，見つけてもらえる機会は以前より多い。ていねいに経緯を伝えると，番組内でニッケのことをきちんと紹介してくれ，社長も喜んだという。

★3　季刊『銀花』は文化出版局によって1970年に創刊された雑誌である。「心豊かな暮らし」をコンセプトに日本の美意識を追求してきたが，2010年に休刊した。

4. コミュニケーション効果と発展のプロセス

スタートステージ

あらためて「工房からの風」は，どのように発展してきたのだろうか。最初は工場閉鎖に伴う雇用問題や地域経済への影響という課題からスタートしている。そこでニッケは自社従業員たちが住む街を「工藝学校のある街」つまり文化的な街として再生させようとした。工場跡地を単に売却するのでもなく，大手資本に貸すのでもなく，自らの手で雇用を守りつつショッピングセンター事業として成立させようとしたのだ。

その施設での集客装置としてスタートしたのがギャラリーショップであった。これは本書の枠組みでいうなら鑑賞型のアートプレイスになる。さらに販促イベントとして「工房からの風」という展覧会がスタートした。稲垣という逸材が入社し，その活動を応援する人々が現れ，「自由にやらせてくれる」「ものづくりに理解がある」環境のもとで彼女は次々とこの取り組みを発展させていった。工場時代から続いた近隣住民との「コルトン盆踊り」は街としての心の拠りどころであったが，さらに，工藝学校のある街の核として「工房からの風」が，徐々に育っていく。街に欠かせない祭りや文化が育っていったのである。

バブルが弾けると，通常のメセナであれば予算が削減されるといったことが起こりそうである。しかし「工房からの風」は展覧会へと発展し，工藝新人作家の発掘・育成の場としての土台をつくっていた。販促イベントという役割を担っているため，販促予算としてイベント運営費さえ賄えば，やりくりができる。通常のメセナのように芸術家への出演料や作品を購入する予算が必要なわけではないのである。

たとえば，『銀花』との提携により雑誌に掲載されることを仕かけ，多くの関係者が集う場となったことで，工藝業界での発信力が高くなっていた。つまり，この場が作家たちの作品を発信するメディアとして機能したのであった。この頃の工藝業界の課題は新人作家が世に出る機会が減ってしまったことであった。この**社会課題に直面し，そこへの対応が次へのステップ**となっていく。

交流型のアートプレイスへ

さらに，1998 年に公募展に発展し，さらに風人さん，庭人さんというしくみができワークショップが充実していく。まさに工藝学校のある街になっていったのである。この頃になると，非常に参加者の範囲が拡大し交流の密度も高くなっていく。新人作家，出店者 OB である風人さん，地域住民の庭人さん，マスメディアの記者や編集者たち，全国の百貨店のバイヤーやギャラリスト，そして買い手である顧客，さらに，ニッケの社員たちである。彼らが生き生きと自主的に参加する場となってきている様子がうかがえる。単に情報発信するだけでなく，参加するためのプラットフォームとして機能している。そこでは，アーティストを中心とした相互作用が多く見られるのである。

これはまさに，交流型オウンド・アートプレイス（**図 3-1**）といえるだろう。担当者を要としながら，実に多くの人々がこのイベントに関わっている。当初はあまり交流を意識したものではなかったかもしれないが，公募展とするときに稲垣が「交流の場」にすることを決意している。実際に多くの作家がその場に集合し交流が行われているのである。

この結果，**ショッピングセンターが街としての競争優位を持つ**ようにな

図 3-1 「工房からの風」のステークホルダー関係図
（交流型オウンド・アートプレイス）

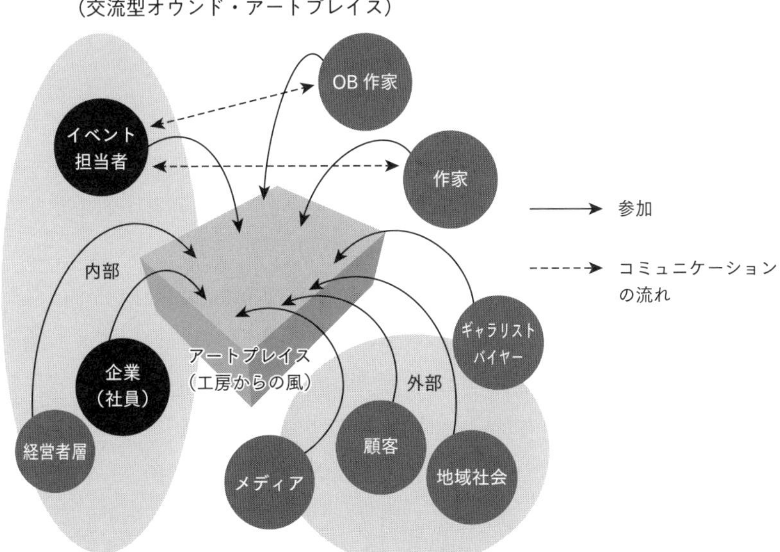

った。全国のショッピングモールは，同じような店舗が集積してしまい差別化が難しくなっている。しかし，この場にはアーティストによる1点ものの作品があり，手入れされた庭があり，盆踊りやワークショップといったコミュニティがある。ほかの企業にはないオリジナルの価値をつくりだしているのである。

それは投資家への良い広報材料としても役立っている。また，本社の役員たちがアーティストとの接触機会を持つことで，アートな社風やものづくりの強みを再認識させるといった効果もありそうである。これを強化したのが外部評価機関である。メセナ協議会の「メセナ大賞」，日本デザイン振興会の「グッドデザイン賞」の獲得は，社内外にその価値を再認識させることとなった。とくに役員や社員にとっての誇りとなっただけでなく，彼らのものづくり企業としてのDNAや，地域社会とともに歩んできた企業姿勢といったものを再び確認する機会となったようである。また，アートな体質のものづくり企業にとって，アーティストとのインタラクションは社員への何よりものインプットの機会であるに違いない。

社会課題を人々と突破してきた価値

この事例は一般的なメセナと異なる点も多いものの，単なる客寄せのためのイベントに終わっていない。ここからの発見をいくつかあげていこう。

1つめは，**交流の場づくりの仕かけが卓越**している点である。作家が集まる公募展，作家が連続で出展できないこと，先輩作家のサポートやワークショップ，バイヤーやギャラリストへのアプローチ，庭人さんなどボランティアの存在など，実に巧妙に交流が仕かけられている。その要となっているのが，稲垣という**キュレーターの存在**である。目利きであるだけでなく，その場づくりの仕かけまでも担っていた。

2つめは，**持続可能なしくみ**ができている点である。工藝作品は日常で使うこともでき，一般の顧客への販売ができる。そのため，莫大な予算をかけて特別な展覧会を持ち出しで実施する必要はない。通常の販促予算のなかから運営費を捻出すれば，続けることはそれほど大変なことではない。このイベントはショッピングセンターの競争優位へとつながっているため，本業への効果が高いこともあり，社内外から理解が得られやすい。さらに，メセナ大賞やグッドデザイン賞など，外部からの評価が獲得できたことにより社内外での理解が深まっているだろう。**高評価が社内にフィードバック**され，そこでのリソース投入がやりやすくなっていくという循環が生じている。

3つめは，**組織文化と「工房からの風」との適合度が高い**ことである。毛織物を扱う企業には，特有の「ものづくり」の精神が備わっている。芸術系出身の社員が多かったこともあり，アートな風土をもともと持っている。その組織文化とこの工藝との相性は，かなり良いといえるだろう。非常に「ニッケらしい」取り組みである。そのため，その場に居合わせた社員たちの，ものづくりの気質を喚起させることができるのである。そして，ものづくりの精神を再認識した社員たちは，稲垣が実現しようとしたことを支持し続けたのではないだろうか。

4つめは**社会課題をステークホルダーとともに突破してきた結果**であるという点である。はじめは工場閉鎖による雇用維持という課題に対し，工藝学校のある街をつくろうと，このショッピングセンターを開業した。バブルが弾け，工藝作家が世に出る場がなくなってくると，公募展として作家たちが世に出るための交流の場をつくろうとしてきた。さまざまな社会課題に，関係各所とともにその課題に取り組むなかで生まれたのが，このアートプレイスであった。

工藝作品がアートであるかどうかといえば，厳密には違うのかもしれない。目的を持った時点でアートではないのだとすれば，これはアートではないだろう。しかし，日本では古来より日々の生活のなかに細やかな美意識を埋め込み暮らしてきた。世の中の製造業は，日本の暮らしを素敵にするためにものづくりをしているのだ。その精神を体現しているのが，工藝作家といえるのではないだろうか。

すべてのものづくり企業がこの取り組みができるかというとそうではないだろう。ニッケはもともと地域を大切にする企業風土とものづくりの気質を持っていた。そのニッケがさまざまな社会課題に直面したときに，このような人々が交流するアートプレイスが育っていったのだ。

参考文献

稲垣早苗（2006）『手しごとを結ぶ庭』アノニマ・スタジオ

第4章

芸術家との交流が「資生堂らしさ」を育み企業文化が事業を駆動する

資生堂ギャラリー，資生堂アートハウス

交流型
オウンド・アートプレイス

鑑賞型
オウンド・アートプレイス

1. 企業文化は第4の資産

株式会社資生堂は，芸術との関わりが深い代表的な企業のひとつだろう。1872年創業の歴史を持ち，現在ではグローバル企業となっている。化粧品メーカーということもあり，そのイメージ資産に芸術が活かされていることは想像できるが，それ以上に文化への関わりが多い。企業文化をヒト，モノ，カネに次ぐ第4の経営資産として「企業文化部[★1]」を設置し，それをマネジメントしてきたという点を見ても，先駆的な存在だろう。

明治期には銀座の「資生堂ギャラリー」で芸術家を支援しながらも交流を続け，個展やグループ展を通して日本を代表する数多くの芸術家が育ってきた。1978年には，掛川市に「資生堂アートハウス」をつくり，ゆかりの芸術家たちの作品コレクションを収蔵し，地域に公開していく活動もはじめた。現在でも，現代美術の新進作家の発表の場として公募展「shiseido art egg」が資生堂ギャラリーで開催されている。

資生堂は「新しい価値を発見して，そこから次々と新しいものを生み出していこうとする創業の精神[★2]」を基礎に，日本人の美容に対する価値観を次々に更新してきた。明治期にはそれまでの白粉と紅によるメイクアップが化粧として認識されていたが，皮膚の手入れ用の基礎化粧品というコンセプトを打ち出しスキンケアのための化粧水を発売した。1966 年の「太陽に愛されよう」という広告では日焼けした女性を打ち出し，それは「白い肌が美しい」という日本的価値観を覆すものであった。このように**新たな視点を世に問いかけ，時代を牽引していく姿勢は，芸術との関わりの深さに起因**する部分が大いにあったのではないだろうか。

本章では，文化との関わりが資生堂にとってどのような意義を持っているのかについて，社員の方々へのインタビューと関連資料をもとに，そのステークホルダーとのコミュニケーション効果を検討していく[★3]。ここでは主に，**交流型オウンド・アートプレイスである資生堂ギャラリー**と，**鑑賞型オウンド・アートプレイスである資生堂アートハウス**という 2 つのアートプレイスを取り上げる。

★1　現在は「アート＆ヘリテージマネジメント部」。
★2　資生堂企業文化部編（1993）p.253 より。資生堂の社名は，中国の儒教の古典のテキスト『易経』の一節「至哉坤元　万物資生」を由来としている。それは，「地の徳はなんと優れているのだろうか　万物はここから生まれる」という意味である。
★3　本章のインタビューは次の日程で，以下の方々に取材をした。2018 年 8 月 7 日：資生堂アートハウス館長・眞家恵子，学芸員・福島昌子。2018 年 8 月 7 日：資生堂企業文化部・岡麗文，真木優，グローバル広報部・廣田智（所属と役職は当時のもの）。本文中の写真も提供いただいた。

2. 資生堂の歴史と文化支援の概要

資生堂は化粧品事業を中心とし，現在では 120 の国と地域で事業を展開するグローバル企業である。グループ会社 78 社を擁し，売上高は 1 兆 352 億円（2021 年度連結）となっている。

創業者の福原有信は，1872 年に東京・銀座で日本初の民間洋風調剤薬局を開業し，1897 年に化粧品事業に乗り出した。銀座という街は，いわずと知れた最先端の文化や生活様式を発信してきた土地である。欧米視察をした有信はアメリカのドラッグストアからヒントを得て，1902年にソーダファウンテンをつくった。ソーダ水とアイスクリームを提供し話題となり，そこには永井荷風など文化人も足をとめたという。

有信の息子であり初代社長となった福原信三は，子ども時代に画家を志したこともあったが，家業を継ぐ決意をしてからは米国コロンビア大学薬学部に留学し，ドラッグストアや薬品工場で働いた。そのアメリカ在住時や，その帰りにヨーロッパをまわった際に，多くの日本の画家に出会っている。資生堂を継いだ信三は，薬品から化粧品へと舵を切り，1916年に資生堂化粧品部を開店した。そのモダンな西洋風建築は街の顔となり，ショーウィンドウのディスプレイは人々の目を楽しませた。その内部に1919年につくられたのが「資生堂ギャラリー」である。**資生堂は銀座の文化発信の源**となっていた。信三は1916年に社内に意匠部[★4]をつくり，新進気鋭のクリエイターを集め，この意匠部は資生堂のブランド構築に大きく寄与することとなった。

文化支援の概要

信三自身，写真家としても活動し，多くの文化人との交流があった。ともに写真家でもあった弟の福原路草とともに**文化サロンを形成**していた。久保田万太郎，獅子文六，小島政二郎との交友関係があり，そのため，『銀座』『資生堂月報』『オヒサマ』そして『花椿[★5]』といった資生堂の出版物には，多くの有名作家が寄稿している。

この交友関係をもとに，1919年に開設された資生堂ギャラリーは，多くの芸術家たちの作品発表の場となっていた。そして，銀座文化を発信する場であり，人々が芸術に触れる場であった。さらに，「椿会展」（1947年～）や「現代工藝展」（1975～1995年）という自主企画展が開催され，そこでは芸術家たちが作品を発表し，資生堂がそれを支え一部を収蔵していった。

こうした企画展からの収集品やさまざまなコレクションを展示するため，1978年に「資生堂アートハウス」が静岡県の掛川市に設置された。ここでは収蔵作品を中心に公開しており，地域の人々に作品を公開している。

10代目社長の福原義春は，**企業文化をヒト，モノ，カネに続く第4の**

経営資産として位置づけており，数々の文化的な業績を残している。義春が1987年に社長に就任したのち，1990年に企業文化部を創設し，企業メセナ協議会の立ち上げにも尽力した。また，2006年からは現代アートの公募展「shiseido art egg」を実施し，資生堂ギャラリーにおいて，学芸スタッフと新進アーティストがともに展覧会をつくり上げている。

1992年には資生堂アートハウスに隣接して「資生堂企業資料館」が開設され，企業の文化資産のアーカイブと展示を担っている。

資生堂にとって芸術文化支援というのは企業としてのDNAである。美しいパッケージや広告は，こういった**文化を支援し続け企業文化へと組み込んでいく歴史からきている**のだろう。社内に芸術家や文化人を抱え，さらに社外のアーティストとのさまざまな接点があってはじめて生まれる。「新しく深みのある価値を発見し，美しい生活文化を創造する」という根底にある考えの具現化のため，この理念に沿う芸術文化活動を支援しているという。

芸術家を社内に迎える

信三は意匠部に，日本画家の矢部季と小村雪岱（せったい）など新進気鋭のクリエイターをスタッフとして集めた。矢部と小村はのちの日本画壇に大きな足跡を残す人材である。顧問には島田佳矣（のちの東京美術学校教授）を迎え，さらに信三の留学時代からの友人である洋画家の川島理一郎を意匠部客員として迎えた。パリに留学した川島は，パリ特派員としてファッション情報を毎週届けた。この情報はマスコミへ海外最新ファッション情報を提供することとなった。そのなかで，月刊誌『ガゼット・デュ・ボン・トン』が持ち込まれ紹介された。意匠部のクリエイターたちはこれに影響され，アール・ヌーボーやアール・デコをベースとした資生堂独自のスタイルや，独自の資生堂書体をつくりだす。その後，前田貢，山名文夫，山本武夫，中村誠，石岡瑛子，松永真など，デザイン史に名前を残す人材が時代を超えて社内で活躍していった。

当時は，まだそれほど大きくはない企業であったが，このように**社内に芸術家を抱えることで，クオリティの高いパッケージデザインや広告表現，文化発信を行うことが可能となっていた。**資生堂のパッケージや広告物は，一流の感性をもつ人材によって生み出されたものであり，その評価は高い。

これらの過去の制作物はのちに脚光を浴びることになる。1986 年にパリの広告美術館に請われて実施した「資生堂の美と広告 1972〜1886」は話題となり，高い評価と信頼を得たため，結果としてビジネスチャンスを得ることになった。そして，この意匠部が担当した仕事のひとつに「資生堂ギャラリー」があった。つまり，そこが社内の芸術家と社外の芸術家が出会う場になっていたのである。

★4 のちに宣伝部となり，現在では資生堂クリエイティブ株式会社となっている。
★5 『花椿』は現在まで続く愛用者向け文化情報誌であり，美容文化やファッション文化を紹介し続け，消費者との直接のコミュニケーションをとる媒体である。たとえば，1938 年 4 月号には，室生犀星，与謝野晶子，佐佐木信綱，丹羽文雄など著名な作家が名を連ねている。のちには扉絵に三岸節子，東山魁夷，東郷青児といった画家が携わっている。

3. 資生堂ギャラリー

作家を育む場の継続

明治末期から大正初期にかけて，いくつかの民間ギャラリーがオープンしており，1919 年に銀座でスタートした資生堂ギャラリー[★6]もそのひとつであった。そのなかで現在でも続いているのは資生堂ギャラリーだけである。資生堂の主催展だけでなく 2001 年のリニューアルまでは貸し画廊としても芸術家に場を提供し，リニューアル前には毎年およそ 40 回の展覧会を実施してきており，作品を発表した作家数は 4000 人近く[★7]にのぼるという。資生堂ギャラリーに登場した作家は幅広く，近代美術史が透けて見える。銀座に，作家や文化人が関わる美術文化サロンが形成されていったのである。「**未だ評価の定まらない同時代や近い過去の表現行為の発表展を，資生堂自ら組織し，または作家たちに発表場所を提供**」してきた歴史であった（資生堂企業文化部編 1993，p. 303）。

スタートした当初はアーティストという概念もなかった頃であり，一般の人々が芸術作品に触れる機会もアーティストが作品を発表する機会もなかった。そこで福原信三が，それを実現する場をつくったのである。経営者でもありコレクターでもあった信三は，美術品を商売にするのではなく，

資生堂ギャラリー（加藤健撮影）

資生堂の企業活動による利益を還元し，ギャラリーの維持・運営にあたらせた。洋画家の須田国太郎がスペイン留学から帰った頃，画風が認められないなか，知人もない東京で初の個展を開いたのが資生堂ギャラリーであったというエピソードがある[★8]。信三の目にかなう作家であれば，無名であっても展示を行うことができた。これがきっかけで，須田は独立美術協会に認められ世に出ることとなる。のちに，その息子であるJR東海の須田寛社長は恩を感じ，義春が経営会議ののろしを上げてからはじめて実施した全国販売会社責任者会議での講演依頼を快諾したという。「人間に人徳があるように，会社には社徳がある。その徳というのは計算ずくでやっていることからでは生まれないのではないか」（福原 2007，p.186）と，義春は徳という言葉で社会貢献としての芸術支援を捉えている。

当時は資生堂も今ほど大きい組織ではなく，すべての機能が銀座近辺にあったため，芸術家と社員が直接触れ合う機会もあったのだろう。戦前は資生堂の企業規模は同業他社と比べてもはるかに小さかったが，震災や戦争，経営上の危機に見舞われても，ギャラリーは続けられた。

その活動は信三なきあとも途絶えることはなかった。戦後は資生堂ギャラリーに顧問として運営委員が置かれ，社内外のメンバー[★9]が参加し，作家たちの審査や主催展の企画に携わった。これはのちに運営委員会として制度化され，彼らの役割はアートマネジャーそのものであった。運営に携わったメンバーは，社内からは経営陣と宣伝部長などが加わり，社外からは優れた識見を持つ文化人たちがそれを受け継いでいった。**芸術家だけでなく出版物に関わる文化人や美術評論家，建築家など，あらゆる文化人がこのギャラリーという場で交流していた**のであり，それは経営陣だけでなく社内のメンバーに著名な芸術家や作家を抱えていた資生堂ならではの場であった。

椿会展と現代工藝展

この場から 1947 年に生まれた企画展が「椿会展」である。日本画や洋画の作家たちのグループが中心となり，数年にわたり展覧会を行うかたちである。第一次の椿会は 1954 年に終わるが，その後，同じメンバーで複数年活動を継続するスタイルで，現在（第八次：2021 年～）まで続いている。この椿会展の初期のメンバーには，現在では著名な洋画家や日本画家が名を連ねていた。当初のメンバーは画家が中心であったが，のちに彫刻家もメンバーとなった。さらに，1993 年に第四次がスタートした頃には，現代美術の作家を中心としたものとなり，インスタレーションやパフォーマンスも対象になっていった。

工藝作家たちによる「現代工藝展」（1975～1995 年）では，20 年のあいだに資生堂が選定したメンバー 19 人が参加した。**最初はまだ若かった作家が，支援をしていくうちに，そのなかの 13 人が人間国宝となっていた。**資生堂が 20 年間同じ作家の作品を買い続けていたこともあり，ある作家の回顧展を，東京国立近代美術館の工芸館で実施する場合には，資生堂の所蔵品を貸し出さないと展覧会ができないほどである。やはり作家を選定していく担当が目利きであったといえる。このように支援をし続け，多くの芸術家や文化人との交流があったからこそ，社内の担当者が展覧会の作家を選定できるだけの素養を身につけることができたのだろう。

★6　以下の記述は，インタビューと資生堂企業文化部編（1993）をもとにしている。
★7　1993年当時の記録による。
★8　福原（2007）より。
★9　社外からは，建築家の谷口吉郎，美術評論家であり京都国立近代美術館の館長を務めた今泉篤男，美術史家の乾由明などが参加し，社内からは宣伝部の白河虎三，中村誠や，経営陣である森治樹が参加した。

4. 資生堂アートハウスと企業文化部

資生堂アートハウス

資生堂はこれらの展覧会を通して，継続的に作品を購入し続けてきた。それを保存し展示・公開しているのが，1978年に掛川市に開設された「資生堂アートハウス[★10]」である。掛川市には資生堂の工場があり，資生堂にとって縁のある地域である。さらに1992年には，アートハウスに隣接する企業資料館をオープンさせている。そこでは，長い歴史のなかで生み出された商品や宣伝制作物をはじめとする資料を一元的に収集・保存し，その一部を展示・公開している。

資生堂アートハウス

資生堂アートハウスで収集・保存している作品は，資生堂ギャラリーで行われた展覧会の出品作品を中核とした絵画・彫刻・工藝品である。第一次から第三次までの椿会展出品作，現代工藝展出品作，香水瓶，ほかにも資生堂の社員でもあった日本画家の小村雪岱の作品などであり，それらの収蔵品をもとに年4回の企画展を行っている。来場者は年間約3万人におよぶ。

企画展は所蔵品を中心としているが，資生堂らしさが滲み出る展示が多い。たとえば，2015年からはじまった「工藝を我らに」という展覧会シリーズで，工藝作家に「実用ができるもの」の新作を依頼し出品してもらい買取り，所蔵品と組み合わせながら生活の場面をつくり展示をしていった。資生堂が考えていることは，生活全般を美しくしたいということである。だからこそ，この美術館にも意味がある。人間国宝の作品も展示しているが，人間国宝の作品を日常で使おうという話ではもちろんなく，毎日の生活のなかに美しい物を，信念を持ってつくられた物を，精神が高揚する物を取り入れて日々の生活を豊かにして幸せに結びつけていこうという価値観を基本としている。それは化粧品ももちろん同じである。

さらに展示だけでなく，ワークショップでは作品を実際に使ってお茶を飲んでもらうという。ティータイムのシチュエーションをつくり触れてもらい，美しいものを大切に扱うという瞬間を体験してもらう。そこでは，バカラのアンティークグラスを子どもたちに使ってもらい，アイスティーを飲んでもらったという。ちょっと背筋がピンとする経験を通して，彼らが日常使っている自分のご飯茶わんに意識がいき，自分で選ぶきっかけになればよいと考えている。美術館に来ることを特別視することなく，自分の居間の延長のように考えてほしいのだという。

ほかにも，香水瓶の展覧会に合わせて，資生堂の研究所のパフューマーによるレクチャーや香りのブレンドを体験してもらうという機会をつくっている。「小村雪岱と資生堂書体」という展覧会では，資生堂の社員でもあった日本画家，小村雪岱の作品，それぞれに合わせ俳句や短歌を選び，資生堂書体[★11]で書き，展示するというものであった。

直接に商売に結びつくという話ではなく，**生活が少し豊かになるきっかけになる場でありたい**という美術館の人々の思いは資生堂の理念と通じるものだろう。

さまざまな来場者とのコミュニケーション

資生堂アートハウスの来場者は掛川市を中心とした静岡県地域からが約7割である。掛川市は，東京，大阪など都市部と比較すると文化に触れる機会がどうしても少ない。しかし，地方都市であっても**質の高い美術品があり，さらにそれが無料で，足さえ運べば見られるという状態を提供するということ，それが企業としての地域への貢献**である。実際に，地元の中学生が授業の一環で来たり，近所のおじいちゃんおばあちゃんが毎回楽しみに来たり，犬の散歩のついでに立ち寄るなど，定期的に来場する住民も多い。無料で入場できるため，バスツアーの立ち寄り先になることもある。

展覧会のオープニングには，市長や地元メディアも来ており，地元の新聞に掲載されることも多い。また，掛川市が中心となったアートフェスティバル「かけがわ茶エンナーレ[★12] 2017」では，企業資料館長が実行委員長となり，掛川市全体で住民とともに取り組んだ。そのときには資生堂アートハウスも会場のひとつになり作品を展示した。

資生堂の関係者との関わりを見てみると，新入社員は資生堂アートハウスと資生堂企業資料館に研修で訪れている。また，取引先の方がツアーで訪れることもある。とくに企業資料館では1872年からの歴史がわかるようになっているため，これに触れることで社員のモチベーションや企業へのロイヤリティが高まるきっかけになるようである。日本だけでなく，たとえば中国から現地法人のPR担当者が，現地の経済紙やファッション誌の記者らを連れてくることもあるという。会社の背景やスピリットを伝えることができるため，日本のメディアにも興味を持ってもらえるという。メディアには，どういうトレンドで商品が生まれてきたのかなど，時代背景も含めて記事を書くときに喜ばれている。

これらの施設は，社員にとって「価値創造へのヒントが何かある」という感覚なのだという。たとえば，あるブランドの担当になった人が，1日閉じこもってそのブランドの資料を全部見せてほしいと相談に来たことがある。また，商品を開発するときのヒントにパッケージの貸出を要望されるなど，社内とのやりとりは多い。資料館は，より具体的に**DNAを受け継ぎ，インスピレーションを得られる**という面もあるのだろう。商品開発する人間にとっては，企画が煮詰まったときには掛川市にもう一度立ち返り，制作や商品開発のヒントにするということがある。現在の自分の仕事へインスパイアされていくのだそうだ。

化粧品会社にとっての美術館の意味

企業のつくる美術館というのは，オーナーの集めたものが主な収蔵品となっている例がほとんどであろう。しかし，資生堂アートハウスはそれとは少し違っている。銀座の資生堂ギャラリーを中心に行ってきた芸術文化活動の結果，作品が集まり，それを公開するための施設としてスタートした美術館である。

資生堂では，化粧品会社が美術館を運営しているということは，商品の信用の裏打ちにはなるのではないかと考えられている。数字だけを追い求めているのではなく，そして，ただ美しいだけではなく，生活全般が豊かになり，それが幸福に結びついていく。そういった哲学がなければ，お金のかかることを無料で，何十年間続けることはできない。会社の経営自体が危ぶまれたときでも，椿会や資生堂ギャラリーの活動は続けていたし，やむなく閉鎖のときも，外に画廊を借りてその間展示をしていた。**長期間にわたりアーティストの支援を続けるなかで，社員とアーティストの交流が生まれ，それをきっかけに社員のクリエイティブ力が上がっていくという良い循環がある。**経営のなかにデザイン力やそういったものが還流していくこともひとつのねらいであったのではないだろうか。「品のあるアバンギャルド」という言葉を資生堂では使うことがあるが，それは上品さと斬新さを意味している。上品であるだけでは新しいものや尖ったもの，次につながるものがない。尖ったものをつくるためにも，**いかにアートを見て視野を広げる**かということを，目標としているのである。そういう精神がきちんと引き継がれていく場であることを資生堂はめざしている。

資生堂企業文化部

資生堂と芸術文化を語るうえで，「企業文化部」の存在は重要であろう。先述したように，現在の名誉会長である福原義春は，1987 年に 10 代目の社長に就任した際に，**「企業文化はヒト，モノ，カネに次ぐ第 4 の経営資産である」**と位置づけていた。義春によると「文化が経営に役立つとともに，経営が発展することによって新たな文化を蓄積する結果となっている。それならば，カネを管理する財務部があり，モノを扱う工場管理部門があるように，企業内部の文化の確認，活用，蓄積そして未来の文化発展の方向を管理するような部門があって然るべきではないか」（福原 2007, pp. 183-184）と，1990 年に企業文化部を創設した。

このアイデアは先見性を評価され，あらゆる企業がこうした部門を持つであろうと論評された。また，芸術団体からは文化支援の窓口が新設されたと早とちりをされて寄付の依頼が押し寄せたという。「企業文化部は企業文化が蓄積され，それが経営内部で活用され，再び蓄積される過程を管理し検証する部門であり，また外部の芸術家や文化団体との接点である。そうすることによって，**社外の芸術文化活動に流れている新しい価値観が会社のマネジメントのなかに組み入れられ，会社全体に新しい感覚を取り入れることができる**のだ」（福原 2007, pp. 184-185）。

このように，社内に文化を担う組織をつくるという決断は，芸術文化が資生堂にとっていかに重要なものであるかを物語っている。この部署の活動は，資生堂ギャラリー，資生堂アートハウス，資生堂企業資料館などの施設運営のほか，企業文化誌『花椿』[★13]の制作などの芸術支援活動であった。

アート＆ヘリテージマネジメント部へ

この組織は 2022 年に「アート＆ヘリテージマネジメント部」に改組した。これまでの蓄積をアーカイブ化し，それを未来につなげようという部署名である。

この部署には，約 30 人の社員が所属している。キュレーターとして活動をする専門的な経験と知識を持つ社員だけでなく，人事ローテーションで配属される社員も所属している。他部署との行き来のある社員は，ここでの仕事内容を社内のほかのメンバーに伝えていく役割がある。固定メンバーだけであれば孤立した部になってしまうため，このような交流があることで社内でこの部署に関心を持ってもらえるのだという。ここのメンバーになると，特別な教育がなされるわけではない。初代社長が芸術家をめざしていたことや，写真家だったことなどを，折りに触れ耳にし，また，実際に芸術的なものに触れているうちに注意を払うようになっていく。これまでの歴史を懐かしんでいるだけでなく，現在や未来のものにどう活かしていくかという考えが根底にある。一過性ではない文化支援は，次の 100 年を考えるときの背景になっていくのである。

文化支援の目標を数値化して何かの指標にしているということはないが，資生堂の企業イメージ調査では，芸術文化活動との関連を見ている。ただ，世代ごとに細かく見ていくと，やはり若い層にとっては，ほかの企業と同じよう見えているようである。

株主に対しては，IR 部主宰のセミナーと連携で，資生堂ギャラリーやアートハウスを案内することがある。たとえば，みなとみらいにある新しい研究所ができたが，それと関連して横浜美術館との連携を模索したり，名誉会長である義春がコレクションをしている作家の展覧会に協賛したこともある。**文化支援が地域との関係性づくりに活かされている。**

shiseido art egg

現在の芸術支援活動のひとつの柱に「shiseido art egg」という新進アーティストの活動を応援する公募展がある。**アートによるイノベーション**をめざし，**「新しい美」との出会いの場**と位置づけて催されている。アーティストに，これまでの活動履歴をまとめたポートフォリオと資生堂ギャラリーでの展覧会プランを応募してもらい，3 人（組）のアーティストを選出し，資生堂ギャラリーでの個展を開催する。若いアーティストにとって作品発表の機会になるため，毎年，およそ 200～300 件の応募がある。そこでは，担当キュレーター，専門スタッフがサポートに入ることで，アーティストと社員がともに個展をつくり上げるのである。さらに，そのなかから「shiseido art egg 賞」としてひとつの展覧会を選出する。このように，次代を切り拓く先進性を持ったアーティストを応援しながらも，社員が参画する価値創造プログラムを実践している。キュレーターが温めているものをどんどん具現化するためのエンジンである。

この展覧会は 15 回を超えているため，その出展アーティストたちは 40 人以上になる。彼らは，毎回のオープニングに集まり，それぞれの代のアーティストたちが仲良くなり，その人たちのネットワークが生まれている[★14]。その後，芸術選奨やそのほかのアートアワードを受賞するアーティストが出ている。2020 年から shiseido art egg の企画のなかに，社員参画プログラムを組み込んでいる。社員がその審査に関わり，また，アーティストと社員が直接対話する機会を設けることで，社員のアート力を高める取り組みとなっているのである。

また，ここでは，社員や関係者だけでなくアーティストや審査員も交えたトークイベントやギャラリートークを実施することもある。「スープストックトーキョー」などを展開する株式会社スマイルズの代表取締役社長・遠山正道と森岡書店代表の森岡督行を招き，「**アートをビジネスに活かす**」というテーマで行った講演には，社員の関心も高く，多くの社員が参加した。**このようなイベントが，経営に還流していく**と考えてのことだという。この資生堂ギャラリーは，2007年にメセナ大賞を受賞，2020年には，メセナアワード特別賞「文化庁長官賞」を受賞した。

★10　資生堂アートハウスの建築は高宮眞介，谷口吉生の設計によるもので，1980年に「日本建築学会賞」を受賞した。また，2010年には，建築物の意義や支える人々までを表彰する「JIA25年賞」を受賞している。
★11　資生堂書体とは，資生堂の制作物に使われてきた書体のことである。資生堂らしい独自のスタイルを持っているが，書き手による個人差がある。展覧会の看板などもすべて宣伝部員が手書きで，資生堂書体で描いてきたという歴史がある。社内の宣伝部の社員たちは，資生堂書体を書き続けることで資生堂の精神を叩き込まれたという。
★12　2015年からプロジェクトがスタートし，2017年の秋に開催された現代アートをまちなかに展示していこうというプロジェクトである。2021年現在まで続いている。
★13　資生堂のPR誌である『花椿』は2〜3万部を発行し，紙媒体だけでなくネットでも記事を配信している。若い人たちのあいだには，マキアージュやエリクシールといった製品ブランドの知名度は高いものの，資生堂という名前は意外に知られていない。マジョリカ・マジョルカは知っているが，資生堂は知らないという世代に対してアプローチしていく活動でもある。
★14　2020年からはコロナ禍のためart eggの作家たちがオープニングで集うことは中止している。

5. 企業文化がアートプレイスで育まれ事業を駆動する

資生堂の芸術文化支援の事例から，いくつか指摘できることをまとめておこう。

ひとつめは，**芸術文化支援が資生堂の事業を駆動させるエンジン**のひとつであったという点である。新しいライフスタイルや価値観を提示できたのは，流行を発信してきた資生堂ギャラリーというアートプレイスがあったからである。芸術文化支援は本業に密接に関わっているため，文化が競争優位を生み出す資産と捉えられてきた。企業文化が資生堂の事業を駆動してきたといってもいいだろう。これは，西武デパートなどにも見られる。西武が文化発信基地としてデパートを位置づけ，1975年に開業した西武美術館（のちのセゾン美術館）をつくったことがそれにあたる。[★15]

2つめは，**企業内部に芸術家を抱えてきた**という点が，独自の資生堂文化の継承に寄与しているという点である。資生堂の意匠部（のちの宣伝部，現在の資生堂クリエイティブ株式会社）は，芸術家が宣伝物や商品パッケージをつくり資生堂書体を継承し，また，資生堂ギャラリーというアートプレイスを介して外部の芸術家との交流を続けてきた。さらに，企業文化部（現在のアート＆ヘリテージマネジメント部）には，キュレーターが在籍し，芸術家と接点を多く持ち企業の文化をマネジメントしている。そういった意味では，意匠部や企業文化部といった**社内の部署そのものがある種のアートプレイス**であったのかもしれない。

3つめは，**時期によってアートプレイスのタイプが異なる**ことである。初期の資生堂ギャラリーは，どちらかというと交流型であり，資生堂アートハウスは，地域の人々を対象とした鑑賞型といえる。資生堂ギャラリーは現在でも交流型アートプレイスとして存在していることを考えると，アーカイブが必要になった時期に鑑賞型の施設がつくられ，交流型と鑑賞型が同時に存在していることになる。以下，その2つのタイプについて述べておこう。

交流型オウンド・アートプレイスの「資生堂ギャラリー」

資生堂ギャラリーは，芸術家のはじめての個展など，**まだ評価の定まっていない**作家たちの企画展を開催してきた。初期にその企画や運営をしていたのが，経営陣や意匠部の担当者であり，意匠部にも芸術家が社内人材として関わってきた。外部の文化人や芸術家，それにまだ小さな所帯であったため資生堂の担当以外の社員たちもその場に参加し，交流するという参加型オウンド・アートプレイスになっていた（**図4-1**）。

社員と芸術家との交流の場をつくることにより，芸術家でもあった意匠部の社員へのポジティブな影響があったことは想像にかたくない。また，常に最先端の感覚を得続けるためのパリ駐在の芸術家からの情報は，**新たな価値観や生活スタイルを提案し続ける駆動力**となっていた。アートプレ

図 4-1　資生堂ギャラリーのステークホルダー関係図
（交流型オウンド・アートプレイス）

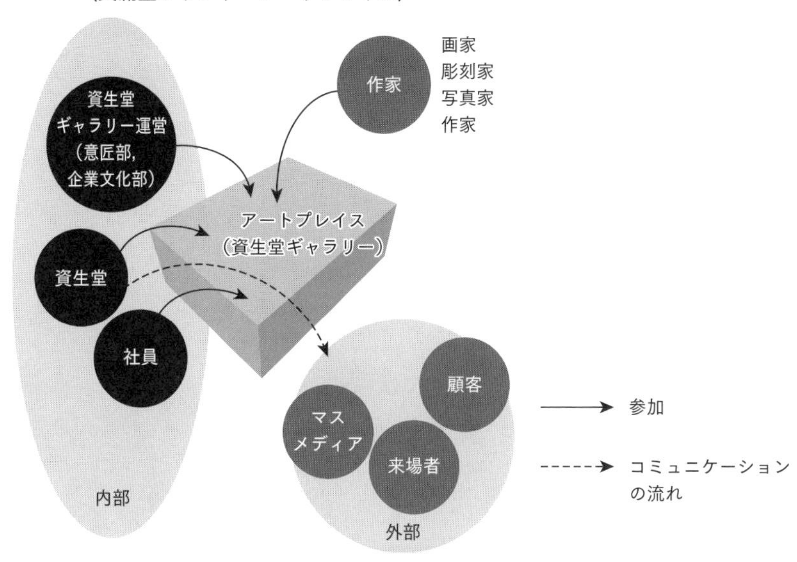

イスでの相互作用が，社内資産への効果につながり，次に，社内資産である社員の創造性の開発や豊かな感性を大切にする組織文化の形成により，製品や広告制作物のクオリティがあがっていくというプロセスが考えられる。

さらに，資生堂ギャラリーでは，当初テキスタイルや子ども服，雑貨などの催事が行われていた。それと同時に芸術家たちの個展も開催されてきた。資生堂が提供したアート感覚あふれる生活スタイルは，雑誌などのマスメディアに情報が提供され，さらにそこから読者に最先端の流行情報が伝わっていった。そのような点からはメディアとして機能していたともいえる。

現在では椿会展，shiseido art egg，その他の企画展で現代美術の作家を育む場として機能しているだけでなく，アーティストと社員との接点のあるイベントなども実施されており，それはアート界だけでなく社内外のステークホルダーとの接点がつくりだされている。

鑑賞型オウンド・アートプレイスの「資生堂アートハウス」

一方，資生堂アートハウスは，それまで支援してきた芸術家のコレクシ

図 4-2　資生堂アートハウスのステークホルダー関係図
（鑑賞型オウンド・アートプレイス）

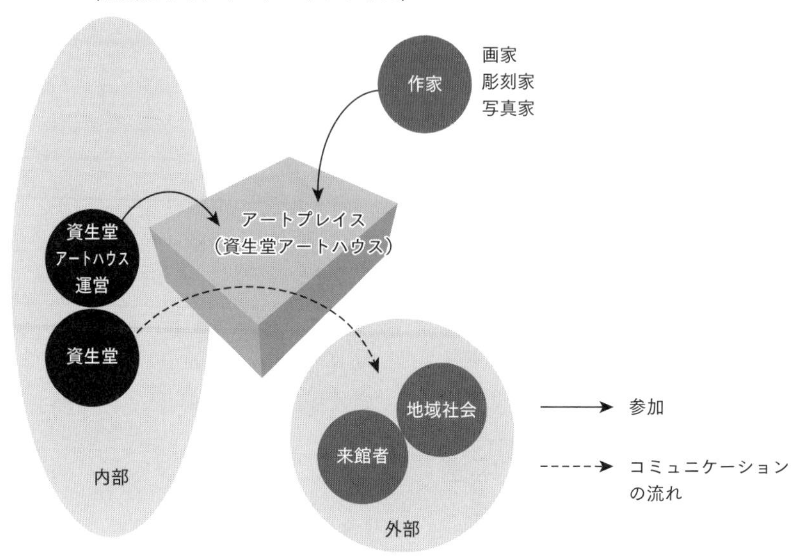

ョンの収蔵と公開をしてきた。つまり，作家がデビューし，ある程度**評価が定まった作品の公開展示**を主としたアートプレイスである。どちらかというと鑑賞型のアートプレイスとなっている（**図 4-2**）。資生堂の工場がある地域で，質の高い芸術作品を無料で公開することは，**地域への社会貢献として**資生堂の信頼を獲得することにつながっている。企画展のオープニングには市長や地元の新聞社が訪れ，地域メディアを通して来場しない住民にもこの信頼は伝わる。地域への社会貢献により，地域社会の信頼を獲得するという効果が得られているのである。また，資生堂らしさを存分に表現しうるコレクションや企画展であることが，初代社長・福原信三の哲学とされている「商品をして，すべてを語らしめよ」の伝達にも寄与している。

もちろん工藝作家に依頼して企画展を行うこともあり，その点では芸術家との相互作用がある場合もある。社員がワークショップの講師を務めるプログラム，地域の小学生が参加し作品に触れるプログラム，「茶エンナーレ」という地域の人々が参加する芸術祭もある。**鑑賞型アートプレイスにおいて，交流型のプログラムがうまく組み合わされる**ことにより，単なる鑑賞型メディアとして広くリーチするだけでなく，人々に交流の機会を提供し，資生堂の味方となる人々を獲得し，同時に社員参加を通じて芸術文化を社内に還元させているのである。

★15　1960年代後半から，西武は脱小売を掲げ，ライフスタイル提言の場としてデパートを位置づけた。そのイメージ戦略は，若者対象に文化・美術を発信していくことであり，そのひとつとしてアメリカの現代美術を中心にした西武美術館があった（小森2011）。

参考文献

上岡典彦（2019.6.29）「企業文化は再現可能で普遍的な価値を持つ。それを語り継承するのがPRパーソンの役目」（https://product.talent-book.jp/pr-talk/pr/shiseido-ueoka/）最終アクセス2022年10月25日
小森真樹（2011）「“劇場”としてのデパート美術館――西武美術館の文化戦略における現代美術の消費とアメリカナイゼーション」『博物館學雑誌』37（1），1-33.
近藤順一（2017）「創業期の資生堂と福原有信の経営戦略」『埼玉大学経済学会経済科学論究』14，67-80.
資生堂企業文化部編（1993）『創ってきたもの伝えてゆくもの――資生堂文化の一二〇年』資生堂（ただし，資生堂社内には1992年発行版も資料として所蔵されている）
福島昌子（2015）「“工藝を我らに”――うつくしき器物（うつわ）も，古代の姿こそをかしと見ゆれ　という言う人が居て」『工藝を我らに』（カタログ）資生堂アートハウス
福原義春（2007）『ぼくの複線人生』岩波書店

第5章

「よく生きる」をともに考える地域社会の要

ベネッセアートサイト直島

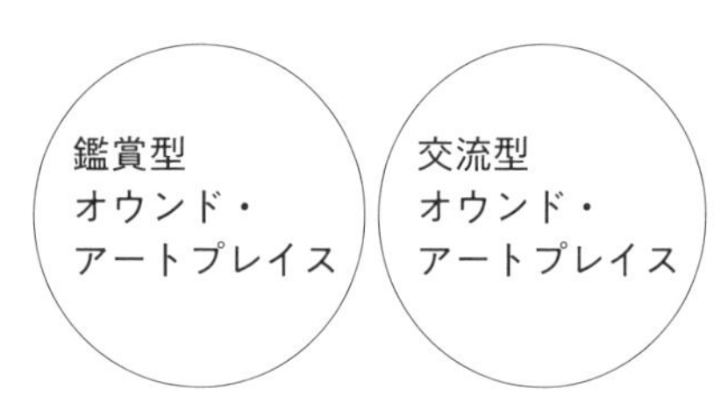

1. 世界中からアートファンが集う場

瀬戸内海に浮かぶ小さな島々に，現代アートの施設群を持つ「ベネッセアートサイト直島」（以下，BASN）がある。1980年代から始まったアートプロジェクトであり，2000年頃には海外の大手旅行雑誌でも話題[★1]となり，世界のアート関係者の注目となった場所である。2010年には直島を中心としたエリアで瀬戸内国際芸術祭が始まり，アートが瀬戸内エリアへと拡大していった。2016年には，「せとうちDMO[★2]」が立ち上がり，このDMOは瀬戸内海を囲む7つの県を束ねた観光推進事業を展開していく。しまなみ海道でのサイクリングなど，アート以外のさまざまなコンテンツとともに「せとうち」ブランドを海外に売り込んでいった。2019年には，瀬戸内が *National Geographic Traveller*（英国版）で1位となるなど，世界のメディアで取り上げられており，現在では世界中から観光客が訪れている。

このBASNは，株式会社ベネッセホールディングスと株式会社直島文化村，公益財団法人福武財団によるアート活動の総称である。その基本方針は，「瀬戸内海の風景の中，ひとつの場所に，時間をかけてアートをつくりあげていくこと――各島の自然や，地域固有の文化の中に，現代アートや建築を置くことによって，どこにもない特別な場所を生み出していくこと」と記されている。このアートプレイスは，来訪者に，ベネッセグループの企業理念である「ベネッセ――よく生きる」とは何かについて考えてもらおうとする場として捉えられている。「活動を継続することによって地域の環境・文化・経済すべての面において社会貢献できるよう，現代アートとそれを包含する場である地域がともに成長し続ける関係を築いていきたい」(Benesse Art Site Naoshima〔BASN〕n. d.）と，長期的な関係性の構築と維持を掲げている。**長期的な関係性の構築を，アートプレイスによって実現しようとしている**のである。それも，持続可能な地域社会の姿を念頭においている。これは，まさにパブリック・リレーションズのひとつのかたちであろう。BASNは，立ち上げられた頃はどちらかというと**鑑賞型オウンド・アートプレイス**であったが，次第に**交流型オウンド・アートプレイス**となっていった。

また，BASNの特徴は，それが事業として運営されている点にある。BASNは，株式会社ベネッセホールディングス（以下ベネッセ)，公益財団法人福武財団，株式会社直島文化村の3つの組織が関わっている。福武財団は美術館運営を，ベネッセは，BASNのアート施設の一部や宿泊施設，カフェを事業として経営し，直島文化村に委託して運営している。美術品の購入に関わる費用など初期費用を賄うことは難しいが，BASNを事業とすることで，コロナ禍に入る前には運営費を賄うことが可能となってきていた。つまり，より持続可能な取り組みとなっているのである。

本章では，このBASNがステークホルダーに対してどのような影響があったのかを，社員の方々や島の人々へのインタビューと関連資料を通じて検討していく。[★3]

★1　たとえば，2000年には*Conde Nast Traveler*のSeven Wondersに選ばれた。

★2　DMO（Destination Marketing/Management Organization）とは，観光地（Destination）を活性化させて地域全体を一体的にマネジメン

トしていく組織のことをさす。「せとうち DMO」は，瀬戸内の 7 つの県を束ね「Setouchi」ブランドとして海外の観光誘致を行う組織である。域内での地域ブランド推進だけでなく，海外でのメディア・リレーションズや観光事業者への販売促進までも担っている。
★3　本章のインタビューは次の日程で，以下の方々に取材をした。2019 年 1 月 31 日～4 月 13 日：アートサイトの創始者である名誉顧問・福武總一郎，公益財団法人福武財団理事・金代健次郎，株式会社直島文化村代表取締役社長・笠原良二，株式会社ベネッセホールディングス東京本部広報・IR 部部長・坂本香織，NPO 法人直島町観光協会書記・藤井重典（所属と役職は当時のもの）。本文中の写真は福武財団とベネッセホールディングスに提供いただいた。

---

2. 地域を活かす直島メソッド

ベネッセアートサイト直島とは

「ベネッセアートサイト直島（BASN）」とは，日本の瀬戸内海にある 3 つの離島，直島，豊島，犬島で，株式会社ベネッセホールディングス（以下，ベネッセ）と同社の株式を創業家が寄付して設立した公益財団法人福武財団が展開しているアート活動の総称である。ベネッセは，進研ゼミなど子ども向けの通信教育，介護事業などを手がけており，年間 4275 億円（2021 年 3 月期）を売り上げている。

瀬戸内海の島々には，近代社会の負の側面を引き受けてきた悲惨な歴史がある。直島は，経済が低迷していた大正期に銅の製錬所を受け入れた。この製錬所の受け入れにより，人口の増加や経済的なメリットはあったものの，工場から出る亜硫酸ガスが環境汚染を引き起こした。一度枯れた緑が戻るには膨大な時間がかかっており，現在でも禿(は)げたままの山肌が残っている。工場は直島の重要な産業であり，隣の豊島の産業廃棄物問題[★4]を契機にリサイクル事業にも乗りだしている。

戦後，1961 年には藤田観光がリゾート開発に着手するも事業は成功せず，その事業用地の売却先となったのがベネッセであった。1987 年，ベネッセがその土地を一括購入し，子どものためのサマーキャンプ施設として，利用をスタートした。

1986 年に先代から経営を引き継いだ福武總一郎は，1992 年にはベネッセハウス直島コンテンポラリーアートミュージアム（現ベネッセハウスミュージアム）を開館させ，現代アートの収集と展示へ舵を切ることになる。

家プロジェクト「角屋」 宮島達男“Sea of Time '98”(鈴木研一撮影)

安藤忠雄を建築家として迎え，現代アートの作家へ作品を依頼し，直島の景色のなかに展示していくという試みが続いていった。直島らしい風景をつくりだす方法として展覧会を捉え，場所と作品を結びつけていくことで，景色が個性を持つものとなっていった（秋元 2018）。これはサイトスペシフィックな現代アートとして，ほかにない魅力となっていった。

それまでは，直島の南側で地域の住民とは離れた場所での活動であったが，直島の空き家問題を契機に，住民たちとの交流がはじまる。それが，1998 年にはじまった「**家プロジェクト**」である。地域の古民家をベネッセが譲り受け，建築家と現代アーティストが地域のなかに作品をつくっていった。最初の「角屋」では，宮島達男の作品が，呼びかけに集まった 5 歳から 95 歳までの参加住民 125 人と一緒になって制作された。作品を構成するデジタルカウンター 1 つひとつにオーナーを割り当て，開催した「タイムセッティング会」で各々が自由に設定した明滅速度の異なる 125 個のカウンターが，古民家のなかで作品の一部となったのである。こうして，町の古民家が，建築家の手により改装されていった。住民たちが作家とともに作品をつくり上げ，アートが地域の人々の一部となっていくスタートであった。現在までに7つの「家プロジェクト」が制作された。

2001年にはベネッセハウスの建物のなかだけでなく，島全体のさまざまな家や施設，路地においてスタンダード展が展開された。2004年には**地中美術館**が開館した。2008年には，犬島にある製錬所跡地を「犬島精錬所美術館」としてオープンし，2010年には犬島でも「家プロジェクト」が開始される。2010年には**豊島美術館**が開館し，現在では直島周辺の5つの島に22の施設が展開されており，屋外にも多くのアート作品が設置されている（BASN n. d.）。

2010年には瀬戸内国際芸術祭が開幕し，3年ごとの開催が現在まで続いている。BASNも参加しており，直島を中心とした瀬戸内エリアには，アートファンが世界中から訪れている。

福武總一郎の思い

福武總一郎は福武書店として創業したこの企業を継いだ2代目社長であり，現在のベネッセの名誉顧問である。彼の強い願いによってつくられてきたのが，このアートサイトである。その原動力は**過度な近代化や都市化がもたらしたネガティブな側面に対するレジスタンス**である（Kawakita and Sonobe 2021）。

現代社会は，都市生活のために田舎や自然を犠牲にしてきた。100年前，直島は銅の製錬所を受け入れたものの，製錬所の亜硫酸ガスによる空気汚染により山々は禿山になってしまい，現在でもその名残りが見られる。隣の豊島では，大量に不法投棄された産業廃棄物から有害物質が発見された。本土の発展のために不要となった廃棄物が船で豊島に運ばれたものである。不法投棄への抗議が何度もあったにもかかわらず，長年にわたり放置されてきていた。島の農家は，豊島の作物を，胸をはって売ることができなくなっていた。犬島にも銅の製錬所による公害があった。瀬戸内国際芸術祭が行われている大島は，ハンセン病患者を隔離した島であり，家族から引き離され隔離され，差別された人々の島である。

国立公園の第1号になったほどの自然豊かなこのエリアを，直島，豊島，犬島，大島のような悲惨な状況のままにしてきたのが近代社会である。

地中美術館（藤塚光政撮影）

豊島美術館　内藤礼「母型」2010 年（鈴木研一撮影）

この歴史に対して**「本当にこんな社会でよいのか」という問題提起**をするために，福武は**アートの力**を借りているのである（Kawakita and Sonobe 2021）。

福武は，**ダメージを受けたコミュニティ**には，**求心力**になるものが必要と考え，3 つの島に求心力を持つ美術館をつくった。西洋の街には教会があるように，島のコミュニティの中心に美術館が存在している。しかし，あくまでもここではアートが主役なのではない。地域の人を元気にする，ダメージを受けた地域やそこに住む人々を元気にするというのが目的である。

ビジネスは大きな社会から見るとその一部である。**ビジネスから社会を見る力**と，**社会からビジネスを見る力**の両方を持っていないと会社は存続しないのだという。そのような見る力を持つために，現代美術が大いに力になるのだ。しかし，文化に対して企業が慎重なのは，踏み出したら簡単にやめられないからではないか。続ける覚悟がないと経営者は踏み込めない。続けなければ文化は育たないし定着しない。

1995 年，それまでの福武書店からベネッセへと社名変更をした。ベネッセという社名は「よく生きる」という意味であり，同社の企業理念を社名に掲げたものである。直島は「よく生きるとは何か」を考える場所であるという。ベネッセが社会に対して「よく生きることとは何か」というメッセージを問いかける場が，このアートサイトなのだ。ピカソがゲルニカを描いたように，福武總一郎はアートプロジェクトを通して，社会の危機を問いかけようとしてきたのである（Kawakita and Sonobe 2021）。

地域住民の誇りを取り戻す直島メソッド

福武がアート活動の目的としたものは，住民たちに誇りを取り戻すことであった。直島の製錬所の公害による禿山，豊島の産業廃棄物の不法投棄問題，ハンセン病の隔離病棟を持つ大島など，数々の悲惨な出来事がこの地域の住民の誇りを奪ってしまっていた。しかし，現代美術を持ち込むことで，**地域の住民たちが誇りを取り戻している**。それは，アートを中心とした多くの関係者との相互作用がもたらしたものであろう。

これは**地域再生の直島メソッド**と呼ばれるようになっている。サイトスペシフィック・ワークと呼ばれる，ここにしかないものをつくるためには，

家プロジェクト「護王神社」 杉本博司“Appropriate Proportion”（杉本博司撮影）

アーティストは地域の歴史や人々の暮らしの積み重ねを掘り起こすことが必要になる。アーティストがリサーチするプロセスで，島の人々が，**自分たちの住んでいる土地が持つポテンシャル**に気づいていくという。「アーティストはその土地でしか成立しない唯一の，現代批評のメッセージ性を持った作品をつくる。そこに島民が参加する。アーティストは立ち去っても作品は残り，作品を見に島外から若い人がやってくる。そうすると，おじいさん，おばあさんは，アートやアーティストについて滔々と語り始め，若い人は腰を抜かす」（福武 2016，p. 46）のである。

とくに「家プロジェクト」は地域の人々との接点が多くあり，関係がより深まっていく機会となった。それまで島の南地区にしかなかったアート施設が，島民が住む地域のなかに入っていくことになったのが，1 軒目の「家プロジェクト」であった。制作プロセスを住民が間近で見ることになる。アーティストの人が悩んでいる，じゃあ，お茶を持っていってあげようといった交流が生まれ，「ベネッセがやっているよくわからない活動」

を遠目に見る状況から，活動を体感する状況へと変化していった。2軒目は，お寺の跡地に建てるプロジェクト（南寺）であったため，お寺の檀家との接点がそこで生まれた。4軒目には，神社そのものをアート作品として建て直すため，護王神社の氏子さんたちと話をしなくてはならなくなった。このとき，地域のお寺の総代のみなさんや，地域の神社の氏子さんたちと結果的に仕事をすることになり，その頃から地域との関係は，より熱くなっていったという。

そして，外から人々が多く訪れるようになると，彼らが自分たちの島を美しいといってくれている，という状況が生まれていく。そうなると，来訪者のために，住民はおもてなしをしなくてはという気分になる。たとえば家の庭をきれいにしたり，お茶を出してみたりといったことまでもする人が出てくる。このように，お年寄りが元気になっているし実際に観光客を案内して作品の解説をしている人もいるという。

豊島の場合は，産業廃棄物の不法投棄問題があったので，豊島美術館をつくった。豊島の人たちは産業廃棄物の不法投棄問題で非常に傷つけられた。豊島出身であることを外部の人にいうこともできなかったほどであったという。そこに豊島美術館ができ，瀬戸内国際芸術祭の主要会場になったことによって，自分たちの島はいい島だったのだと，誇りを取り戻していく。文化や芸術で，地域の誇りを取り戻すことができるのである。

現代美術が地域に入っていくとなぜ地域が元気になるのかというメカニズムについては，掘り下げる必要がある。それによって人々が訪れるようになるというのがそのひとつの要因ではあるが，人が集まれば何でもいいというわけではない。アートを求めてやってくる層が，その地域を訪れ続けることが大事なのではないか。アートの役割には，いったん頭をシャッフルするということがある。

アートディレクターの北川フラムの言葉に「アートは赤ちゃんのようなもの」というものがある。「アートは多くの発見をもたらすとても面白い存在である一方，日々の暮らしや地域の経済に直接役に立つものではありません。だからこそ，アートは赤ちゃんのような存在といえるわけです」（北川 2016, p. 77）。アートは，みんなの気持ちを集めたり，世話をしようという気持ちにさせたり，それでいて幸せな気持ちにさせる存在である。人々をつなぐ存在であり，それは新しい人間の結びつきを生むのである。

★4　1970年代から豊島では本土から運ばれた廃棄物の不法投棄が行われており，有害廃棄物の野焼きなどが島民の健康被害をもたらすまでになっていた。1990年に兵庫県警がようやく摘発し，公害調停に持ち込まれた。2000年からは，公費での原状回復がはじまった。直島の三菱マテリアルは，この廃棄物の処分を事業として引き受けている。『四国新聞』「島人20世紀」（https://www.shikoku-np.co.jp/feature/shimabito/3/9/）より。

3. 各ステークホルダーとのコミュニケーション

社員への企業理念の浸透装置

福武總一郎が社会にとって企業が存在する意義を考えていく過程で，**企業理念を社員に浸透させていく**ことが不可欠であると考えた。社会にとってよいことは何かを考えられないと，企業が存在意義を失いかねないということだろう。その理念をさまざまなステークホルダーに浸透させるための場として，直島がある。直島を訪れた人たちに伝えるのではなく，それぞれが自ら考える場として現代アートが作用するというのだ。とくに従業員に理解してもらうことで，企業全体の一歩先を見る目を養うことができるのではないだろうか。

従業員は，ベネッセが企業理念ドリブンな会社であることを強く認識しており，新人研修や管理職研修でBASNを体験しており，そこが「よく生きる」を考える場所ということは社内で共有されているという。さらに，心の支えとして直島が存在しており，そのために会社を辞めることを思いとどまったという証言もあった。

製造業ではない会社にとって，文化活動は研究開発，いわゆる創造性を高める非常に重要な手段であると福武は考えている。ただ，1日や2日，アートに触れることで社員が創造的になるわけではない。開発拠点をここに持ってくるぐらいの覚悟があれば，ずいぶんおもしろい会社になる可能性があるという。その言葉から透けて見えるのは，普段からアートに接する頻度が現時点では足りていないという認識である。

また，ベネッセの経営幹部が**直島のことを理解するきっかけ**のひとつは，外の人から評判を聞くという経験だという。ブラジルに行ったときでも，直島を持つベネッセとして認識してもらえるという経験をすると，幹部はその意味をよく深く理解する。社内だけのコミュニケーションではなかなか通じないようなことでも，外部の方が評価してくれることによって，理解してもらえることは多い。

さらに，人材の採用という点でも直島は意味を持つ。かつて福武は，幹部として採用したい人を直島に連れて行って口説いていたという。直島に価値を置かない人は，優秀だったとしても会社の理念には合わないため，直島で最後に「お見合い」をしていたのだという。2000 年代にベネッセを V 字回復させる社長となる森本昌義が，引く手あまたの状況のなかでベネッセへの入社を選んだひとつの理由が，BASN を運営している企業だからだったという。

幹部の採用だけでなく，一般社員のなかにも直島に惹かれて入社するという場合がある。これが意味するのは，直島で企業理念を感じ，さらにそれに深く共感できる人が応募してくるということである。ミスマッチのない採用につながっているといえるだろう。

顧客と投資家

顧客にとって，ベネッセといえば進研ゼミであろう。しかしながら，進研ゼミと BASN がともにベネッセであるという認識を持っている顧客が多いかというと，それほどでもなさそうである。そういった意味では，顧客に対する企業ブランド価値を高めるといった作用はそれほど大きくはないかもしれない。しかし，**既存顧客以外の層に対するアプローチ**ができている。どちらかというとビジネスパーソンへの影響があり，そこからコンシューマーに波及するということがあるのではないか。おそらく，通常であればリーチできない人にリーチしているという価値があると考えられる。

国内の投資家からは好意的な支持を得られているようである。また，海外の投資家からも，進研ゼミはわからなくても，**BASN を持つ企業としての認知**が非常に高いという。IR ミーティングで海外投資家と話をすると，直島に行ったという話題で話が弾むことがある。直島があることによって認知だけでなく「**社格を上げてくれている**」感覚があるという。企業理念をアートプレイスという手段で，品格のあるかたちで伝えることができており，それが非財務情報として伝わっているのである。

取引先や提携先，メディア

重要な取引先や提携先に，BASN を見てもらうこともあるという。ベネッセの企業理念を理解してもらい，社会のことを考えている企業としての信頼に結びつけ，取引をするきっかけとなっている。また，つきあう相手のスクリーニングの機能も果たしている。中国に行くと直島のことを知っている経営者は多く，提携したいという声もよく聞くという。

メディアからの取材は多くあり，年間数百件にも及ぶという。有名な海外メディアに取り上げられることで，世界中から人々が訪れているだけでなく，世界中の投資家や取引先にも知ってもらうことができている。

地域住民と来訪者

このアートサイトが最も大切にしているステークホルダーは，**地域の人々**である。前述したように，社会課題を背負わされた人々がアーティストに問いかけられ，鑑賞者が訪れることで，自分たちが住む地域の魅力に気づき，誇りを取り戻してきた。そのきっかけは，このアートプレイスでのさまざまな人々との交流である。

地域でのアートの役割というのは，その活動を通して，**地域の人々の頭のなかがシャッフルされる**ことにあるという。アーティストや現代美術が地域に入っていくことで，それまで住民が持っていた自分たちの価値観をあらためて考え直す機会を持てるということである。地域のなかにアートが来ることで，住民の気持ちがひとつになり，関わろうという気持ちになったりする。それと同時に，頭の中が少しほぐれ，ものの見方が変わるという変化があるのだろう。

また，直島への観光客は，ベネッセハウスがオープンした 1992 年には年間延べ 3.6 万人にすぎなかったが，その後の 20 年で約 10 倍以上になっている。また，瀬戸内国際芸術祭の年には年間延べ 70 万人を超えることもある。訪れる観光客は，ヨーロッパ，北米，中国，韓国，オーストラリアなどからの個人客が多くを占めている。飲食店や宿泊施設も少しずつ増え，I ターンの事例もあるという[★5]。

BASN は単なる集客装置として重要なのではなく，アートを求める層が，この地域のなかに来訪し続けることが重要なのだ。観光地として盛り上がるということではなく，現代美術を楽しめる層が，このような社会課題を

問いかけるアート作品に触れるためにやってくる。そして，彼らはそれを問い直す機会を自らに課していくのである。★6

★5　コロナ禍以前の観光の情報である。
★6　本章の第1〜3節の部分は，Kawakita and Sonobe (2021) をベースにしている。ただし，インタビューの内容については，より詳細に記述した。第4〜5節については，本書のフレームを用いた新たな分析をしている。

4. オウンド・アートプレイスの特徴

初期のBASN

当初のBASNは，人々が住んでいるエリアから離れた島の南側での活動が主であり，住民が参加する場面はほとんどなかった。建築家やアーティストが現場での制作に参加していたため，アーティストとの交流はあったが，外部の人々が参加する機会はかぎられ，鑑賞者は公開展示されたも

図5-1　初期のBASNのステークホルダー関係図
（鑑賞型オウンド・アートプレイス）

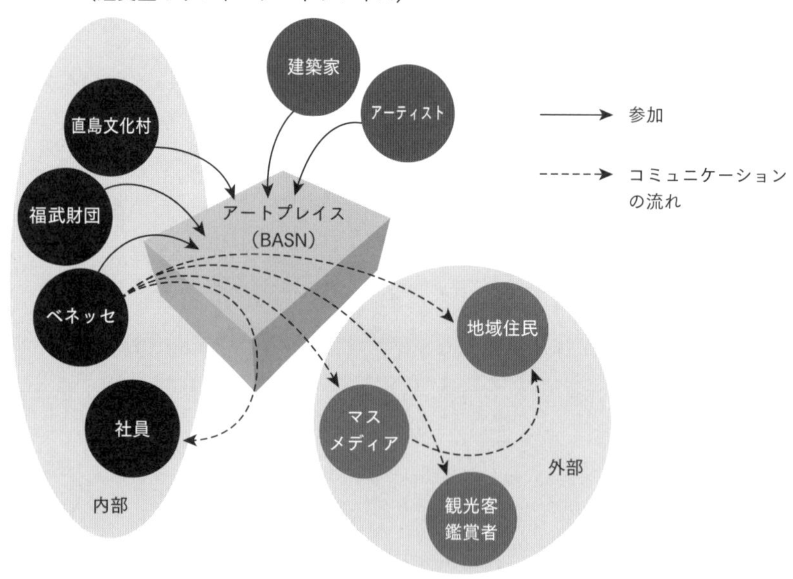

のを鑑賞していた。つまり，どちらかというと鑑賞型オウンド・アートプレイスであった（**図 5-1**）。

1992 年のオープン当初のコンセプトは「自然・建築・アートの共生」であり，まだ「よく生きるを考える場」として定義されてはいなかった。当時，福武書店の人々が働く岡山の本社に美術館が併設されていたり，社内に美術作品が置いてあったりと，社員が芸術に日常的に触れる機会は多かった。そういった社風のなかで，この直島のアートプレイスは，社内外に企業の先見性を伝えていくメディアとなっていたといえるだろう。

家プロジェクト以降の BASN

前述したように，1995 年に福武書店はベネッセへと社名変更をし，BASN はサイトスペシフィックな作品を志向するようになる。1998 年には「家プロジェクト」がスタートする。この頃から，BASN は交流型のオウンド・アートプレイスになったと考えられる（**図 5-2**）。

家プロジェクトの制作現場は，地域住民の生活の場であり，そこへ建築家やアーティストが時間をかけて制作のために入り込む。その場には，ベ

図 5-2　家プロジェクト以降の BASN のステークホルダー関係図
（交流型オウンド・アートプレイス）

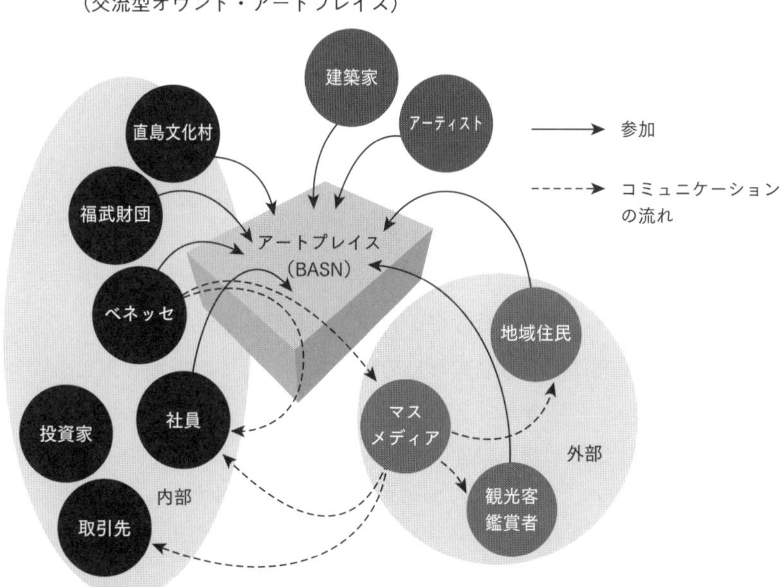

ネッセサイドのスタッフはもちろん，近隣住民，家の元の持ち主，檀家や氏子が関わることになる。前述したように，古民家や寺，神社がアートプレイスになることで，本当の意味での交流が生まれるという。そして，制作が終わったあとには，アーティストは去るが作品が残る。その次にはその作品を目当てに，遠くから人々が作品を見にやってくる。そこでは地域の人々が作品の解説をしたり，町を案内したりといった交流が生まれる。

また，このアートプレイスは，美術館の建物のなかにとどまるのではなく，外までがその範囲である点も重要である。屋外に設置された美術品もあり，島全体がアートプレイスであるため，住民と鑑賞者が同時にその場にいることで作品を介して交流が生まれるのである。

さらには，2001年に開催されたスタンダード展では，宮ノ浦地区，三菱マテリアル地区や本村地区の家，路地といったところでも作品展示が行われた。複雑な関係にあるステークホルダーである三菱マテリアル★7の人々も，同じプレイスに参加することになる。

★7　三菱マテリアルは，直島の経済的な基盤を提供しているという存在であるが，歴史的には製錬所から出る亜硫酸ガスで自然を破壊したものの，さまざまな改善策や緑化活動などの環境活動を行い，現在は環境に影響のない活動をしている。

5. 価値観を問い直す地域の要

BASNの事例は，高品質な現代アートを優れた建築とともに地域の景色に溶け込ませている。そういった美術的な優れたクオリティだけでなく，さまざまな意味での価値が見て取れる。それをいくつか指摘しておこう。

ひとつめは，BASNは通信教育や介護といった社業とは直接関係はないものの，その根底に流れる**企業理念の浸透装置としての役割**を果たしていることである。社名の持つ「よく生きる」という意味を考える場を提供することは，単に伝えるだけでなく，受け手が自ら考えることを促し，受け手の内部により深く届けられる。ブランド価値を高めるために，現代アートを活用するといった意図ではなく，そこで鑑賞者が作品と向き合いながら主体的に考えることを求めているのである。「現代アートは受け手が主体となれる唯一のメディア」（福武 2016，p. 36）といわれるように，ここで選ばれているものはメッセージ性のある作品である。

2つめは，鑑賞者が主体的に考えることからもたらされるものである。それは，**価値観やものの見方を変える作用**である。鑑賞者が作品と対峙することで，社会課題について自ら考える場となる。住民たちも現代アートに触れることで，頭をシャッフルされる。そういった機能が，この場にはあるのだろう。未来を見る力，ビジネスから社会を見る力を養うことができる。筆者もこのアートプレイスを訪れると，都心で作品を見るよりも，作品を見つめながら鑑賞する時間が多くなり気づきも多かった。作品が持つ力に，思わず手を合わせたくなることもあった。

3つめは，**地域の求心力を担う要**となっている点である。現代アートの領域では，アーティストが地域に入っていくことも多い。また，人々が世話をしたくなるものとしてアートがあり，そこで交流が生まれる。アートプレイスがその中心点となっているのである。建物のなかに閉じておらず島中にあるため，住民の参加が容易である。そのため，交流型になりえた。

4つめは，**持続可能なしくみ**を持っていることである。単発的な社会貢献としての芸術支援だけではなく，事業としての活動が可能となっている。コロナ禍の前であれば，直島が事業として自立することが可能であった。また，公益法人としての福武財団を通しての支援などのしくみも，持続性に寄与している。

5つめは，**事業をしているだけではアクセスできない層へのリーチ**が可能であった点である（Kawakita and Sonobe 2021）。さらに，**アート特有の品格のみならず**，ともに考える余地を提供できていることがあげられる。企業が持つ「よく生きるとは何か，よい社会とは何か」といったアドボカシー・メッセージを，アート特有の様式で伝えることで高品質なかたちで問題提起ができることである。現代社会への警鐘を鳴らすやり方として，高品質なアートを媒介として伝えることで，過激な強い主張から，ともに考えようと問いかける姿勢へと変換することができるのだ。BASN はメディア・リレーションの際にも方向性に合致しない取材は受けないといった対応をしている。広く伝達することが重要なのではなく，自社のめざす方向や真正性を維持することが重要なのだ。

6つめは，長期間にわたり一貫したメッセージを投げかけることで，**多**

様なステークホルダーとの関係が深化していっているのが見て取れる。アート支援の結果として多くのステークホルダーに多様な価値を提供している。たとえば，社員が企業理念に心から納得することで，社員のベネッセへのコミットメントを高める。また，世界中のメディアが価値を認めてくれていることが二次的な効果をもたらしている。世界の投資家や取引先などの世界のキーパーソンに対して，認知獲得だけでなく企業理念の伝幡までをも可能としている。

ベネッセは，長期間の文化への取り組み，しかも現代美術の高いクオリティを維持しつつ，地道に地域との交流を伴う活動を続けている。未来を見る力や，社会を見る力を伴ったステークホルダーはこの企業の最大の財産だろう。

参考文献

秋元雄史（2018）『直島誕生――過疎化する島で目撃した「現代アートの挑戦」全記録』ディスカヴァー・トゥエンティワン

沖啓介（n. d.）「サイト・スペシフィック・アート」美術手帖ウェブサイト（https://bijutsutecho.com/artwiki/95）最終アクセス 2022 年 10 月 25 日

北川フラム（2016）「瀬戸内国際芸術祭の展開」福武總一郎・北川フラム『直島から瀬戸内国際芸術祭へ――美術が地域を変えた』現代企画室

福武總一郎（2016）「ベネッセアートサイト直島から瀬戸内国際芸術祭へ」福武總一郎・北川フラム『直島から瀬戸内国際芸術祭へ――美術が地域を変えた』現代企画室

Benesse Art Site Naoshima（BASN）（n. d.）ウェブサイト（https://benesse-artsite.jp/）最終アクセス 2022 年 10 月 25 日

Kawakita, M. and Y. Sonobe（2021）Building public relations through an art place: A case study of Benesse art site Naoshima, *Japan Forum of Business and Society Annals*, 10, 31-40.

第6章

創業の精神が宿る2つの場所を起点とした芸術支援

サントリー美術館とサントリーホール

交流型オウンド・アートプレイス

鑑賞型オウンド・アートプレイス

1. 創業精神から生まれた芸術支援

日本において**芸術に備わる価値**にいち早く気がつき，現在にいたるまで一貫性を持って支援を続けている代表的な企業のひとつにサントリーグループ（以下，サントリー）をあげることができる。サントリーは1899年に鳥井信治郎が鳥井商店として開業し，ぶどう酒の製造販売をはじめた。1907年に発売した「赤玉ポートワイン（現・赤玉スイートワイン）」が成功し，1921年に株式会社寿屋を設立，1924年に本格的な国産ウイスキーづくりを開始する。

その後，2代目社長の佐治敬三は，創業者である鳥井信治郎の精神を受け継ぎ，社名をサントリー株式会社に変更して1963年にビール事業をスタートした。佐治敬三は事業を進めるとともに，文化・芸術支援活動にも尽力した。日本の生活文化を豊かにすることをめざして1961年にサントリー美術館を，1986年にサントリーホールを開館した。

サントリーは創業から120年以上にわたって社会との共生をめざしてきた。顧客や社会，自然環境に対する約束として「**水と生きる**」を定め，企業理念として「**人と自然と響きあう**」を表明している。これは地球環境の保全や社会貢献活動によって，**真に豊かな社会の実現に貢献すること**を意味する。創業精神の「**やってみなはれ**」「**利益三分主義**」のもと，世界中の人々や地域社会，自然との共生をめざしている。

このうち，**「利益三分主義」は，事業で得た利益を3つに分けて，事業への再投資，得意先や取引先へのサービスだけではなく，社会への貢献に役立てていく**という考え方である。この精神のもとで，サントリーは芸術・文化・学術，スポーツ，社会福祉の分野を中心にさまざまな文化・社会貢献活動に取り組んでいる。そこで，本章ではインタビューと資料にもとづいてサントリーが芸術を支援することによって，どのようなステークホルダーとどういった関係を構築していったのか，また，そこにはどのようなコミュニケーションが行われているのかを明らかにしていく[★1]。

★1　本章のインタビューは2018年9月5日と2022年2月9日に実施し，それぞれ以下の組織と部署の方々に取材した。サントリーホールディングス株式会社コーポレートコミュニケーション本部CSR推進部，公益財団法人サントリー芸術財団の担当者（部署名は当時のもの）。本文中の写真も提供いただいた。

---

2. サントリー美術館

「生活の中の美」を反映したコレクション

サントリーによる文化・芸術活動の源流として，鳥井信治郎が重視した「利益三分主義」があげられる。先に述べたように，「利益三分主義」には社会への還元が含まれ，鳥井信治郎はこれを社会福祉事業として実践した。1921年に大阪市に今宮診療院を開設して無料診療を行ったのが現在にも続く社会福祉法人邦寿会のはじまりであり，いまもなお高齢者福祉と乳幼児保育に取り組んでいる。また，戦後まもなく，年末に生活に困っている人たちにも新しい年を一緒に喜んでもらえるよう，餅つきをして配ったり，大量の反物を買い入れ，正月に間に合うように，従業員ですべて縫製して着物をつくって渡したりした（邦寿会ウェブサイト）。苦学生には匿名で学費を支給した。

事業によって利益を得ることができるのは，人，社会のおかげである。だからこそ，その利益は「事業への再投資」「お客様，お得意先へのサービス」にとどまらず，「社会への貢献」にも役立てていきたいという「利益三分主義」の思いが鳥井信治郎には強くあったという。

その後，高度経済成長期を迎えて人々が物質的豊かさを享受するようになる一方で，心の豊かさについてはまだ不足しているように思われた。そこで，1961 年に第 2 代社長に就任した佐治敬三は日本人の心の豊かさを育む一助になればと，同年，東京丸の内パレスホテル別館にサントリー美術館を設立した。鳥井信治郎が掲げた利益三分主義の精神を受け継ぎ，美術や音楽などの芸術分野の支援というかたちで社会への貢献をめざしたのである。佐治敬三は以前に欧米旅行をした際，どこの国，どこの土地へ行っても美術館や博物館があり，伝統的な美術品や工芸品が大衆と親しく溶け合い，結びついていることをうらやましく感じていた，とサントリー美術館友の会向けの会報で述懐している（廣澤 2006）。

開館当時のサントリー美術館（エントランス）

サントリー美術館は当初，収蔵品ゼロからのスタートであった。そこから「祖先の生んだ美しい生活文化の心を大切にすることを願い，日本の古美術を中心に現代的な視点から捉えた企画展を開催したい」と，強い志を持って生活工芸品に的を絞って収集していった。「利益三分主義」に含まれる社会貢献の新たなかたちとして掲げられた「**生活の中の美**」というサントリー美術館の基本理念は現在のコレクションにも反映され，うつわや調度などの実用的なものが多く含まれている。

専属学芸員が提供するオリジナル企画展

2007年にサントリー美術館は六本木の東京ミッドタウンに移転し，建築家・隈研吾の設計によって装いを新たにした。それ以来，「美を結ぶ。美をひらく。」をミュージアムメッセージとしている。サントリー美術館のシンボルマークは，漢字の「美」の文字を崩したひらがなの「み」で同館所有の「浄瑠璃物語絵巻」の詞書を出典としたものである。

2021年時点では，鎌倉時代につくられた浮線綾螺鈿蒔絵手箱（ふせんりょうらでんまきえてばこ）という国宝1件，重要文化財15件を含むおよそ3000件が収蔵され，新型コロナ感染症の流行期を除くと年間でおよそ30万人が訪れる。国外の作品も扱っており，アール・ヌーヴォー（1900年前後に広がった国際的な美術運動）を代表するガラス工芸の巨匠エミール・ガレの作品にかけては，日本有数のコレクションとなっている。

ただし，収蔵品による常設展を行うのではなく，毎回の企画展に力を入れていることがサントリー美術館の展覧会の特徴である。2020年のリニューアル・オープン記念展Ⅱ「日本美術の裏の裏」や，2021年に開館60周年を記念して開催された「ざわつく日本美術」展などは，新たな日本美術の魅力を掘り起こそうという企画展であった。巡回展もあるが，多くは同館オリジナルの企画である。

そのため，十数人所属する同館の学芸員は専門分野に関する研究を深めており，漆工，陶磁，絵画，染織などの日本の古美術から，洋の東西のガラスまで展示企画を計画的に行っていく。2021年5月に消費者調査をしたところ，サントリー美術館の来訪者は満足度が高いという結果が見られた。これは見せ方や解説をする部分の内容のわかりやすさ，展開のおもしろさなどが評価されたためであり，学芸員のクオリティを高く保てている

サントリー美術館の展示室（木奥惠三撮影）

証左である。

美しさを社会に開く活動

サントリー美術館では，「**美を結ぶ。美をひらく。**」というミュージアムメッセージのなかの「美をひらく。」にもとづいて，次世代への教育普及活動として，ラーニングプログラムに注力している。中学生以下は無料で入館でき，鑑賞支援ツールである「わくわくわーくしーと」も無料で配布される。作品の見どころをガイドし，自由な発想で美術を楽しむ心を育てる取り組みになっている。また，障害者も介助者１名を含めて入場料無料である。

このほか，子どもから大人まで楽しめるラーニングプログラムの実施やサントリー美術館のある港区を中心とした小中学校の児童や生徒の来館を受け入れ，出張授業を開催するスクールプログラムも行われている。2014 年からは年に１回程度，休館日に小中学生とその保護者を対象に特別イベント「まるごといちにち　こどもびじゅつかん！」を開催している。

2019 年には，佐藤オオキが代表を務めるデザインオフィス nendo とサントリー美術館が共同で，nendo×Suntory Museum of Art「information or inspiration?　左脳と右脳でたのしむ日本の美」という企画展を開催した。これは日本の古美術を information と inspiration という 2 つの展示空間のあいだに展示することで，左脳と右脳という異なる捉え方で鑑賞する仕かけを施すものであった。来館者は，鑑賞することで感動する楽しさと，作品の背景，制作過程，作者の意図などを読み取る発見の楽しさ，こうした両面を体験できる。

また，2021 年に開催した企画展「刀剣　もののふの心」では，京都ほか近畿などの由緒ある神社や寺院に奉納，伝来した貴重な刀剣とともに，サントリー美術館が所蔵する狩野元信による「酒伝童子絵巻」などを鑑賞することで，刀剣が使われていた時代の生活をうかがうことができる。この企画展では「刀剣乱舞-ONLINE-」のキャラクター骨喰（ほねばみ）藤四郎として活躍している声優の鈴木裕斗が，同企画展の音声ガイドナビゲーターとして起用された。

「刀剣乱舞-ONLINE-」は有名な日本刀などを男性に擬人化（キャラクター化）して，収集と育成を重ねていく人気シミュレーションゲームであり，骨喰藤四郎も鎌倉時代につくられた脇差を元にしている。このように，**サントリー美術館では日本の古美術と，時代の最先端のデザイナーや人気ゲームといった現代の日常を組み合わせることによって，ユニークな企画展を実現し，より幅広く社会に向けて発信していくことに挑戦している。**

---

3. サントリーホール

サントリー芸術財団と音楽事業

サントリーによる音楽支援は，サントリー創業 70 周年の記念事業として，日本における西洋音楽の発展，向上への貢献をめざして，1969 年に創業者の名前を冠する鳥井音楽財団（のちのサントリー音楽財団，現在のサントリー芸術財団）を設立したところから本格的にはじまった。現在は，サントリー芸術財団の音楽事業としてその活動は続けられているが，文化庁の認可を受けて設立された民間企業による芸術系の財団としては最も早い事例であった。

サントリー芸術財団の音楽事業は，日本における洋楽の発展と文化の向

上に寄与することを目的としている。洋楽の分野において優れた業績をあげた個人または団体の顕彰をはじめ，「日本人作曲作品の振興」のための諸事業，20世紀音楽の紹介，出版，そのほかにも幅広い活動を行っている。

鳥井音楽賞（現・サントリー音楽賞）を受賞した小林道夫はソロ演奏よりも伴奏を得意とするピアニストであった。同賞は，表舞台に立つ演奏家だけでなく，演出や評論，舞台美術などを手がけた個人にも多数授賞してきた。音楽に関するあらゆる分野に目を配って総合的に評価することもひとつの特徴といえる。

3つの顕彰事業

鳥井音楽財団は，設立と同時に最初の事業として，日本における洋楽の振興を目的として，毎年日本の洋楽文化の発展に最も顕著な功績のあった個人，または団体を顕彰するサントリー音楽賞（1969年〜）をスタートさせた。その後，2つの賞を追加し，現在サントリー芸術財団が行う音楽に関する顕彰事業には，**サントリー音楽賞**と**佐治敬三賞**（2001年〜），**芥川也寸志サントリー作曲賞**（旧名：芥川作曲賞，1990年〜）という対象の異

現在のサントリーホール（大ホール）

第１回鳥井音楽賞発表の様子（奥：芥川也寸志，手前：佐治敬三。公益財団法人サントリー芸術財団提供）

なる３つの賞がある。

佐治敬三賞は公演企画に対するもので，チャレンジ精神に満ちた企画，かつ公演成果の優れた音楽を主体とする日本でのコンサート公演に贈られるものとなっている。

芥川也寸志サントリー作曲賞は，戦後に活躍した作曲家の芥川也寸志の功績を記念して，国内の新進作曲家のオーケストラ作品を対象に贈られるものである。芥川は戦後の日本の音楽界に多大な影響を与えた作曲家であり，佐治敬三との親交が深く，創設時から財団の発展に尽力してきた。

サントリーホールの建設

鳥井音楽財団として1969年からはじまった音楽事業によって，日本の作曲家や演奏家が育っていくなかで，**演奏を聴くための一流の場**も必要だという議論が出てきた。かつて日本には本格的なクラシックのコンサート専用のホールはなく，公立の多目的ホールをコンサート会場にしていた。音楽のクオリティが向上してきているのに，専用のホールがない。海外にはさまざまなクラシックの専用ホールがたくさんあるなかで，佐治敬三は，東京もなんとかできないかと芥川をはじめ，同財団理事や音楽専門評議員などから相談を受けた（廣澤 2006）。

カラヤンと佐治敬三（公益財団法人サントリー芸術財団提供）

そこで，音楽ホールを建設するべく，サントリーの宣伝部や音楽財団とともに，電通，森ビル，建築家の佐野正一とコンタクトを取り，アリーナ型ホールを建設する際にはベルリンに赴いてヘルベルト・フォン・カラヤンから助言を得るなどした（廣澤 2006）。こうした努力が結実して 1986 年に「世界一美しい響き」をめざした東京初のコンサート専用ホールとして，サントリーホールが開設された。そもそも，ホールを建設すること自体が挑戦的な取り組みであったのである。サントリーの創業精神である「やってみなはれ」を体現するだけでなく，チャレンジ精神を持って文化を創造しようと努力する人たちを応援する姿勢は，いまも変わらない。

サントリーホールは設立以降，サントリー株式会社（当時）の一部門として運営されてきた。2009 年に内閣府の公益認定等委員会による認可を受けて公益財団法人サントリー芸術財団が設立されると，サントリー美術館とサントリー音楽財団はサントリー芸術財団に移行して，**美術と音楽を中心とする芸術分野で貢献する組織**となった。その後 2012 年にサントリーホールもサントリー芸術財団の傘下となり，**より公益性を高めていった。**

音楽を通じた生活文化を楽しむためのホールの工夫

サントリーホールでは毎年 550 以上の公演があり，約 60 万人がそこを訪れる。1986 年の開館からの来場者数が 2021 年 9 月には 2000 万人に達した。その建設にあたって，当時日本では画期的な2つの工夫があったという。ひとつは，演奏家と聴衆が一体となった臨場感あふれる音楽体験を共有するために，音響について徹底的に検討し，日本ではじめてヴィンヤード形式を採用したことである。サントリーホールはベルリン・フィルハーモニー・ホールをモデルとしている。1984年に，佐治敬三らは当時ベルリン・フィルハーモニーを率いていた世界的指揮者のカラヤンのもとを訪れ，ヴィンヤード型ホールにするよう強く勧められたという。

サントリーホールの大ホールでは，全2006席がぶどうの段々畑のようにステージを囲んでいる。側壁や天井の形はどの客席にも理想的な反響音を伝える構造になっており，壁面の内装材，床と客席の椅子背板にはウイスキーの樽で使用するオーク材を採用している。まるで360度に広がるぶどう畑が太陽光を浴びるかのように，どの席からも美しい音楽を堪能することができる。1988年にカラヤンがベルリン・フィルとともに来日し，サントリーホールで指揮をした際に，その音響のすばらしさに感動して，「音の宝石箱」だと称賛したという。

もうひとつのユニークな試みは，コンサート開演前や休憩の時間を楽しむためのサービスをはじめたことである。サントリーホールは，日本ではじめてホール内にお酒を取り扱うカフェを併設し，レセプショニストが来場者を迎えて座席案内も行う方式を採用した。クロークやドリンクコーナーを設置することで，来場者は開演前や休憩時間に，ホール内でくつろぎながら，談笑することができる。佐治敬三は，こうした**音楽を通じた生活文化を楽しむことを日本に根づかせたい**という思いを，強く抱いていたという。

4. サントリーホールを起点としたステークホルダーとの関係構築

第2節と第3節では，サントリー美術館とサントリーホールを中心とする文化・芸術支援活動を取り上げてきた。サントリー芸術財団が行うさまざまな文化・芸術支援活動には，美術館とコンサートホールによるものが含まれている。ここでは，音楽事業，サントリーホールの事例を中心に，社会，作曲家，外部の組織というステークホルダーを取り上げて，サントリーがどのようにして関係を構築してきたのかを捉えていく。

演奏会形式で公開選考を行う作曲賞

まず，先に述べた音楽事業の顕彰事業において，**サントリーホールで生まれる芸術家同士の交流**を取り上げる。サントリー芸術財団の音楽事業では毎年，サントリー音楽賞，佐治敬三賞，芥川也寸志サントリー作曲賞という3つの顕彰を行っている。そのなかで，芥川也寸志サントリー作曲賞は，新進作曲家の最も清新にして将来性に富むオーケストラ作品を対象に，演奏会形式により公開選考を行い，受賞作曲家には新しいオーケストラ作品が委嘱され，2年後に初演を行うという複合的な賞である（サントリー芸術財団音楽事業ウェブサイト）。

この賞では，作曲家の持つ精神性や将来性が審査基準の大きなポイントとなる。大作曲家や大家と呼ばれる人よりも，むしろこれから伸びていくことが期待される人たちが対象となる。賞の選考会は「サントリーホール　サマーフェスティバル」のなかで行われる。このフェスティバルは1987年からはじまり，世界で活躍する音楽家が集まって20世紀以降の新しい作品を紹介するものである[★2]。

「サントリーホール　サマーフェスティバル」では，「ザ・プロデューサー・シリーズ」「国際作曲委嘱シリーズ」「芥川也寸志サントリー作曲賞選考演奏会」の3つのプログラムを提供している。それぞれを簡単にまとめていくと，2013年から始まった「ザ・プロデューサー・シリーズ」は，最先端の現代音楽作品を提供してきたプロデューサーをゲストに迎え，トークショーと演奏を披露する場である。

「国際作曲委嘱シリーズ」はサントリーホールが開館した1986年から行われており，武満徹（1986～1998年），湯浅譲二（1999～2011年），細川俊夫（2012年～）の3人が監修を務め，これまでに40名以上の作曲家に委嘱してきた。こうした作曲家の創作活動支援の一環として，フェスティバルで「芥川也寸志サントリー作曲賞選考演奏会」が行われる。そこでは，若手作曲家と審査員の交流が見られる。ここからはその様子を詳しく見ていく。

若手作曲家と審査員の交流

「芥川也寸志サントリー作曲賞選考演奏会」の当日は審査を通過した3つの候補作品が，会場の観客の前で演奏される。次に，舞台上で3人の選考委員と司会により公開で審査と選考が進められる。選考する過程をその場で聞くことができるため，観客は選考委員の話を聞きながら受賞者が決定するプロセスも楽しむことができる。審査前のリハーサルのときに，演奏家と「ここはもっとこういうふうに弾いてほしい」などの本格的なやりとりをすることは，作曲家にとって非常に大切な経験となる。

演奏家からアドバイスが聞けるだけでなく，自分以外の候補者や過去の受賞者，ほかの作曲家ともネットワークをつくることができる。さらに，受賞した作曲家は受賞の2年後に作曲を委嘱される。賞金150万円のほかに委嘱料として100万円が支払われて，オーケストラの作品を1曲制作し，演奏会を開催してもらう。また，サントリー芸術財団は受賞作品や作曲家に関する情報などを外部に提供し，ネットワークづくりの橋渡しをするということもある。たとえば，2013年に芥川也寸志サントリー作曲賞（当時は芥川作曲賞）を受賞した酒井健治は，2017年に名古屋フィルハーモニー交響楽団のコンポーザー・イン・レジデンスに就任した。そのときに，サントリー芸術財団は酒井が受賞したときの録音やスコアを名古屋フィルハーモニー交響楽団に貸し出したという。

芥川也寸志サントリー作曲賞は国内での認知は得つつあるものの，国内を対象とするため，海外での認知は高くない。サントリーがグローバル展開し，グローバル・コミュニケーションに力を入れているいま，もっと海外に向けて発信していく必要があると考えられている。サントリー音楽賞は2019年の活動を対象とする第51回から外国籍の個人・団体も受賞対象に拡大した。2021年までに海外の受賞者は出ていない。サントリー芸術財団では海外に向けての積極的な情報発信を行うとともに，海外出身者にも注目して活動をしている。

鑑賞者を惹きつける多彩な演奏会

また，**佐治敬三が抱いた音楽のある生活を楽しむという精神は，サントリーホールによる主催公演にも反映されている。**たとえば，「サントリーホール　チェンバーミュージック・ガーデン（室内楽の庭）」では，2011

年から毎年6月にブルーローズでさまざまな公演が行われ，舞台と近い距離で音楽を楽しめる時間と空間が提供されている。ベートーヴェンの弦楽四重奏全曲演奏会といった定番の企画から，トークを交えた昼間の60分のコンサートなど多彩なコンサートが開催される。続いて，8月は「サントリーホール　サマーフェスティバル」が開催される。これはおよそ1週間にわたって現代音楽の演奏だけを行う音楽祭である。先ほども述べたように，フェスティバルのなかで，芥川也寸志サントリー作曲賞選考演奏会が行われるなど，世界で活躍が期待される作曲家の誕生の瞬間に立ち会うことができる。

秋には，サントリーホールは長らくウィーン・フィルハーモニー管弦楽団を日本に招聘し，「ウィーン・フィルハーモニーウィークインジャパン」を開催している。2021年11月にはウィーン・フィルと共演して50周年を迎えるリッカルド・ムーティが指揮を務めた。こうした世界水準の演奏家や楽団が提供する良質な演奏が訪れる鑑賞者を魅了している。

加えて，人々がもっと気軽にサントリーホールに来られるようにするための取り組みも行っている。たとえば，「日本フィル＆サントリーホール　とっておきアフタヌーン」では，夜に出かけられない人でも演奏会に来られるよう，昼間に開催し，託児サービスなども行っている。さらに，新型コロナウイルス感染症の影響で2カ月の休館に見舞われた2020年に，サントリーホールはデジタル化を推進した。翌2021年4月，DIGITAL SUNTORY HALL が開設され，ライブやオンデマンドでの配信サービスや，バーチャルバックステージツアーなどを行っており，過去の公演のアーカイブも閲覧することができる。

受け継がれた思いを伝え，さらに受け継ぐ

サントリーホールでは，**プロをめざす若者が音楽を創るよろこびを知り，次代を担う子どもたちが新たに音楽と出会い，さらには社会に向けて音楽のすばらしさを伝えていくための取り組み**を総称して**「ENJOY! MUSIC プログラム」**と呼んでいる。このプログラムは多岐にわたっているが，大きくは3つに分けられている。

ひとつめは，「音楽に出会うよろびを未来を担うこどもたちへ」という子どもたちを対象とした活動である。たとえば，「東京交響楽団＆サント

リーホール　こども定期演奏会」では，シーズンごとにテーマを設けて異なる指揮者が演奏し，若手作曲家と子どもたちをつなぐ「新曲チャレンジプロジェクト」やテーマ曲募集，オーケストラの一員として演奏する「こども奏者」の募集といった企画も行っている。

2つめは，「音楽を創るよろこびを若きプロフェッショナルたちへ」である。作曲者をエンカレッジする音楽事業の顕彰制度に加えて，若手を育成するプログラムとして，演奏家を育成する事業であるサントリーホールアカデミーを開講している。これはオペラと室内楽の2部門で構成されており，日本を代表するチェリストでサントリーホール館長の堤剛がアカデミーのディレクターも務めている。

サントリーホールアカデミーでは，選考を通過したプロの若い声楽家と室内楽奏者を対象に，世界で活躍するアーティストの指導を受け，勉強会で研鑽し，ブルーローズ公演で成果を披露する取り組みを行っている。数年間にわたる受講に関わる費用はサントリーホールが負担する。サントリーホール室内楽アカデミーからは，2018年にミュンヘン国際音楽コンクールで第1位となった葵トリオなどを輩出している。

3つめは，「より開かれたホールをめざして」で，サントリーホールをさらに社会に開かれたホールにしていくための取り組みをしている。たとえば，毎月1回お昼時に開催される「オルガンプロムナードコンサート」では，世界最大級のパイプオルガンの音色を30分間無料で鑑賞でき，来場者はバックステージツアーにも参加できる。これは，通常のコンサートでは見ることができないステージ周辺や楽屋などのバックステージを案内するものである。

ウィーン・フィルハーモニー管弦楽団との連携による音楽復興基金

サントリー美術館とサントリーホールでは，サントリー芸術財団による単独の活動だけでなく，ほかの企画や団体組織と連携した活動も行っている。たとえば，先にあげたようにサントリー美術館はnendoや刀剣乱舞-ONLINE-などと連携して，古美術を現在親しまれている作品や発想と結びつけていた。サントリーホールはカラヤンやウィーン・フィルといった世界的に有名な音楽家や音楽組織との関係を大切に育み，大きなムーブメントを生み出してきた。ここでは，サントリー芸術財団がほかのステーク

ウィーン・フィルのメンバーが仙台ジュニアオーケストラを指導する様子

ホルダーとの協働を通じて行ってきた主要な活動として，ウィーン・フィル＆サントリー音楽復興基金を取り上げる。

サントリーホールディングスはウィーン・フィルハーモニー管弦楽団とともに，音楽を通じて東日本大震災の被災地と日本全体に活力を与える支援活動を継続的に行う目的で，2012 年 4 月に，サントリー芸術財団に「ウィーン・フィル＆サントリー音楽復興基金」を設立した。ウィーン・フィル＆サントリー音楽復興基金は日本の音楽文化を活性化し，被災地や日本全体に活力を与えるという目的に沿ったクラシック音楽を主体とする演奏活動や音楽普及活動を，全国の団体や個人から募集し，選考された活動には「音楽復興祈念賞」を授与し，助成金が交付されるというものである。2021 年 11 月から翌年 10 月を対象にした第 10 回の選考では，16 のグループや組織が受賞した。

この基金の設立は，サントリーホールがウィーン・フィルと長年の信頼関係を築いてきたため実現した。サントリーホールはウィーン・フィルの日本公演のパートナーを務めており，強いつながりを持っていた。2011 年 3 月 11 日の東日本大震災後に，ウィーン・フィルハーモニー管弦楽団から，サントリーホールを通して「震災に遭われた最も大切な日本の友人たちへ，お見舞の気持ちを伝えたい」と1億円の寄付の申し出があったという。そこで，この趣旨に賛同しサントリーホールディングスでも同額を拠出し，マッチング・ファンドとして共同で基金を設立したのである。

★2 開始当初はサマースペシャルと呼ばれており，1992年からサマーフェスティバルに，2018年からは，サントリーホール サマーフェスティバルに変更。

5. 創業精神のもとで芸術家を育て，社会に披露し，一体感をつくりだすアートプレイス

以上，本章ではサントリー美術館やサントリーホールを中心とするサントリー芸術財団による芸術支援活動を取り上げてきた。ここからは筆者による考察を加えていく。この2つのアートプレイスを運営しているのはサントリー芸術財団である。一方，サントリーは芸術・文化・学術の振興活動として，それぞれの施設を所有し，活動への支援（寄付・協賛，人材派遣）を行っている。こうした背景には，サントリー芸術財団の母体である鳥井音楽財団や今回取り上げた2つのアートプレイスがサントリーの創業精神である「利益三分主義」により，つくられたということがある。

サントリー芸術財団は，サントリー美術館とサントリーホールの両方を運営しているが，両施設はいずれも**鑑賞型オウンド・アートプレイス**に該当すると考えられ，とくにサントリーホールは**交流型オウンド・アートプレイス**の側面も同時に備えている。このことを理解しやすくするために，ここではサントリーホールを中心に見ていく。

インタビューからは以下の4つの知見が得られた。第1に，**芸術支援は企業理念とのリンケージによって継続しやすいということ**である。サントリーの創業者である鳥井信治郎が掲げた「利益三分主義」のなかの社会貢献の精神を2代目社長の佐治敬三が受け継ぎ，日本の生活文化をよりよくしていきたいという思いと相まって，美術やクラシック音楽を積極的に振興していくなかで，サントリー美術館やサントリーホールは設立された。

佐治敬三は芸術への思いが強く，芥川也寸志やカラヤンといった著名な

音楽家や，ウィーン・フィルやベルリン・フィルをはじめとする国内外の有名な交響楽団との親交を深めていった。そうした熱意はサントリー芸術財団の活動に受け継がれている。一方で，佐治敬三はサントリーの社長と会長を務めた。そのため，これら2つのアートプレイスには「利益三分主義」や「やってみなはれ」といった創業の精神が宿り，企業の象徴的な場となっている。だからこそ，サントリーは積極的に支援や協力をし続けていて，これらのアートプレイスで提供されるコンテンツは世界に誇れる高水準を保ち，色あせることなく輝き続けている。

第2に，**アートプレイスで行われる顕彰事業や教育を通じて，受益者が育つこと**があげられる。音楽事業では人に対して贈られるサントリー音楽賞，公演企画に対する佐治敬三賞，そして作曲作品に対する芥川也寸志サントリー作曲賞という3つの顕彰事業を行っていた。芥川也寸志サントリー作曲賞では，候補者と選考委員の間で対話が行われ，受賞者はサントリー芸術財団の委嘱により，さらに1曲を制作する機会が与えられる。

また，サントリーホールアカデミーでは若手音楽家に対して一流講師陣による指導を行い，世界で活躍するアーティストを育てている。このアカデミーからは，葵トリオやクァルテット・インテグラなど，世界的コンクールで高い評価を受けているアーティストが続々と巣立っており，両グループは2022年6月のチェンバーミュージック・ガーデンで演奏することが決定した。同様に，子どもたちへの音楽を通じた教育やプロをめざす若者たちへのアカデミーも，次世代の音楽文化を楽しむ人たちを育てるための取り組みである。こうした受益者を育てることは，佐治敬三が願ってやまなかった人々の生活文化をより豊かなものにすることにつながるだろう。

この第2の知見「受益者が育つこと」は，**サントリーホールが交流型オウンド・アートプレイスの側面を持っていること**を示している。サントリーホールでは顕彰事業において，著名な芸術家を審査員に迎えて，若手の演奏家や作曲家を顕彰し，ときには交響楽団や演奏家とともに楽曲を鑑賞者の前で披露することもある（**図6-1**）。このように，サントリー芸術財団では，すでに社会的に評価を得ている芸術家だけではなく，将来性のある作品や人を世に先んじて評価する姿勢を大事にしている。それはチャレンジ精神をもって新たな価値を提案していくという，鳥井信治郎の「やってみなはれ」の精神と重なる。

図 6-1　サントリーホール（顕彰事業・アカデミー）のステークホルダー関係図
（交流型オウンド・アートプレイス）

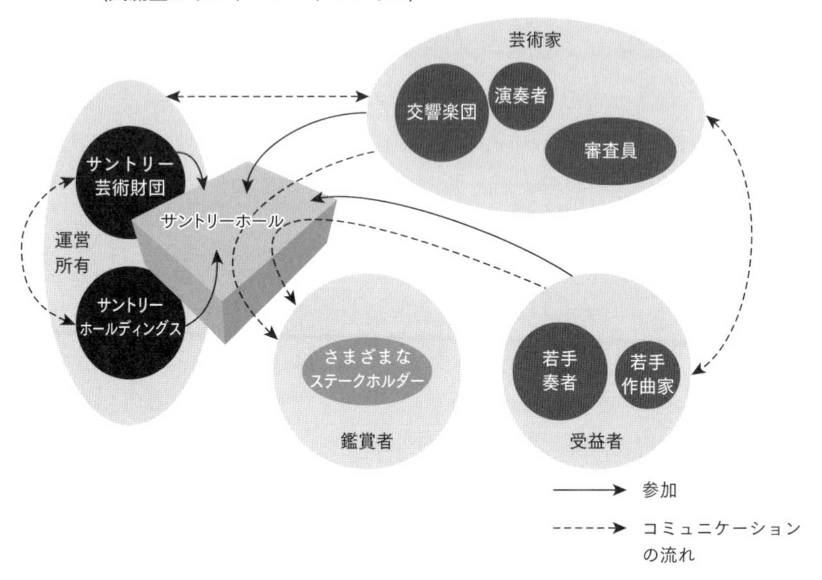

続いて，ここから先で述べる第 3 と第 4 の知見は，**鑑賞型オウンド・アートプレイス**に関連する。それはサントリーホールで芸術家が提供する高品質な演奏を提供することを通じて，顧客や取引先，従業員といった多様なステークホルダーでもある**鑑賞者との関係性を構築すること**ができることである（**図 6-2**）。第 3 に，**顧客や取引先を含む社外のステークホルダーとの関係構築**である。1 年にサントリー美術館には約 30 万人，サントリーホールには約 60 万人が訪れる。言い換えれば，これらのリアルなアートプレイスは 100 万人近くの人たちとの接点になるのである。サントリーは，サントリー芸術財団を支援することを通して，製品以外での，新たな社会とのつながりを持つことができる。

その結果，こうした芸術支援事業は，鑑賞者に提供する企画の質を上げるとともに，サントリーの企業ブランドへのポジティブなフィードバックを生じさせるという相乗効果が期待できる。実際，サントリーではさまざまな調査を行うなかで，サントリーやサントリー芸術財団で行う芸術支援事業の認知度やアートプレイスの利用状況を調査することがあり，コンサートホールや美術館で知っている名前を尋ねると，サントリーの名前があがることは多いという。つまり，企業が芸術支援を続けていくなかで，信

図 6-2　サントリーホール（コンサート事業）のステークホルダー関係図
（鑑賞型オウンド・アートプレイス）

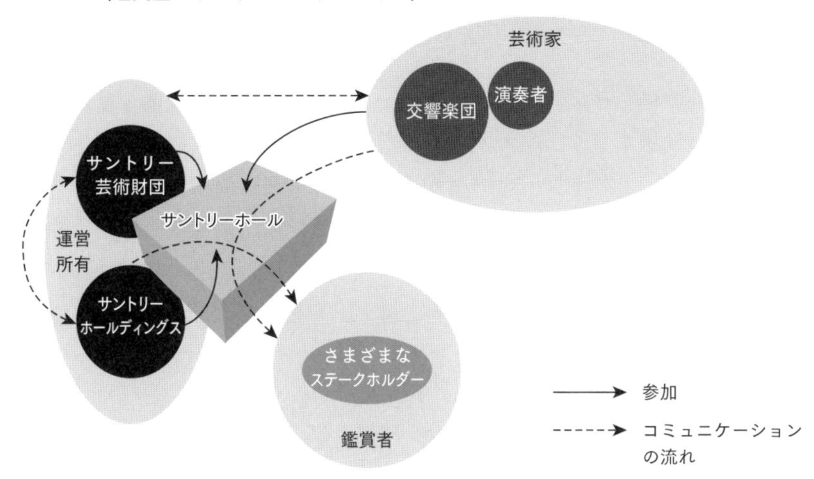

頼や好意など，企業に関連する評価を高めていることにもつながるのである。

海外でサントリーについて何か知っているかと尋ねると，サントリーホールとシングルモルトウイスキー山崎があがることが多く，サントリーホールの知名度の高さがうかがわれる。サントリーが企業として活動の場をさらにグローバルに拡大していくなかで，サントリーホールに付随する芸術のイメージは，嗜好性が高いお酒などの製品の品質イメージに肯定的な影響をもたらすことも考えられるだろう。

もちろん，サントリー芸術財団はただひたすらに芸術を振興し続けてきただけである。それによって財団内部で審美眼が磨かれて蓄積され，さまざまな優れた音楽家を迎え入れ，新たな才能を育て輩出してきた。そうした実直な姿勢，ならびに，優れた芸術家や作品を評価する，あるいは，若手芸術家の能力を引き出す養成力の高さによって，外部の人たちからサントリーに対して肯定的な評価がなされる可能性は十分に考えられる。

第 4 に，本章ではあまり取り上げなかったが，**リアルに存在するアートプレイスがアイコンとして社内の従業員の一体感を醸成する**と考えられる。サントリー美術館やサントリーホールはサントリーを率いてきた佐治敬三が設立に尽力し，その精神が強く引き継がれている。訪れた社員は主に視覚や聴覚などの感覚を通じて，理念としての創業の精神やコーポレートメッセージを理解することができるだろう。さらに，サントリーの従業員が消費者や取引先などの外部のステークホルダーと交流するなかで，サントリー美術館やサントリーホールといったアートプレイスについて話題に上った場合，自社グループに誇りを持ったり，エンゲージメントの向上につながったりすることも考えられるだろう。

このように，サントリーは「利益三分主義」や「やってみなはれ」などの創業から脈々と受け継がれてきた価値観を大切にし，芸術支援にも強く反映させていった。もちろん，サントリー芸術財団は公益的組織であるため，企業としてのサントリーの活動と必ずしも重なるわけではない。だが，サントリー芸術財団は優れた作品や芸術家をサントリー美術館とサントリーホールという創業の精神が宿る 2 つの場に集め，社会に豊かな生活文化を提供するとともに，若手を育て，国内外で活躍する人材を生み出し続けている。それは**サントリーが社会を潤す存在でありたいという願いを込めた約束「水と生きる」と見事に符合するのである。**

参考文献

サントリーグループ（2021）「コーポレートコミュニケーションブック 2021」（https://my.ebook5.net/team-a710/suntory/）最終アクセス 2022 年 10 月 25 日

サントリー芸術財団（https://www.suntory.co.jp/sfa/）最終アクセス 2022 年 10 月 25 日

サントリーホールディングス「サントリーグループ企業情報」（https://www.suntory.co.jp/company/）最終アクセス 2022 年 10 月 25 日

廣澤昌（2006）『新しきこと面白きこと――サントリー・佐治敬三伝』文藝春秋

邦寿会（https://www.houjukai.jp/）最終アクセス 2022 年 10 月 25 日

第7章

地域に愛される存在をめざした関係づくり

トヨタ コミュニティコンサート

交流型
オウンド・
アートプレイス

1. 自動車会社が手がけるアマチュア・オーケストラ・コンサート

トヨタ自動車は日本が誇るメーカーとして世界中の拠点で自動車を製造し，日本では各都道府県に複数の販売会社が同じトヨタ・ブランドを取り揃え，顧客のニーズに最適な製品を提供している。そうした自動車を製造もしくは販売する会社が，一見すると事業と関係なさそうな芸術支援プログラムに力を入れている。それがトヨタコミュニティコンサート（Toyota Community Concert: TCC）である。これはトヨタ自動車と地域のトヨタ車販売店，日本アマチュア・オーケストラ連盟（The Federation of Japan Amateur Orchestras Corp.；以下，JAO）の3組織が1981年から共同で行っている音楽イベントである。2021年で40周年を迎え，全国各地で1717回に及ぶコンサートが開催された（JAOウェブサイト）。

本章では，トヨタ自動車，トヨタの販売会社，公益組織の関係者にインタビューした内容をもとに，**交流型オウンド・アートプレイス**の例としてトヨタコミュニティコンサートの事例を取り上げる[★1]。まず，トヨタ自動車における社会貢献活動の位置づけ，トヨタコミュニティコンサートをはじめた経緯と概要をおさえる。次に，同プログラムで販売会社が行うこととその先に生まれる顧客との関係づくりを見ていく。さらには，各販売会社の連携によるメリットと，公益組織との連携という組織内外の協力関係にフォーカスする。最後に，トヨタコミュニティコンサートの事例から得られる知見を述べていきたい。

★1　本章のインタビューは次の日程で，以下の方々に取材をした。2018 年 8 月 10 日：トヨタ自動車株式会社元社会貢献推進部長・トヨタ博物館館長・布垣直昭，同社・社会貢献推進部社会貢献プログラム室長・山本幸伸。2020 年 2 月 20 日：同社・社会貢献推進部プログラム推進室メセナグループ・中岡真美，佐藤奈美，坂田富恵。2020 年 8 月 19 日：長崎県障害者社会参加推進センター事務局長・大串近太郎，亀子陽子 2020 年 8 月 28 日：ネッツトヨタ長崎株式会社新車事業室・渡辺美香。（所属と役職は当時のもの）。本文中の写真も提供いただいた。

2. 文化で紐づく芸術と自動車

「愛」のつく車づくりをめざす企業が手がける芸術支援活動

トヨタ自動車は，芸術や文化に対する支援を意味する**メセナ**に関して，これまでに行ってきたことと今後行っていくことに分け，社内での位置づけを再定義しようとしている。従来から行ってきたものとして，代々のトップや関係者が，地元の名古屋フィルハーモニー交響楽団などを支援してきた。これには「お世話になったお客さまへの恩返し」，あるいは，音楽活動や芸術活動をさらに活性化していく一助になればという願いが込められている。

たとえば，豊田章男社長は「愛車というように，『愛』のつく車にしないといけない」といっている。車をコモディティにしていくのではなく，**文化的価値が認められるプロダクト**にしていかないと生き残れないという危機感がある。メセナにも人の心を豊かにする文化的価値があり，音楽や芸術を理解できることと，車を文化的価値として認めることには共通する部分がある。トヨタ自動車では，**文化に関わる人々を育てることで，愛車が育つ社会の土壌づくりに役立てばよい**と考えて，文化を自社に紐づけようとしている。

2006年に社会貢献を目的とすることを明確にした部署として社会貢献推進部が設立された。従来は環境やCSR，歴史文化などの部署に分かれていた。いずれの部署も顧客を直接対象にしてコミュニケーションをとっていたが，そこには必ずしも利害関係を伴わず，会社の利益に直接結びつくとはかぎらない活動が多数存在していた。社内の活動のなかでも，社会貢献と呼べたものを統合して，そのまま直接部署の名称になったのだろうと認識している。

個別の活動にはそれぞれ目標がある。たとえば，トヨタ自動車では音楽活動をいくつか実施している。全国の販売店やそれぞれの地元の音楽家たちに協力してもらい全国のさまざまな地域の人たちに音楽を提供したり，あるいは人を育成したりするというトヨタコミュニティコンサートと呼ばれるプログラムがある。同プログラムは設立当初から，ある特定のエリアに偏ることなく，全国をあまねくアマチュア・オーケストラの支援や育成をしていくことを目標に掲げてきた。

芸術支援のステークホルダーには，従業員の家族や販売店，協力メーカー，サプライヤーなど，普段トヨタを支えている人たちが含まれる。こうした人たちに対して，どのように一緒に協力して利益還元や社会貢献を進めていくのかを考えてきた。活動の便益を享受する側になることもあれば，一緒に活動に参加してもらうこともある。そのため，これらの活動はトヨタ自動車の社員だけが行うのではなく，全国のサプライヤーやボランティアの人たちに協力を仰いで一緒に参加してもらってきた。どちらかというと，そうした人の輪に支えられている。

そこには，トヨタ自動車やトップの考え方が反映されており，今後，それらとより強くシンクロした活動にしていこうとしている。お金だけを渡して，あとは業者などに任せるというタイプの活動は減らし，むしろ，従業員が一緒に汗をかき，知恵を出し合って活動する方向にシフトしてきている。店頭でポスターを飾って顧客に来てもらい，スタッフが来て“もぎり”というチケット対応をして席まで案内することを，販売会社と一緒に行っている。販売会社は直接の損得と関係しないにもかかわらず，地元の顧客と直接関わる機会になるということで，前向きに対応している。販売会社の数は都道府県によって異なるが，多くはひとつの県内に複数社あって，トヨタコミュニティコンサートに関しては原則として合同で行う。

社会貢献の考え方は，トヨタ自動車の創業時からあった。創業者の豊田喜一郎は決して金儲けのために自動車をつくろうといってやっていたわけではない。これからの日本が経済的発展や一流の先進国の仲間入りをするには重工業がなくてはならないという**問題意識**を持ち，あえて困難のなかで自動車事業を立ち上げたのである。その後，計り知れない苦難の道が続いたにもかかわらず，乗り越えてきた。

そうした信念が途絶えなかった理由を突きつめて考えると，社会貢献的な意識抜きには説明がつかない。その根拠として報徳思想や豊田綱領があり，同綱領の冒頭には「産業報国」という言葉が書かれている。国のため社会のために産業を興しましょうという意味で，当時それを１番目に掲げていた。どうやって世の中の役に立つかということをずっと考え続け，現在でも自動車文化を大切にし，愛される車をつくりたいと話すトップがいるトヨタ自動車がメセナを重視することは，なんら不自然なことではない。

より多くの人が楽しみ，地域の販売会社との連携がしやすいという意味で，音楽はとてもよい。これについては，被災地支援のときにアーティストたちからも同様のことを聞いた。災害にはフェーズがあり，発生直後とか１年後とかいろいろな心の段階がある。さまざまな支援をされたなかで，はじめからすっと地元の人の心に届き力になったのが音楽だった。ウィーン・フィルハーモニー管弦楽団に地元の小学校へ行って演奏していただいたことで，支えになったという声も聞いたという。

トヨタコミュニティコンサート

こうした社会貢献やメセナへの考え方がベースになって，**トヨタコミュニティコンサート**はコロナ禍の2020年度を除くと，実に40年以上にわたって継続的に開催されてきた。同プログラムは1981年に開始して，2021年度まで1750公演を数える。だが，プログラムがはじまった当初は，それぞれが課題を抱えていた。当時，トヨタ自動車は排ガス問題への対応を迫られ，販売会社のほうでも企業イメージアップを求められていた。一方，日本アマチュア・オーケストラ連盟も，まだ設立したばかりで加盟するオケの団体数が非常に少なく，活動基盤が非常に脆弱だったため，企業

第 20 回長崎県障害者芸術祭 トヨタコミュニティコンサート in 五島

支援による基盤強化をねらっていた。このように，それぞれの課題を解決するべく，3 つの組織が協力するかたちでトヨタコミュニティコンサートはスタートした。

当初から基盤づくりを進めていき，活動 25 周年の 2007 年にはノウハウを浸透させる頃合いになってきたことから，より多くの地域市民が参加できるよう変更が加えられた。たとえば，A2 方式と呼ばれる移動訪問コンサートは，生演奏を聴く機会の少ない人たちに鑑賞機会を提供するため，離島や福祉施設などに移動して演奏するものである[★2]。

B 方式は従来からの定期演奏会の公演事業のものをさすが，そこに一定の追加条件を持たせ，青少年，福祉作業所，施設，高齢者などから一定数を定期演奏会に招待するかたちになった。日本アマチュア・オーケストラ連盟の加盟団体数は当初はおよそ 20 団体からはじまり，増減をしながら 2018 年時点で約 140 団体となっている。そのため，アマチュア・オーケストラの基盤整備に一定の貢献ができたのではないかと考えている。来場者は累計 130 万人を超え，裾野が拡大していった。

2019 年には長崎県の離島である五島の福江文化会館において，トヨタ自動車と長崎県障害者社会参加推進センターが主催するかたちで「**第 20 回長崎県障害者芸術祭 トヨタコミュニティコンサート in 五島**」が開催された。これはほかの地域で開催されたトヨタコミュニティコンサートとは少し位置づけが異なり，もともと五島で行われていた障害者芸術祭に，トヨタ自動車がサポートする立場で参加したものである。長崎県障害者芸術祭はダンスなどのさまざまな演目を丸一日かけて開催するもので，同年その一部にコミュニティコンサートが組み込まれたのである。ここからはこの事例を中心に見ていく。

福江文化会館は収容人数1000名を超えるホールであり，かなり来場者も多くなることが予想された。そのため，前日から県内にあるトヨタの各販売店の社員が手伝いに来て，プログラムの準備をし，来場時に渡すなどした。トヨタ自動車の社会貢献推進部が告知の取り仕切りを担い，販売店を通じてのアンケート回収やプログラム渡しの手伝いを行った。オーケストラの団員は本土から来るので，離島へ行く際の移動費などが発生する。そこで，同コンサートではトヨタ自動車が長崎交響楽団から依頼を受けて支援した。

先ほど述べたように，B方式はオーケストラの定期演奏会に近く，項目に定めた障害者支援を実践している楽団に対して，トヨタ自動車が主に金銭的支援をするコースである。また，B方式は1000人のホールだったらその1割にあたる100人については，聴く機会の少ない人たちを招待することが設定条件になっている。点字プログラムを作成する，バリアフリーの休憩コーナーを設ける，演奏会前に盲導犬のセミナーを行うなど，申請した楽団関係者はさまざまな工夫を凝らしている。このように，トヨタ自動車では地域課題や社会課題に寄り添ったものを奨励している。

さまざまな場所でトヨタコミュニティコンサートを開催してきたが，地域の人たちは，店にポスターを貼るだけでなく，当日の手伝いなども率先して行ってくれる。コンサートを開く機会がない地域の人たちから「ノウハウを学ばせていただく機会になりました」といってもらえたことがある。プラスチックのビールの箱をうまく組み立てて公演用の舞台をつくるなど，いたるところで新たな工夫が生まれた。日頃からトヨタ自動車と楽団，販売店が協力してつくり上げるけれども，五島のコンサートでは，町民も一緒になって「**みんなが主催者**」という雰囲気で行われ，喜びを共有することができた。

★2　A 方式は共同開催型を，B 方式は部分開催型を意味する。A 方式はアマチュア・オーケストラが自身の定期演奏会では挑戦できない大曲に取り組み，プロの指揮者やソリストと共演することで，オーケストラの実力向上を図り，市民に良質な音楽を提供するものである。A 方式のなかで移動訪問形式のものを A2 方式と呼ぶ。一方，B 方式は小中高生や親子が楽しめるプログラムであり，総座席の 10〜20% を小中高生や親子，施設の人々などを招待している（トヨタ自動車 2004）。

3. 販売会社の協同

販売会社同士をつなぐ催し

トヨタコミュニティコンサートを語るうえで，**販売会社同士の関係が重要な鍵**となる。毎年交代制で県内の販売会社のなかから広報幹事会社が1社決まる。そこがトヨタ自動車との窓口となってコンサートを開催するための関係者を調整していく。開催する県内すべての販売会社が協力する。慣れている会社は問題なく進める一方で，はじめて広報幹事社になる会社は，何をすべきかについて不安を抱えていることが多い。その場合，トヨタ自動車の社会貢献推進部から資料などで説明して，担当者ができるだけ負担にならずにすむよう配慮している。

トヨタコミュニティコンサートがきっかけで独自に関係を構築している例がある。長年担当している販売会社には，オーケストラメンバーと気心が通じている人がいる。それが高じて，販売会社のなかにはメーカーを飛ばして，地元で強い関係を築いているところもある。たとえば，徳島県では販売会社と徳島交響楽団がニューイヤーコンサートを毎年開催しており，今ではトヨタ自動車が介在しなくても問題ないような状況になっている。

トヨタコミュニティコンサートは社会貢献活動である。**地域のために何かしたい**という思いはどの販売会社でも共有されており，販売イベントよりもコミュニティコンサートのほうが，グループ内の販売会社同士で一緒にやることは多いという。

音楽に興味がある販売会社の社長であれば，すぐに「やろうよ」といってもらえるので実施しやすいが，必ずしも全員が音楽好きだというわけではない。しかし，トヨタコミュニティコンサートをきっかけに，はじめてクラシックを聴いたという担当者のなかには，「聴いたら感動した」とか

「鳥肌が立った」とかいう人もいて，「来年もぜひやりたい」「応援したい」といってもらえることがある。

販売会社の社員は非常に忙しく，とくに，コンサートが開催される土日は書き入れどきである。それにもかかわらず，各社2名以上，あわせて10名以上は来てもらうことになる。そのため，トヨタ自動車では，販売会社各社への感謝の気持ちを忘れないようにしている。各地の販売会社の営業部長会議や代表者会議などで，時間をもらって趣旨の説明やあいさつをしたり，お礼状の送付をしたりするなど，ていねいに対応するよう心がけている。

ひと昔前まで，トヨタ自動車の社会貢献は陰徳としてあえて表に出さない時代が続いており，決してプログラムの後ろに車の写真を入れることはなかった。だが，ある時期から，行っていることを身の丈の部分だけは伝えていこうという方針に転換した。それは単なる宣伝行為ではなく，たとえば，ウェルキャブと呼ばれる福祉車両や環境に優しい車を展示して，それが「**社会課題の解決につながる**」ことを伝えるようにしている。これらの車種は全社で販売しており，販売会社のためにもこうした情報発信はさらにしていきたいと考えるようになった。

ソフトセルでつかめる顧客ニーズ

トヨタの認識ではトヨタコミュニティコンサートは広報活動に位置づけられる。車を販売するための販促活動と広報活動の2つに分かれており，広報活動には社会貢献が含まれる。販促活動と広報活動の違いは，企業としてそこでモノを売ろうというのを表に出すか出さないかである。同コンサート以外の広報活動には，小学校で行う車と環境のことに関する出前授業や，植林，街の清掃が含まれる。トヨタコミュニティコンサートは必ずトヨタ自動車が関わり，資本が異なる販売会社が複数社ある場合でも，そのすべてがオールトヨタとして関わっている。

長崎県では1998年から2，3年に1度，定期的に県内でコミュニティコンサートを開催し，毎回トヨタ店，トヨペット店，カローラ店，ネッツ店の全4社が協力して行ってきた。これらのトヨタの販売会社4社は，資本が別々だが，グループ会社に近い関係でもある。以前から4社合同で，広報活動と販促活動の両方でさまざまな取り組みをしてきた。一番古いものは1969年にはじまった交通安全キャンペーンである。新学期がはじまる4月に，小学1年生や幼稚園に新入園する子どもたちに，交通安全のポスターを描いてもらうコンテストをしており，これまでにトヨタの販売店全社で50回以上催してきた。そのため，別資本の販売店同士でも一緒に広報活動を行うことへの抵抗感はあまりない。

もちろん，トヨタの大展示会のような合同の販売促進イベントはある。これはビジネスとして行っているため，どこの販売会社が何台売ったという競争意識が生まれがちになる。だが，**トヨタコミュニティコンサートでは，何台売ったかということを気にせず一緒に協力できるため，販売会社同士のつながりが深まりやすい**。顧客から見れば，どこも「トヨタの店」と見なされる。そうした認識を持つ顧客に対して，販売会社がどのように接するべきかを考えるよい機会になっていると捉えることができる。

たとえば，社会福祉協議会のなかにトヨタ車に乗っている人がいて，いつも「どこそこ店の誰々にお世話になっていて」などと話しながら，販売会社の担当者と一緒にチラシを配ってもらえることがある。そのたびにとても嬉しく感じたという。とくに，五島ではハンディキャップを持つ人たちがたくさん来場し，自社で販売した車を送迎に使ってくれたり，ウェルキャブ（福祉車両）で来てもらえたりすることで，販売会社側も地域の人たちに親近感が湧くそうだ。

五島の前，佐世保で開催したときはバレエとクラシックを合わせて行い，佐世保の地元のバレエスタジオ関係者が出演した。販売店の営業スタッフにとって，顧客のパーソナル情報に関わることはなかなか尋ねにくい。そうした情報を**トヨタコミュニティコンサートでの雑談**から聞き出せることもある。たとえば，車を購入した顧客に子どもがいたとする。その子が16〜17歳ぐらいだと話題にのぼれば，そろそろ免許を取るかもしれないなどと，ある程度，家族状況を把握できるかもしれない。

その場合，顧客に直接「車をいつ買いますか」などと聞くのではなく，**雑談のなかからライフスタイルの変化を読み取っていかなくてはならない**。営業力とは商品をよく知っていることだと思われがちだが，むしろ大切なのは雑談をする力なのである。「小学校に出前授業に行ったんですよ」とか「植林したんですよ」という会話から，顧客との会話の糸口を見出していければ，**社会貢献活動と思ってしていたことが自分たちのためになる部**

分もあるのではないかという。

---

4. グループ内外での協力体制づくり

アマチュア・コンサートを通じて磨き上げられる一枚岩

アマチュアのコンサートでは，来場者層に合わせて気軽に曲の変更をお願いしやすい。プロのオーケストラはあらかじめ決めておいた演目を，最大のパフォーマンスで演奏する。しかし，アマオケの場合，事前に曲を決めてもらっていても，その場の状況に応じて変えてもらうこともできる。当日，アマチュア・オーケストラのメンバーから「子どもさんが多いから，もっと『トトロ』みたいな曲をやりましょうか」と提案してもらい，会場が非常に盛り上ることはよくある。そうした柔軟性の高さに，販売会社としても助けられることがある。

告知情報は，販売店のショールームにポスターを貼ったりチラシを配布したりする以外に，4 社で合同の Facebook のウェブページをつくることもあった。通例では 4 社合同のサイトは販売店の販促用に使っていることが多かった。だが，ときどきこうした広報の部分も少し入れていこうという意見が，2019〜2020 年ぐらいに出てきた。それ以降，何か伝えることがあるときに載せている。

各販売会社に実務担当がいるため，現場作業には慣れている。会場に居合わせたほかの組織の人たちから，チラシは当日の朝にプログラムに挟めばいいといわれても，「いや，それはまず前日にやりましょう」といって，着くが早いか，みんなで作業を開始する。実務担当者にとってはチラシを挟んだだけという認識なのに，周囲から感謝され，気づきを得ることもある。インタビューをしたこのトヨタの販売店では「一緒に汗をかいた人は信頼してもらえる」ことが経験則となっている。2020 年 5 月にトヨタが全車種をすべての販売店で取り扱うサービスを開始した。顧客側から見れば，どの販売店であろうと同じトヨタの店であるという認識が，もっと進んでいくと捉えており，今後さらに一緒に活動する機会は増えるだろうという。

4 社合同で展示会を開催するという取り組みは，長崎県以外でも実施さ

トヨタコミュニティコンサートの準備をする販売会社の社員たち

れている。北海道はとくに多く，合同でいろいろなところで展示会をするだけでなく，メーカーをまたいで他社と共同で行うことさえある。ただし，同一資本の沖縄ではもちろんのこと，福岡でもときどき行うなど，資本関係や地域の特性に応じて，よく行うところでは定期的に開催している地域もある。トヨタコミュニティコンサートクラスの大規模イベントになると，1 社開催では経費面を含めてなかなか簡単ではない。だが，複数社合同で行えば，経費を 2 社，3 社，4 社と割っていけるため，スケールメリットを活かせるようになる。

同じ地域のほかの販売会社は商売上，パイを取り合うライバルである。しかし，外から見ればどの販売会社も「トヨタ」と認識され，なかでつぶし合っていては生き残ってはいけない。全社がトヨタとして一枚岩となり，トヨタ車の魅力を顧客に発信していき，トヨタというブランドを長崎県内で確立していくべきだという課題を共有している。ほかのメーカーと戦っていく部分はもっと強化しなければならない。販売促進面でいかに顧客との関係を構築するかを考える際には，トヨタ車の魅力，トヨタのブランドをより広く知ってもらい，販売会社同士で取り合うのではなく，外から顧客を引き込む必要があるという。

公益組織との連携

トヨタコミュニティコンサートではこうした販売会社同士の協同に加えて，外部組織との連携も積極的に進めている。その一例として，長崎県障害者社会参加推進センターとの共催があげられる。同センターは身体，知能，精神などの障害を抱える人たちとともに社会参加を進める事業を運営するために設置され，長崎県下の関連団体を取りまとめる組織である。1999年から同センターの一事業として障害者芸術祭を開催している。開始当初は県が直営していたが，2002年の第4回からは，同センターが県に委託されたかたちで運営を引き継いだ。

障害者芸術祭の目的は芸術活動を通じて障害者の社会参加の促進を図ることによって，障害者福祉支援への県民の理解を深めることである。県内各地の持ち回りで開催が続けられている。主演目には，ベートーヴェンの『交響曲第9番（第九）』の合唱を披露している。『第九』は通常4部合唱だが，障害を持つ人も歌いやすくするために，楽団関係者に新しく「第5パート」を追加でつくってもらった。

その「第5パート」は障害者だけでなく，ともに歌いたい，支援したいという人たちも歌う。これに通常の4パートを担当する地元の合唱団が加わり，地域の人たちと一緒に練習を続ける。さらに，当日はオーケストラが加わって全員が一緒にステージで歌う。『第九』の混声合唱は最低でも100人を切ることがなく，多いときで200人ほど集まる。毎年，場所を変えて開催しており，なかには場所を変えても参加する人もいるが，多くの場合には開催地やその近隣地域の人が参加する。

2019年の開催時には，福江文化会館に地元の住民を中心に1000人が観客として集まった。第1部では，地元の障害者施設やグループが普段から練習している踊りや歌などを発表した。第2部のトヨタコミュニティコンサートでは，長崎交響楽団がおよそ30分間演奏した。そして，トヨタコミュニティコンサートの最後の一曲として，地元民を中心におよそ170人が『第九』を合唱した。

離島地区で開催する場合には必ず宿泊を伴い，交響楽団は70〜80人が行くため，かなりの費用を要する。2012年に五島の福江文化会館で開催したときは，長崎交響楽団がトヨタ自動車に申請して金銭的支援を受けた。先にも触れたが，五島で開催すればかなり費用がかかるということで，トヨタ自動車からの支援が受けられないかと長崎交響楽団に相談していたのであり，長崎交響楽団が申請をしたものがトヨタ自動車に認められ，コミュニティコンサートの実現にいたった。

通常だと，県の補助金が約460万円，広告収入が約110万円である。だが，五島での開催時には，県からの補助金に加えて五島市からの補助金が110万円あり，広告収入は200万円近くにのぼった。そのうち，オーケストラにはおおよそ170万円を使ってもらったものの，離島地区になるとどうしてもかなりの費用がかかってしまう。不足する金額をトヨタ自動車から支援してもらった。

こうした大規模なオーケストラを招いての公益的コンサートが実現したのは，トヨタ自動車からの支援があったからこそだといえる。五島で開催する場合，指揮者と楽団員80人ぐらいが参加し，前日と当日の朝リハーサルをしてから本番を迎えるというように2日間にわたって活動する。長崎交響楽団はアマチュアなので，基本的に楽団員のギャランティーや出演料はない。だが，移動にかかる費用と宿泊費，食費はどうしてもかかるため，それらに対する支援がなければ開催することができない。また，足りない楽器奏者のエキストラや独唱のためのソリストのギャランティーのほか，指揮者の指導料にも支援が必要だった。

トヨタ自動車からは本社と販売会社から10人が前日から参加し，会場のスタッフ業務を一緒に行った。県がもともと主催していた都合で，公演は無料となる。そのためチケットはないが，1000人分のプログラムにチラシを挟み込む作業のほとんどは，トヨタの販売会社のスタッフが行った。当日は立ち見の人や入れない人が出るほどとなり，トヨタ自動車の本社と販売会社の担当者は，コンサートに非常にたくさんの客が集まったことをとても喜んでいたという。

五島にかぎらず，これまでに行ったイベントはすべて地元メディアが後援につき，新聞などを中心に講演の様子が報道された。2019年には，障害を持つ人たちが一生懸命練習に励む姿をNHKが密着取材し，ドキュメンタリー番組を制作した。トヨタコミュニティコンサートが障害者芸術祭の一部として開催されるようになってからは，名称に「トヨタコミュニティコンサート in 五島」というかたちでトヨタの名称とロゴを使用して，トヨタから支援を受けていることをパンフレットなどに必ず明記するようになった。長崎県障害者社会参加推進センターは，今後もトヨタ自動車と良好な関係を築いていければ，将来の離島地区での開催に向けた支援の相談もできるのではないかと期待を寄せているという。

---

5. 文化との連動によって組織内外を強固につなぐ

芸術支援とブランド価値

以上のインタビューから得た知見は次のとおりである。第1に，**芸術支援がブランド価値と関連する**ということである。トヨタ自動車ではトヨタコミュニティコンサートなどの社会貢献活動を通じて，製品に文化的価値を付与することを念頭においていた。企業が利潤追求のために効率性や経済性のみを重視するのであれば，企業が芸術支援をすることは不要だということになる。これに対して，トヨタ自動車ではその**非効率的な側面**にこそ，重要な事柄があるのだということを確信していることがうかがわれた。

豊田章男社長は自動車が「愛車」と呼ばれるくらいに製品が愛される存在でなければならないと公言している。**愛されない製品が，提供された企業による価値の差がないコモディティをさすとすれば，愛される製品はその対極にあり，ブランド価値が高いものである**と捉えることができる。トヨタ自動車では，文化や芸術と同様，製品にも**人々の心を豊かにする側面**がなければ，愛される存在にはならないと考えていた。

さらには，製品に文化や芸術的側面を取り入れたり，あるいは，それらを製品と紐づけたりすることによって，ブランド価値の維持，向上をめざしていると解釈することもできる。そうした企業理念やトップの考えを効果的に伝達する手段として，社会貢献活動が機能していた。トヨタ自動車ではトップの考え方と社会貢献活動を関連づけて伝達しつつ，関係者が一緒になって汗をかき，知恵を出して活動する方向にシフトしているという。

組織内外の関係づくり

これ以降に示す知見は，**ステークホルダーとの関係性**に関するものである。音楽には多くのステークホルダーに対して瞬時に感動をもたらす力が

図 7-1　トヨタコミュニティコンサートのステークホルダー関係図
（交流型オウンド・アートプレイス）

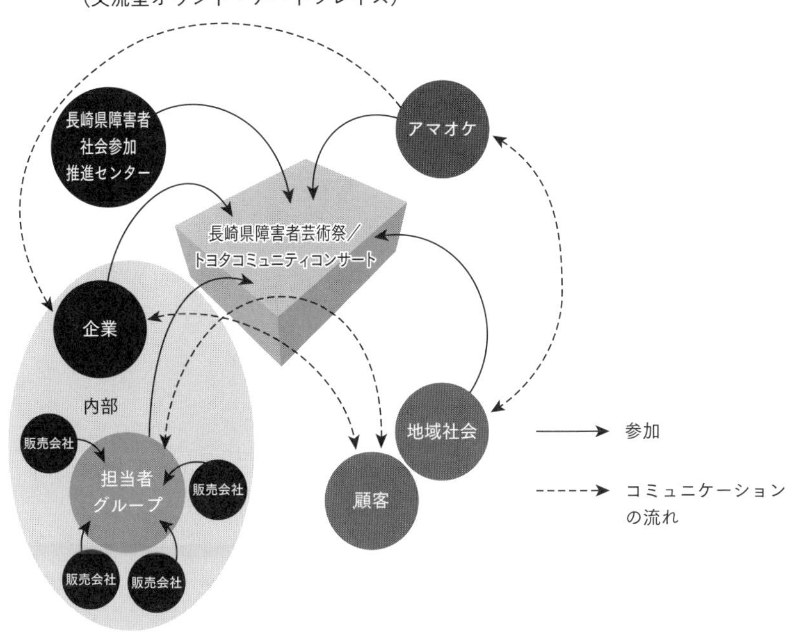

ある。それゆえ，彼らとの関係を強固にできる。本章で取り上げたトヨタコミュニティコンサートの事例では，芸術支援によってコミュニケーションをする対象として，複数のステークホルダーがあげられた。

図 7-1 で示すように，本事例はトヨタコミュニティコンサートがトヨタ自動車による**交流型オウンド・アートプレイス**として機能することで，トヨタ自動車と販売会社グループ，地域社会と顧客，アマチュア・オーケストラ，および長崎県障害者社会参加推進センターなどの地方自治体を主なステークホルダーに位置づけることができる。そのなかで，とくに注目される 2 種類のステークホルダー間関係を知見としてあげていく。

第 2 の知見は，**芸術支援が消費者や顧客との関係づくりに寄与する**ということである。トヨタ自動車では，かつては社会貢献活動を陰徳としてあえて情報発信してこなかった。しかしながら近年，社会的課題と自社の製品の関連性を伝え，事業領域を可視化させる試みが見られはじめている。たとえば，自動車による給電を展示したり，長崎県障害者芸術祭では，障害を持つ人のためのウェブキャブ車や環境配慮型自動車など，ステークホルダーとの関連性を持たせたかたちで自動車を展示したりしていた。さらに，直接会場でコミュニケーションするだけにとどまらず，長崎県社会参加推進センターがマスメディアに声をかけ障害者芸術祭を取材してもらうことで，トヨタ自動車や販売会社による支援が幅広い消費者に可視化される。

こうした活動が認識されることによる関係性だけでなく，**より直接的な販売会社と顧客の関係づくりにもポジティブな影響**が出ている。トヨタコミュニティコンサートという芸術イベントを開催する地域は，販売会社にとっての商圏でもあり，そこで暮らす人たちには現顧客もしくは潜在顧客も含まれる。販売店が持続的に製品やサービスを提供していくためには，顧客との深い関係を築くことが重要であり，販売イベントよりも，ビジネスとは離れた社会貢献活動のほうが，かえって地域の人たちと仲良くなり，雑談によって営業につながる情報が聞けることさえあるという。

第3の知見が，販売会社同士の協同によるビジネスでの協力体制の強化である。トヨタ自動車の販売会社には複数の系列があるため，普段のビジネスの場ではライバル関係としてしのぎを削っている。だが，社会貢献活動に関するイベントでは，売上やノルマといったビジネス上の目標を掲げる必要がなくなるため，それぞれの会社の立場を超えて自然と協力することができる。

実際，本章で主に取り上げた「トヨタコミュニティコンサート in 五島」では，チラシの作成や店舗内でのポスター掲示，Facebook の共同アカウント内での告知，地域のアマチュア・オーケストラとの関係を深めたりするなど，販売会社同士が協力して運営していた。このように共同で芸術支援を続けていくことによって，「他社」と一緒にやるという意識は薄くなっていく。

もともと，トヨタ自動車の販売会社グループは交通安全教室を共同で行ったり，都道府県によっては販売促進も共同で行ったりするなど，グループとしての意識が高い。それと同時に，お互いがライバルであるという緊張関係の側面もある。そうしたなかで，業績に直結しない社会貢献活動をすることによって，販売会社のあいだにあるライバルという認識が弱くなるという。系列販売会社同士がかぎられたパイを奪い合うのではなく，一丸となってほかのメーカーや販売店と戦っていくために，**自社製品の魅力**

やブランド認知を高める活動を行っていくという意識づけにつながっていると考えることができる。

以上であげたように，トヨタコミュニティコンサートの事例から，**芸術支援はブランド価値と関連するという比較的抽象度の高い影響だけでなく，企業が顧客との関係性，および，グループ企業間の協力関係の強化といった，より実践的な示唆を得ることができた**。このように，販売店同士が連携し，地方自治体やオーケストラと協同することによって，顧客との関係を強固なものとし，その結果，各販売会社が営業を円滑に行うことにつながっていた。

ソフトセルが持つ組織間関係構築力

たしかに，トヨタコミュニティコンサートは芸術イベントや社会貢献活動に位置づけられ，ビジネスには直結しない。しかしながら，販売会社と地域の関係でいえば，地域住民には直接の顧客が含まれ，販売会社同士が資本を超えて手を組むことによって，トヨタという同じブランドを訴求することにつながってくる。こうした関係が生まれるのは，社会貢献活動がビジネスに直結しない**ソフトセルの性質**を持っているからである。ソフトセルであるからこそ，競合他社同士や企業と顧客のあいだに生まれる警戒感や緊張感を解くことができるのである。

トヨタ自動車はグローバルカンパニーとして躍進を続けている。通常，マーケティング・コミュニケーションの定石を踏むならば，商圏が広がり対応する消費者が増大すれば，おのずとマスメディアを用いた展開をしていく。リアルとオンラインを問わず，ワントゥワンでのコミュニケーションを行うためには，それだけ優秀な人材が必要となり，コミュニケーション・コストが膨大になってしまうからだ。もちろん，トヨタ自動車はマスメディアやインターネットでのコミュニケーションにも力を入れている。

しかし，それと同時に，日本全国各地の人たちとのコミュニケーションをていねいに行っていた。これは先にあげた顧客との接点をつくるためのイベントに費用を負担する割合を減らせるだけではない。トヨタ車の複数の販売会社が協力体制を構築し，さらには，アマチュア・オーケストラ団体や地方自治体との連携を図ることによって，地域との接点を整備し，地域住民との関係を強固なものにしていっているのである。

メセナアワード 2021「メセナ大賞」授賞式の様子

本章ではトヨタコミュニティコンサートの事例を中心に見てきたが，トヨタ自動車ではこれ以外にも，さまざまな音楽に関する支援活動を行ってきた。2020 年以降，コロナ禍が世界中で広がっていったときに，全国各地のサテライト会場をオンラインでつないで，日本を代表するプロの音楽家がレッスンを行ったり，サントリーホールにおいて発表の場を失ったアーティストに無償で会場を提供する「夢をかなえるコンサート」などを企画・実施したりした。こうした功績が認められて，トヨタ自動車は企業メセナ協議会主催の**メセナアワード 2021「メセナ大賞」**を受賞した（日本企業メセナ協議会ウェブサイト）。

トヨタ自動車は今後モビリティカンパニーとして，自動車の生産にとどまらず，移動そのものを提供する企業としての事業を改め，豊田社長は 2020 年に自社のミッションを「幸せの量産」とした。「移動」するという意味の MOVE には物理的な移動だけではなく，心を動かし，感動するというエモーショナルな意味も含まれているという。トヨタ自動車は販売会社グループと手を携え合いながら，トヨタコミュニティコンサートという地域に根差したアマチュア・オーケストラによる演奏会を長年にわたって開催してきた。そのようにして人々に感動を伝えるための地道な努力によって，トヨタ自動車は今も全国それぞれの地域で愛される存在であり続けている。

参考文献

トヨタ自動車（2004）「『トヨタコミュニティコンサート』を全国で開催――全国のアマチュアオーケストラの演奏活動を23年間継続支援」（https://global.toyota/jp/detail/1648224）最終アクセス2022年10月25日

日本アマチュアオーケストラ連盟「トヨタコミュニティコンサート（TCC）」（http://www.jao.or.jp/04.html）最終アクセス2022年10月25日

日本企業メセナ協議会「メセナアワード2021」（https://www.mecenat.or.jp/ja/mecenat_awards/awards_archive/awards2021）最終アクセス2022年10月25日

第3部

事例研究2 ペイド・アートプレイス

第8章

美術を通じたステークホルダーの結節点

大原美術館

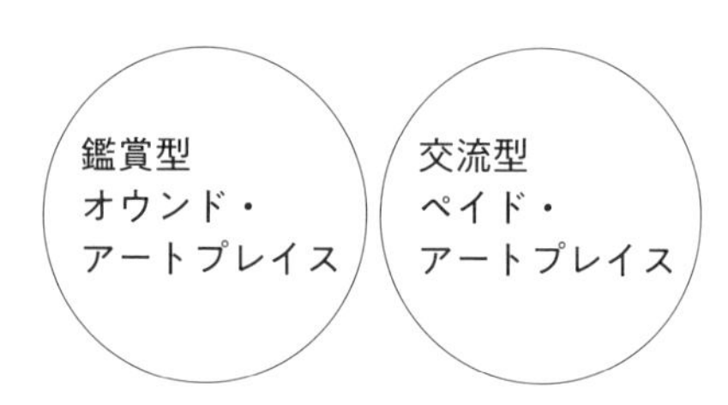

1. 篤志家による支援から多数の企業による支援へ

本章では，日本初の本格的な西洋美術館としてスタートし，現在では各ジャンルの優品を所蔵し，国内外からの多数の観光客が来場する**大原美術館**を取り上げる。同館では，エル・グレコの『受胎告知』（1590頃～1603年）やクロード・モネの『睡蓮』（1906年頃）といった世界的に有名な画家の作品を鑑賞することができる[★1]。それ以外にも，古代オリエント文明や中国文明の古美術，日本人のものでは児島虎次郎の『和服を着たベルギーの少女』（1911年）や関根正二『信仰の悲しみ』（1918年）などが数多く展示されており，まさしく世界の古今東西にわたるさまざまな美術品が取り揃えられている。

大原美術館は1930年に大原孫三郎が設立した。孫三郎はクラボウ（当時は倉敷紡績）を経営し，現在のクラレ（当時は倉敷絹織（けんしょく））も創業するほか，農業，金融，電力，新聞と幅広い事業を手がけた。一方で，大原農業研究所，大原社会問題研究所，倉敷労働科学研究所，倉敷中央病院を設立するなど，社会福祉と学術の振興にも注力した。そうしたなかから，画家であり，西洋の優れた美術作品の収集，公開を孫三郎に提言し，その実務にあたった児島の功績を称える目的で大原美術館も生まれたのである（大原 2019)。

大原美術館はその後，現在にいたる90年以上の歴史のなかで，ときにクラボウ，クラレという関連企業の支援を受けることはあっても，原則，自主採算で運営を続けてきた。その後，倉敷市や岡山市で活動する多数の企業から幅広く支援を受けるというやり方に舵を切った。こうして近年ではさまざまな企業がスポンサーとして関わるようになっている。**篤志家が設立した美術館が，その後独立していく過程で，どのようなステークホルダーとつながっていったのか**。また，**そうした関係性が大原美術館にどのような意義をもたらしているのか**，関係者へのインタビューをもとに捉えていきたい。★2

★1　作品の制作年号に関しては，国立新美術館・大原美術館・NHK プロモーション編（2016）にもとづいて記載している（以降も同様）。
★2　本章のインタビューは2020年11月12日に，以下の方々に取材をした。公益財団法人大原美術館学芸統括・プログラムコーディネーター・柳沢秀行，同・業務推進課課長・門利博子（所属と役職は当時のもの）。本文中の写真も提供いただいた。

2. 大原美術館の起源

「現代美術」をアーカイブする場所

大原美術館は，開館以来90年，さらには本格収集をはじめてからおよそ100年のあいだ，常に**現代美術**を扱い続けてきた。クロード・モネやアンリ・マティスの作品も，100年前に本人から購入している。戦後の大原美術館の運営を担った大原孫三郎の息子である總一郎は，当初，児島虎次郎が購入した方針を継続させるように1920年代以降の作品も購入していた。だが，その後はジャクソン・ポロックのような同時代の新しい価値観を育む作家に焦点を合わせ直している。21世紀に入ってからもアーティスト・イン・レジデンスなどの独自事業を行い，そこで制作されたもの

大原美術館の外観

を中心に，これまでに50人以上の日本のアーティストの作品を購入している。これらを含め大原美術館が収集した作品数は，全館を使っても展示しきれないほどの多さになっているという。

また，すでに所蔵している作品や，自館の歴史についての調査が進められている。たとえば，エジプトや西アジア，東洋の古代美術などは，同館の学芸員のみならず，外部研究者の協力も積極的に仰いでいるが，その調査によって，これらの作品は単に骨董趣味で収集していたのではないということが明らかになってきた。児島は1908年から5年間ヨーロッパで過ごし，その後も1919年，1922年と3度の滞欧を果たし，自らの画業の研鑽に励むとともに，孫三郎に作品収集の提言をして得た資金によって，西洋の同時代美術だけでなく，エジプトや西アジアの古美術品も収集した。2度目の渡欧に先立つ1918年に，児島は3カ月間かけて中国大陸を旅行した。このとき，児島は紀行文を地元の新聞に寄せており，そこでヨーロッパの文化の基礎は中国の影響を受けていることを明言している。

つまり，**児島は優れた同時代の西洋作品を収集，公開することで，当時の最新の価値観を導入することに加えて，エジプトや西アジア，さらには中国などの古美術品を収集することで，古い時代にさかのぼって文化の相**

互交流を捉えようとしていたのである。こうした事実が調査を通じてわかってきたため，2010年に定めた大原美術館の使命宣言には「『多文化理解の装置』としての美術館を磨き高め」るという文言が含まれた。このように，大原美術館では自らが所蔵する作品に関して，歴史を縦軸として調べつつ，横軸として同時代の現代作家たちと向き合う活動にも積極的に取り組んでいる。

このように自館を再確認して得られたことを外部に発信するために，**アーカイブ**を作成することにもリソースを割いてきた。そのひとつが海外作家の所蔵作品をまとめたカタログ・レゾネ（類別全作品目録）の刊行である。制作の過程で，学芸員全員で500点近くの作品をすべて額から外して採寸し直し，作品の裏側にあるラベルや書き込みなどのデータをすべて記録する作業を行った。また，書誌的な調査として，東京大学の美学，美術史を専攻する大学院生をアルバイトで雇って，首都圏の図書館などで各作家の最新の知見を調べてもらった。そのうえで西洋美術史研究者として博士号を持つ学芸員の一人が編集の中心となって，3年近くかけて刊行にいたった。現在も，人的リソースだけでなく，写真印刷によるアーカイブなどにも資金を充てているという。

設立当初と組織体制

大原美術館の起源は，クラボウ第2代社長の孫三郎が児島という一人のアーティストを終身，丸抱えしたことに端を発する。孫三郎は児島の画家としての制作活動を支援しつつ，児島の提案で作品収集のための資金提供も行った。だが，これらの支援活動は倉敷紡績という企業からではなく，ほぼ孫三郎の個人資金からつぎ込まれたと考えられる。

そのため，厳密にいえば，同美術館の草創期は企業による芸術文化支援活動に該当しない。その活動のありようを知るために，孫三郎が主導的に創設に関わった倉敷文化協会を見てみたい。同協会は，1920年代に児島が購入してきた作品を倉敷で公開するという活動を基幹にしながら，クラシックコンサートや講演会，さらには日常生活に欠かせない衣食住にまつわる民藝品の振興にも尽力した。

孫三郎はクラボウ以外に，中国銀行，中国電力（当時は倉敷電燈）なども設立している。倉敷文化協会は，児島のほかに美術館の初代館長となった武内潔真，大原家のホームドクターである三橋玉見など，孫三郎の事業体に関わる人たちが軒並み関わっている。たしかに，彼らはそれぞれ企業人，組織人ではあったけれども，企業を背負っているというよりも，むしろ個人ベースで動いて大原美術館の初期を支えていたといえるだろう。

ほかにも，孫三郎は1923年に倉敷中央病院を設立したように，研究所や学校の創設，奨学金の提供など，非営利で公益性の高い活動を積極的に推進した。ちなみに，病院の創設を考えれば，今でこそ含み資産額が高騰している大原美術館が所蔵する絵画も，当時は同時代の現代美術として購入しており，その収集に関わる経費は，決して大きな額とはいえなかっただろう。

終戦直後に財閥解体と農地改革がなされ，大原家の個人資産にも大きな影響を与えた。そうした最中，孫三郎の息子である總一郎がクラレの社長業に専任した。こうした状況で，大原家だけで大原美術館を支えることは難しかったであろう。また，作品購入にあたり大原美術館が即金で支払うことが困難だった時期に，クラレが立て替えるということはあったものの，クラレが財政的に大原美術館を支えるということはなかった。そのような厳しい状況のなかで大原美術館が存続できたのは，通常の運営にかかるコストがそう大きくはなかったからだといえるだろう。

しかし，1950年を過ぎる頃から總一郎の強いリーダーシップのもと，元来の本館に加え，現在の分館，工芸・東洋館の増築，また収蔵作品の多角化と拡大が進んだ。また，1960年代から入館者数が徐々に増えてきた。[★3] 1968年に總一郎が亡くなったが，その後，1972年に新大阪―岡山間，1975年に岡山―博多間で新幹線が開業し，瀬戸大橋が1988年に開通した。年間120万人が来場したことによって，大原美術館の財政面は潤沢になってきた。

大原美術館を組織統治の点で見ていくと，かつてはクラレ，クラボウ，中国銀行など孫三郎が創業に関わった企業のトップが理事を務めるのが通例であった。理事は企業でいうところの執行役員の役割を担い，日常業務を指揮し，館の重要な意思決定をする立場にある。その後，公益財団法人制度の変化とともに，彼らはその運営が適正であるかどうかを監督する評議員となった。現在の評議員たちは，孫三郎が創設に関わった企業の関係者というだけではなく，現在も岡山で重要な力を持つ組織の要職に就いている。

一般的に，劇場（ホール）は劇場主と芸術監督というように，マネジャーとディレクターが分かれていることが多い。これに対して，美術館（ミュージアム）では両者が明確に分離していないことが一般的である。そうしたなか，大原美術館は2000年代以降でいうと，大原謙一郎，そして娘のあかねという美術館理事長と，高階秀爾（しゅうじ）という**芸術の専門性**を担保でき，かつ**組織統治の能力**も高い館長がいる。こうした統治，管理の柔軟性が高いことによって，**組織のミッションを掲げてパフォーマンスを上げつつ，専門性を担保する**ことが両立している。

★3　1963年に大原美術館ではコローの絵画『ナポリ風景』が盗まれる事件が起こり新聞紙面を賑わせている（「コローの絵盗まれる——大原美術館，落ちていた複製」『読売新聞』1963年1月25日付）。

3. 専属美術館が地域企業のハブになるまで

主要企業との関係

大原孫三郎にとって大原美術館の設立は，児島虎次郎の思いを体現するためという側面があるのと同時に，病院や研究所，学校や奨学金運用と同様の感覚もあった。また，拠点を関西に広げていた大原總一郎にとっても，自分たちはやはり倉敷の企業，人だという感覚が非常に強かった。孫三郎，總一郎と2代にわたって公益性を考えて，自分たちの上等な趣味の押しつけではなく，**地元に本当にすばらしい作品を提供したいという思い**があった。

大原家だけでなくクラレやクラボウとしても，自社の社会的役割を再び認識するために，自らのルーツとして大原美術館や倉敷の町が重要だという考えがある。クラボウでは，本社が大阪に移っている現在も，創業時の工場を再開発した複合文化施設である倉敷アイビースクエアで株主総会を行い，そうした折に美術館に立ち寄る関係者も多い。

クラレはクラレ財団を設立し，大原美術館が実施するARKO（Artist in Residence Kurashiki, Ohara）という**アーティスト・イン・レジデンス事業**に毎年200万円を拠出している。ARKOは，大原美術館が選出した若

ARKO に参加し，制作するアーティスト（2018 年度・久松知子）

手作家が倉敷で創作活動を行うプログラムである。これに加えて，クラレは油絵を主にした絵画修復の技術者育成をするために年間 500 万円の支援もしている。ただ，修復するための作品がないと技術を磨く場がないので，それを確保するために，大原美術館とクラレ財団，修復家の大原秀行が共同で活動している。また，大原美術館学芸統括の柳沢秀行は児島の作品の調査をするために，クラレ本社のみならず，茨城の鹿島や新潟などの事業所に同社が所蔵する児島の作品調査に赴き，一覧表データをつくるなどして，クラレ内の複数の事業体と連携を取っている。

クラレは，大企業であり全国各地に数多くの従業員を抱えるが，その社名が倉敷レーヨンという名前に由来していることに対する認識が希薄な若い従業員もおり，あらためて倉敷の存在や企業の成り立ちを伝えることを意識しているという。そのため，柳沢は各地の事業所にある児島作品の調査に赴いたときには，対応するクラレの従業員に向けて，クラレによる大原美術館への支援概要を伝えるようにしている。

また，上述の ARKO では，クラレ財団が経済的な支援をするだけではなく，作家が作品制作のために 3 カ月間滞在するアトリエにクラレの従業員が訪問し作家と交歓するとともに，大原美術館を見学するプログラムがある。グループ連結で 1 万人以上いる従業員に対して，近在に勤務する 25～30 人程度の熱心な人たちが参加するにとどまるが，こうしたプログラムは，作家にも社員にも大きな刺激を残す。このように孫三郎が大きく発展させ，あるいは創業した2企業との関わりが維持されているのは，孫三郎から諸事業を受け継いだ息子の總一郎による貢献も大きいと，大原美術館では認識している。

児島は生涯にわたって孫三郎の支援を受けたが，それゆえに自分の作品を制作しても，それを外部へ譲渡することはなかった。それゆえ，47歳の若さで亡くなったときに700点ほどの作品がまとまって残されていた。その作品を，孫三郎は児島の作品に精通する画家たちに仕分けさせて，そのなかから重要な作品160点ほどが大原美術館の所蔵となった。

總一郎は，これとは別に手元にあった児島の作品を，1950年代のはじめ頃，当時の倉敷市内の小中学校や高校に1点ずつ，そのほかにも警察署や商工会議所，市役所などへ寄贈した。もちろんクラレやクラボウにも作品が残された。このように，関係企業のみならず，学校や官公庁にまで，本物の作品があり続けることにより，それぞれの関係者は児島への親しみを感じ，**大原美術館とのつながりが実感しやすい環境**が自然と育まれてきた。

大原父子は，民藝運動の父と呼ばれる柳宗悦（やなぎむねよし）や，濱田庄司，河井寛次郎など民藝運動の主導者との交流を持ち，とくに總一郎は，柳から強く影響を受け，日本民藝協会の会長にも就いた。總一郎は生前「美術館はよどんだ倉庫のような場所ではなくて，生きて成長しなくてはいけない」といっており，これは柳からの影響によるものだという。芸術作品が生き，人々の生活に直接関わることは，總一郎にとってめざすところであった。

總一郎は家業を継ぐために東京帝国大学経済学部に進学したが，本心では哲学科に行きたかったといい，とくに戦前期にはドイツ観念論系の哲学をかなり勉強していた。東京大学の東洋美術や西洋美術の研究者たちが，總一郎の著作を読み，生活と芸術，音楽と美術が同居した視座に驚嘆することがあったという。研究者やアーティストとの交流，そこから得た気づきや知見をどのように経営に活かせるかなどとはすぐに直結させなかったとしても，結果としてそうした学びが多面的に活かされてきたと思われる。

和して同ぜず——2つの経済圏をつなぎとめる

前述したように，大原美術館の設立に孫三郎が大きく関わっている一方で，当時孫三郎が社長を兼務していたクラボウとクラレから大きな経済的支援を受けることはなかった。その後，2002年に後援会制度を立ち上げて法人会員制度や，新たな展示場を建設するための寄付制度を整え，幅広い支援を募りはじめた。さらに，2018年の西日本豪雨や2020年のコロナ禍によって入館料収入が減少したことにより，収益の安定化を図る必要が生じた。

そのため，2021年に後援会組織の制度を見直し，名称をオフィシャルパートナーとあらためて，企業規模に応じた支援をお願いする段階にきているという。法人会員は孫三郎が社長を務めたクラボウやクラレを含めて155社（2021年6月時点）にのぼる[★4]。東京の一部上場企業ではなく，倉敷の地場の中小企業が多いのが特徴である。いわゆる大企業が大原美術館を支えるという構造ではなく，倉敷市や岡山市を中心とする地元地域からの支援を受けている。

岡山市と倉敷市は地域特性としてそれぞれが異なる経済圏を持ち，空間的・地理的な距離とは別の心理的な「距離」があるという。岡山市と倉敷市は隣接するが，もともと池田家が統治した備前の城下町である岡山市に対して，倉敷市は，備中の国，それも幕府の天領であり，またそれゆえに自治意識が強いという特徴がある。そのため，両市は隣接していてもネットワークが大きく異なっている。

そうした事情があるにもかかわらず，大原美術館はこの2つの経済圏が仲良く共存できる場として機能している。たとえば，大原美術館で祝賀行事が開催されると，岡山市の企業経営者たちも当たり前のようにやって来て，倉敷市の経営者たちと和気あいあいと交流するという。大原美術館は，そうした**風土の異なる地域企業が集まるハブの役割**を果たしているのである。

岡山県には県域の80以上のミュージアムが加盟する岡山県博物館協議会がある。同組織を立ち上げた，岡山県の元副知事で，岡山県立美術館初代館長である小野年之は，創設に際して県内の企業に呼びかけ多くの企業より協賛を得た。だが，大原美術館が2002年に後援会を立ち上げる際に県内企業に呼びかけたところ，その数は岡山県博物館協議会を凌ぐ数であった。

当時，大原謙一郎理事長が倉敷商工会議所の会頭も務めていたから，大原美術館の後援会をやるのであれば商工会議所の加盟企業は入らざるをえ

「私が選ぶこの１点」の展示風景

ないという状況もあったかもしれない。だが，ともすると大原家のプライベートミュージアムとも受け止められがちな同館が，それだけの多くの企業の支援を得られたことは，すでに大原美術館が**地元のシビックプライド醸成**に寄与していたからでもあるだろう。

大原美術館に作品展示室が設置されている濱田庄司は，1930年代初頭にはじめて倉敷で展覧会を開催したときに倉敷市民を前に「和して同ぜず」といったという。この言葉はいみじくも大原美術館で一堂に会する倉敷市と岡山市の企業経営者の関係にも通じるものだという。両市が隣り合って協調しつつも，同調圧力がかかることなく，ほどよい緊張感が保てている状況を見事に言い表しているというのである。私立美術館には，オーナーが個人で運営しているところと，一企業で運営しているところなどさまざまなものがある。だが，大原美術館のように地域の経済界が支えるケースは少ない。

大原美術館では，後援会法人会員のトップに「**私が選ぶこの１点**」を尋ねている。大原美術館の所蔵品のなかで好きな作品に関するコメントを収集して，大原美術館後援会会報『丸窓』などに掲載しているのである。依頼をするときに，多くの経営者は即答で作品名を伝えてくる。なかには

「やっぱりちょっと図録を貸してほしい」といって丹念に調べてくる人や，「久々に行ってみようかな」と確認のために来館する人もいたという。記事ができあがると，データで求められることもあるそうだが，基本的には大きめのポスターにして「社屋に飾ってください」とお礼を兼ねて渡しに行く。その後，追加でポスターが欲しいという経営者も多い。ある程度記事が溜まったら，後援会のパーティーなどできちんとしたかたちで紹介したいという。

★4　大原美術館ウェブサイトより。

4. 公共組織との提携と教育的活用

公共組織との連携

地方自治体が視察に来た際に，学芸統括の柳沢秀行は美術館の多面的な価値について説明するようにしているそうだ。たとえば，美術で広域からの集客をする方法を聞かれたときなどは，「みなさんが私たちの美術館を知らなかったように，日本で有名な美術館でも，世間には十分に知られていない。だから，大きな集客は期待しないほうがいい」と話すという。同時に，たとえ収益性が低かったとしてもさまざまなかたちで受益者を生み出す機能があることも伝えるという。

柳沢は，税金による公益的な施策をするときには，その受益者は誰なのかを考えることが重要であるという。たとえば，受益者を未就学児童に設定すれば，それに合わせた教育プログラムを進めるといった施策を打ち出すことができる。多くの自治体にとっての主要な受益者である住民に対しては，「美術館を通じてシビックプライドが醸成される」というように，具体的に示すことが重要だと話すと，自治体関係者にも納得してもらえるという。

大原あかね理事長の代になってからは，地域のシビックプライド醸成に関わる活動として，スポーツ団体との関係を構築することに注力しはじめている。岡山を拠点とするプロスポーツ・チームが複数ある。J2 のファジアーノ岡山，バレーボール全日本代表選手の山口舞や宮下遥なども在籍する岡山シーガルズ，卓球の岡山リベッツなどがあげられる。これらのチームとの関係を構築することによって，市民との関係をより強固なものにしていきたいという。

倉敷市内の中心地から，南部に位置する水島工業地帯をつなぐ水島臨海鉄道というローカル線がある。水島には高度経済成長期にコンビナートができ，そこへの移動手段として1970年に同鉄道が開通して，2020年に50周年を迎えた。大原美術館も同年が90周年であったため，鉄道のヘッドマークを「大原美術館開館90周年」のロゴを使用したものに変更した。1車両の中吊り広告をすべて作品のモチーフで埋め尽くしてアート列車にもした。

また，倉敷市の北側に位置する総社市と広島県福山市を結ぶ井原鉄道も，ラッピング列車のコラボレーション企画を実施した。いったんはコロナ禍の影響で頓挫しかかったが，井原鉄道のほうから「こういうときだからこそ，やはり一緒にやりましょう」と声をかけられた。大原美術館での展覧会開催実績もある太田三郎がデザインを手がけ，2021年に各窓に切手のモチーフでさまざまな作品をつけたアート列車の運行が実現した。

今回のこうした共同での事業は，大原美術館側から一方的に仕かけたものではなかった。そこから，水島臨海鉄道と井原鉄道のどちらも，自社が運営する鉄道と美術館につながりを持たせることを非常に大切にしていることがうかがえる。また，大原美術館のほうでは両鉄道を主に利用する沿線住民に対して，各沿線の駅前でさまざまなイベントを行うことができる。こうした企画を通じて，**大原美術館が周囲に強く支えられている**ということを実感できて，非常に感動的なものであったという。アート列車などのイベント企画においては，両鉄道から報酬を受け取ってはいない。しかし，こうした列車が走ることによって，鉄道の利用者たちが大原美術館に行ってみようと思ってもらえることが期待できる。

地域とのつながりという点でいえば，大原美術館は一般の人々を対象にクラウドファンディングを実施した。この方法であれば，人々が直接大原美術館とつながれると考えてのことであった。実際，支持者はお金を出資するだけではなく，「岡山の宝」「倉敷の宝」などといった応援コメントも残してくれた。「倉敷市出身で今，東京にいるけれど，郷土の宝です，誇りです」などの言葉は非常にありがたく感じられた。これらはクラウドファンディングを行っていなければ触れることのなかった一般支援者の意思であり，それが可視化できたことはよかったという。

教育活動とキュレーション事業

大原美術館ではアーティストだけでなく，**来館する子どもたちに対する支援**が大規模に行われている。1995 年から未就学児童を受け入れはじめ，毎年延べ 3000 人が参加する規模になった。学生は団体で年間約 2 万人が訪れる。また，2002 年からは**チルドレンズ・アート・ミュージアム**という，毎年夏の 2 日間で参加登録者数が 1000 人になる大きなイベントを開催している。こうした教育プログラムの取り組みに関しては，後援会の会員企業に支援をお願いしやすい。さらには各年代や各特性に向けた教育プ

チルドレンズ・アート・ミュージアム

ログラムとして，高階秀爾館長のレクチャーやギャラリーコンサート，図画工作系の簡単な動画配信などを取り上げている。それらについても，企業との関わりが連動していく。

ARKO は児島虎次郎のアトリエを利用した滞在制作事業である。作家はこの期間に複数の大作を描くことが多く，大原謙一郎が購入して地元の病院のロビーに飾った実績もある。また，クラレが所有する倉敷国際ホテルがリニューアルするにあたって，正面入口付近の壁に飾るために，ARKO 経験者の北城貴子に是非とも描いてほしいという依頼があった。大原の系列施設である倉敷中央病院が倉敷中央病院付属予防医療プラザを新設したときに，ARKO など大原美術館に関わりのある作家たちの作品を購入して飾りたいというオファーもあった。

大原美術館はこうしたオーダーに対して積極的にブッキングなどの支援をするという。もちろん，大原美術館は公益財団法人であるため，売買業を行うことはできない。だが，コーディネート料というかたちでサービス料金は受け取らないとしても，法人会員企業への特典にするのであれば，会員企業にとって入会するベネフィットが生まれる。

一般的に，たとえば企業が施設内にある種の絵画を飾りたいと考えたとしても，特定のギャラリーにアクセスすると，そこが契約している作家の作品しか購入することができない。一方，大原美術館は利潤を追求することを主眼においていないため，依頼主が本当に希望するオーダーに沿って，作家や作品に関する資料を提示することができるというのである。こうしたきめ細やかな取り組みは，会員企業の維持や拡大につながっていく可能性がある。

絵画や芸術作品には**本質的価値，制度的価値，使用的価値**という3つの価値があるといわれており，とくに企業経営者はコストパフォーマンスに関わる使用的価値を意識しやすいという。ホテルや病院などの不特定多数の人々が往来するパブリックスペースを運営する経営者にとって，そこに1点の作品があることによって文化的印象や安らぎといった人々から知覚される使用的価値に関して，大原美術館からさまざまな良い提案ができる。

だが，それとともに，絵画の本質的価値のような，経営者自身がその作品と対峙したときに「私はこれが好き」といえるようなバランスを取ることも考慮している。ある経営者と話をしたとき，本質的価値について次のようにいわれたことがあるという。「美術館の展示場では，多様な問いが立てられ，それぞれにさまざまな解答が考えられ，それでもやはりなんにも答えが出ない場所にいられることがこのうえない幸せだ」と。普段のビジネスで最適解を見つけることばかり考えている人たちにとって，無数の問いが立てられてどこにも何も答えが見つからない作品の前で，ただ思いをめぐらすという贅沢ができる場所は，美術館をおいてほかにないという。

かつては，ビジネスパーソンが活動の場を世界に広げるときに，ヨーロッパのビジネスエリートなどと渡り合うために，自国の文化に関する知識とともに，宗教絵画の図像学といった美術の知識を一生懸命吸収していた。たとえば，『受胎告知』において白いユリは聖母マリアの純潔を意味するなど，ヨーロッパなどのキリスト教圏での常識的な知識を獲得することはビジネスパーソンにとって重要事項であった。

しかし，情報技術が発展した現代では，インターネットで検索すればこれらの知識はすぐに得ることができる。むしろ，これからは作品をいかに独自の視点で観察し，重要な情報を引き出すのかという意味でのリテラシー開発が重要になってくる。そのためには，**自分で判断したり受けた印象を言語化したりすること**が必要となる。経営者のなかには，知らない知識を得ることよりも，これまで自分が知らなかった考え方に出会えることに感心を持ち，喜びながら観賞する人がいる。

また，こうしたものの感じ取り方はアスリートにとっても役立つことがあるという。アスリートは，普段コンディションの整え方や身体の動かし方などを分析的に考える一方で，集中力を高めて特定の活動に没頭する，いわゆる「ゾーン」に入る感覚を欲している。アスリートが作品をぼうっと眺めることによって，すぐに分析ができないけれども，上方から自分自身を俯瞰して動いたり，考える前にとっさに反応したりするといった，言語化するのが困難な感覚に到達することがあるという。

さらには，個々人が持つ着眼点の相違を共有することが重要であり，そうした視点を学ぶ場として，大原美術館では**対話型作品鑑賞**を取り入れた研修を実施している。研修参加者は，同じ企業で同じプロジェクトに取り組む人々が，同じ作品を鑑賞しても，観察するポイントや，それぞれの印象や判断がまったく異なることを実感するという。ある人は女の人の表情を見るが，ある人は絵の具のでこぼこに目を奪われる。作品が大きいと感じる人もいれば，作品の塗り方に意識が向く人もいる。同じ情報体でも複数人が見ると，それぞれがまったく違う情報にアクセスしていることがわかる。

これを企業活動に当てはめると，社内のひとつのプロジェクトで，時間軸に沿って作業を進めていったとしても，参加メンバー全員が異なるポイントに注目していることに気がつく。意思決定のためにヒエラルキー化された組織構造を一度取り払ってオープンにしたうえで，多様な視点を共有すれば，プロジェクト内で重視するポイントの絞り込みが効果的に進んでいくだろう。このように大原美術館では，**ビジネスパーソンが答えのない場所を歩きながら，わけのわからない世界や，簡単に理解できないものに出会うための方法を学んでいくためのメソッド**を開発している。

---

5. 地域のハブとしてのプレゼンスを高める好循環

以上が大原美術館へのインタビューを整理したものである。そこから得られた知見は次の5つである。第1に，**美術館には作品をアーカイブする機能がある**ということである。大原美術館は1930年に設立され，2020年に90周年を迎えた。所蔵作品は1922年に児島虎次郎が大原孫三郎に打診して購入したエル・グレコの『受胎告知』のように，すでに高額になっていたものもある（国立新美術館ほか編 2016）。

しかしながら，その多くは購入当時「現代美術」として購入されたものだという。国立新美術館ほか編（2016）によれば，児島のヨーロッパへの留学と洋画を購入するという要請にもとづき，クロード・モネやアンリ・マティスの作品は，まだ評価額が高騰していなかった100年前に本人から購入している。作家本人から直接購入していない場合でも，パブロ・ピカソの『頭蓋骨のある静物』（1942年）を1954年に購入し，ジャクソン・ポロックの『カット・アウト』（1948～1958年）を1966年に購入するなど（国立新美術館ほか編 2016），作品が世に出てから10年，20年程度の短いスパンで購入している。そのため，大原美術館は現在評価額ほどは作品収集コストをかけずにすんでいる。ただし，収集コストを下げたとしても，公益的な側面を持つ美術館で商業的な収益性を確保することはきわめて困難である。

むしろ，本章第4節で取り上げた教育的見地に立てば，美術館には時代の流れに伴って，そのときどきの「現代美術」をアーカイブする機能が重要になってくる。すでに大原美術館には同館で展示できるおよそ2倍の所蔵作品があり，すべてを同時に展示することはできない。また，当時，新しいものとして購入した芸術作品も時が経つと，必ず古典になる。これらの作品を整理するために，同館学芸員がカタログ・レゾネを作成したり，写真印刷によってアーカイブ化を進めたりしている。そうして所蔵作品を整理するとともに，キュレーターが時代に応じてテーマを設定し展示して，来館者に伝えていくことも，長期的視点で捉えたときの重要な要素となる。

第2に，アートプレイスがファンドレイジングをするときに，1社から数社程度にとどめるやり方だけではなく，100社近くの多数の企業から支援を受けるという，いわば**地域経済圏全体で支えてもらう方法**も成り立つことが示唆された。大原美術館の場合，当初，創立者の孫三郎の私的な援助によって支えられていた。孫三郎はクラボウの2代目社長を務めてクラレを設立するなど産業面で多大な貢献をした。一方で，中国銀行や中国電力，倉敷中央病院などを設立してインフラ事業にも尽力した。

大原美術館がめざした民藝運動の普及は，これらの地域への貢献のひとつであり，大原家がそれぞれの組織をまとめて，地域の住民との関係づくりを進めたと捉えることができる（**図8-1**）。孫三郎が死去したあとは，彼が設立した2つの企業が絵画の購入費用を立て替えた時期はあったものの，基本的には息子の總一郎，孫の謙一郎ら大原家が中心になって美術館を支えた。

大原一族による援助は金銭的なものだけでなかった。倉敷や岡山，さらには関西圏の名士として政財界とのつながりが強かったため，1カ所ないし少数の大企業から多額の資金援助を求めるのではなく，むしろ，比較的少額な支援を地域に根づくさまざまな企業から支援してもらうかたちを取っていった。倉敷市と岡山市は隣接するにもかかわらず，出自の違いから異なる経済圏を持っており，心理的な距離が生まれやすいという。

しかし，大原美術館があいだに入ることによって，両市には「和して同ぜず」という争わずなれ合わない適度な距離感を伴った連帯感が生まれて

図 8-1　大原美術館（創設時）のステークホルダー関係図
（鑑賞型オウンド・アートプレイス）

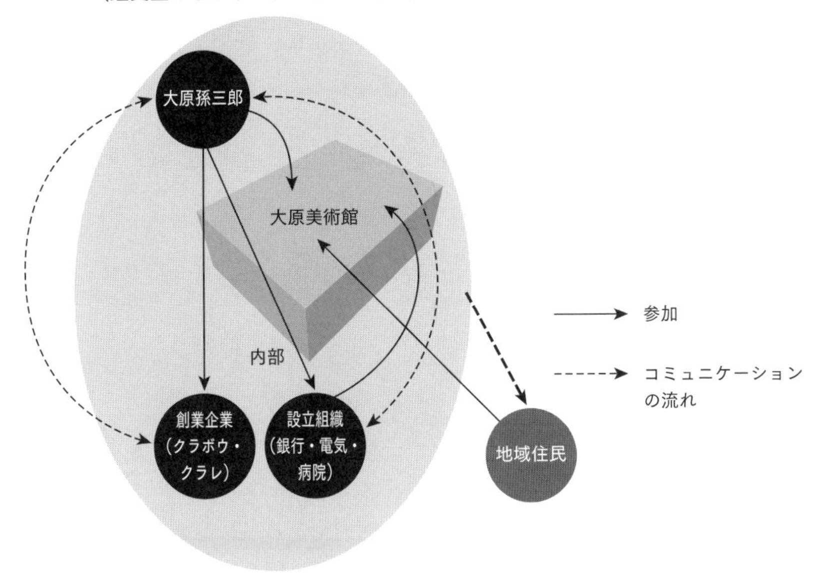

いる。企業のトップに「私が選ぶこの 1 点」を尋ねて，会報やポスターを制作して配布することは，支援企業同士の競争心を生むとともに，新たな支援企業を増やすインセンティブにもなりえる。このように，ファンドレイジングをしていく美術館が異なる経済圏のハブとして機能していることは，芸術組織のあり方として示唆に富んでいる。

第 3 に，アートプレイスがほかの公共・公益組織と連携することによって，**地元のファンにリーチできる**ことがあげられる。大原美術館は積極的に公共性の高い組織と連携してきた。たとえば，水島臨海鉄道のヘッドマークを大原美術館 90 周年のロゴマークにしたり，井原鉄道の窓に切手をモチーフにした大原美術館所蔵の作品を貼ることで，アート列車化したりしている。

こうした取り組みによって，大原美術館と提携組織は互いに地元住民との接点を強化することができる。ラッピングカーやトレインジャックなどの広告手法は，本来広告料が発生する。だが，大原美術館は公共性が高く，地域住民から誇りに思ってもらえているので，商業的な利益を求めて行ったものではない。また，鉄道会社にとっても，大原美術館に行くための乗客が増えることによって増収が見込めるため，広告料を発生させない定型企画として進められた。

水島臨海鉄道や井原鉄道との共同企画は新型コロナウイルスが流行しているなかで実施されたため，純粋な効果を測定することは難しい。だが，こうした取り組みはマスメディアに取り上げられるなど，パブリック・リレーションズの施策として一定の成果をあげられたといえるだろう。また，サッカーやバレーボールなどのプロスポーツ団体との関係構築を積極的に進めていることによって，それらに親しみを持つ地域住民との関係の構築や強化が期待できる。

第4に，**教育活動の可能性**である。大原美術館の想定する教育の対象は，アーティスト・イン・レジデンスによる芸術家にだけでなく，未就学児童，学生団体などの学校も含まれる。活動を続けることで，地域住民のシビックプライドの向上や，美術鑑賞によるスポンサー企業における組織能力の醸成が期待できる。とくにスポンサー企業は芸術組織への資金援助を予算から捻出しており，コーポレート・ガバナンスにおける説明責任の点から，経営陣のコミットメントが求められる。

そうなると，企業経営者において，支援する美術館から従業員に何かを学ばせようというマインドが生まれやすくなるだろう。クラレでは毎年30人程度の美術鑑賞に熱心な従業員がARKOでのアトリエ訪問などに参加していた。そうした企業での活動は通常，福利厚生やレクリエーションのために行われると考えられる。しかし，本章のケースから，美術館というアートプレイスが鑑賞者に良い刺激を与えることが経験的に示唆された。

実際，芸術作品を鑑賞することで，企業経営者が多様な問いを立て，答えに思いをめぐらせることに喜びを感じたり，アスリートがいわゆるゾーンに入る感覚を持ったりするなどの感想はよく聞かれるという。たしかに，美術がもたらすさまざまな効果について，学術的に十分な検証がされているとはいえない。だが，スポンサー企業にとって，積極的に従業員が美術館へ赴くことによって個々の従業員のマインドが活性され，独自の着眼点を形成する結果，組織の多様性が進む可能性について，戦略的に検討する余地はあるだろう。

第5に，**教育の場としてのアートプレイスがファンドレイジングの際の訴求ポイントになる**ことである。大原美術館では，美術鑑賞を教育に活用するためのプログラム開発が進んでいた。そうした，アートプレイスの教育的意義が明確になれば，出資候補の企業にファンドレイジングを依頼する際に強力な訴求ポイントとなるだろう。一般に，企業がスポンサーをする場合，スポンサー先の施設や媒体に名前が掲載されることで，施設や媒体利用者に対して認知度や好き嫌いや善し悪しといった態度などの心理的変容が期待される。

たしかに，芸術組織に関してはメインユーザーの規模が限定的である場合が多い。本章で取り上げた大原美術館ほどの高い知名度を誇る国内有数の美術館でも，コロナ禍以前の2019年度の来場者数は年間30万人である（大原美術館 2020）。この数は美術館としては非常に多いといえるが，日々数十万，数百万人単位が接触するテレビや新聞などのマスメディアへの広告と比べると，割合としてごくわずかである。

しかし，単純に人数で捉えるのではなく，美術館の持つ芸術性の高さや，鑑賞者への教育的な意義などを鑑みれば，支援企業にとって，企業ブランドイメージやレピュテーションなどのステークホルダーによる心理的な評

図 8-2　大原美術館（現在）のステークホルダー関係図
（交流型ペイド・アートプレイス）

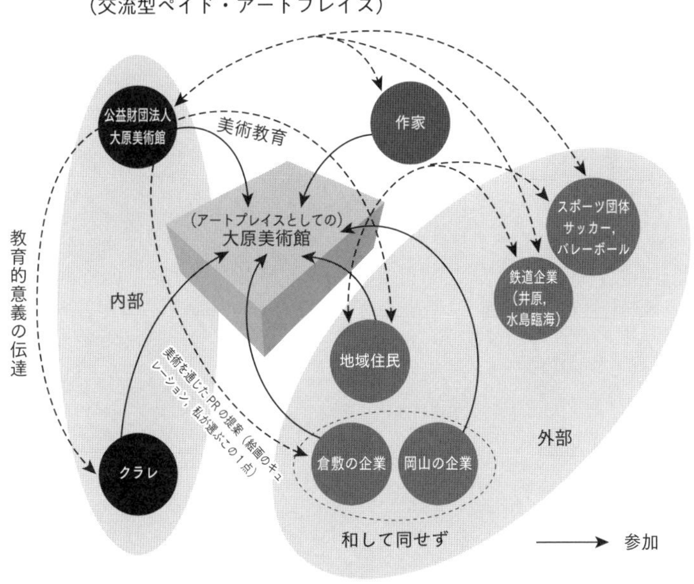

価を高めることが十分期待できる。そのため，教育的意義を訴求することでファンドレイジングをしていくことは，アートプレイス運営組織にとって有効な戦略であるといえるだろう。

以上が本事例から得られた5つの知見である。これらを踏まえて，近年の大原美術館のステークホルダーとの関係を示したものが**図8-2**である。大原美術館では，謙一郎やあかねなど大原一族が先頭に立ちつつも，クラレやクラボウといった大原家が創設した企業との関係を強く押し出すことなく，より広域的な提携を進めていた。そうして大原美術館は2つの異なる地域の企業のハブとなり，複数の鉄道企業やスポーツ団体などと提携し，地域住民との関係性を強化していった。

大原美術館は地域有数の実業家でかつ篤志家だった大原孫三郎による児島虎次郎という芸術家に対する個人的な支援から誕生した。だが，その後，所有する美術品を丹念に整理し，芸術家を育て，鑑賞者に対する美術館の教育的活用を開発するとともに，企業や公共組織との連携を積極的に進めるなどして独自に発展していった。そうしたさまざまな創意工夫によって，大原美術館は美術を通じたステークホルダーの結節点，地域の宝として異彩を放ち続けている。

参考文献

大原謙一郎（2019）「美術館の来し方行く末」山木朝彦・せとうち美術館ネットワーク事務局編『今，ミュージアムにできること――せとうち美術館ネットワークの挑戦』学術研究出版

大原美術館（2020）「事業報告書　令和1年度（第9回）」（https://www.ohara.or.jp/pdf/R01jigyo.pdf）2022年10月25日最終アクセス

大原美術館「オフィシャルパートナーのご案内」（https://www.ohara.or.jp/official/）2022年10月25日最終アクセス

国立新美術館・大原美術館・NHKプロモーション編（2016）『はじまり，美の饗宴――すばらしき大原美術館コレクション』学研プラス

第9章

つながりをつくる社会包摂型の芸術劇場経営

可児市文化創造センター ala（アーラ）

1. 「芸術の殿堂ではなく，人間の家」である

「可児市文化創造センター ala（アーラ）」は，岐阜県南部にある公共の文化施設である。コロナ禍以前の年間イベント回数は 536 回（2018 年度）であり，年間来場者数も 30 万人以上を誇る，地方都市の公共施設である。「芸術の殿堂ではなく，人間の家」であると，誰ひとり取り残さない**社会包摂**の理念にもとづく経営を進めてきた，全国でも稀有な劇場である。社会包摂とは，つながりの貧困におちいっている社会的弱者に対して社会参加の機会をつくっていこうとすることをさす。誰ひとり取り残さないという SDGs の考え方も社会包摂の考え方である。アーラは 2010 年度の地域創造大賞を受賞し，当時の館長の衛紀生が 2016 年に芸術選奨・文部科学大臣賞（芸術振興部門）を受賞，翌年の 2017 年には設置主体の可児市が文化庁長官表彰（文化芸術創造都市部門）を受賞した。

本書は**企業とアートの関係**について注目しているため，アーラの取り組みのなかから，企業が関わる地域の子どもたちの舞台芸術鑑賞機会を応援するプログラム「**私のあしながおじさんプロジェクト**」を主に取り上げる。これを理解するために，この背景となるアーラのめざす社会包摂機能を持つさまざまなプログラムについても，説明しておきたい。企業にとっては協賛するかたちになるため，ペイド・アートプレイスである。つながりの貧困という社会課題を人と人とのつきあいを通して解決している点からも，**交流型ペイド・アートプレイス**と位置づけたい。

アーラは，多様なステークホルダーが参加する余地のあるアートプレイスを，さまざまなかたちで実現している。そういった点で，**芸術文化組織にとって，どのようなアートプレイスをつくればよいのか**という点でのヒントを与えてくれるだろう。本章ではインタビューをもとに，その意義を明らかにしたい。★1

★1　本章のインタビューは次の日程で，以下の方々に取材をした。2021 年 9 月 4 日：可児市文化創造センター ala 館長・篭橋義朗，同・顧客コミュニケーション室室長・栗田康弘，同・顧客コミュニケーション室・渋谷江厘（所属と役職は当時のもの）。本文中の写真も提供いただいた。

2. アーラがめざすもの

アーラの概要

可児市は岐阜県南部の愛知県との県境に位置する人口約 10 万人の地方都市である。名古屋市や岐阜市のベッドタウンであり，また，県下最大級の工業団地を有する。そのため外国人居住者比率は 7.9%（2020 年 1 月）と高く，そのため多文化共生という課題にも直面している。全国に先駆けていじめ防止の「子どものいじめ防止」に特化した条例を制定している。

アーラは，2002 年に 100 億円以上を投入してオープンした公共の文化施設である。公益財団法人可児市文化芸術振興財団が特命指定にもとづく指定管理者として運営を行っている。1019 席の主劇場，311 席の小劇場，100 席の映像シアターをはじめ，ワークショップルーム，研修室，会議室，美術ロフト，演劇ロフト，音楽ロフト，ギャラリー，演劇練習室，音楽練

可児市文化創造センター ala

習室，木工作業室がある。ロビーには図書が置かれ，練習室では市民がさまざまな活動をしており，アーラは市民の居場所となっている。

アーラがオープンした5年後の2007年，衛紀生が館長として就任した。衛は演劇評論家であったが，東京一極集中の演劇界への疑問を持っており，地域の公立劇場が社会課題に対して何かできるのではないかということを考えていた。一部の愛好家のためだけでなく，すべての人にとっての心の拠りどころとなるような地域劇場をつくろうというのである。可児市の職員としてこの文化施設の立ち上げに関わっていた篭橋義朗は，彼の著作を読み招聘に動いた。そして，アーラは社会包摂を担う組織としてさまざまな展開を果たしていくことになる。

衛は2021年3月に館長を退任し現在ではシニアアドバイザーとなっており，篭橋が可児市教育長を経たあとに館長に就任した。以下がアーラのミッションである。

> 可児市文化創造センター ala（アーラ）は，「芸術の殿堂」ではなく，人々の思い出が詰まった「人間の家」として，「つながりを醸成する〈社会包摂型劇場経営〉」を推進しています。
>
> 文化芸術を愛好する人たちだけでなく，あらゆる層の市民が生きがいを持ち，安心して集うことができるもうひとつのわが家のような存在として，文化芸術で生きる活力とコミュニティを創出し，〈誰ひとり孤立させない社会〉をめざします。

具体的には3つの矢という方向性を掲げている。第1の矢は,「感動と希望を生み出す水準の高い舞台芸術創造発信」であり,日本を代表する舞台芸術を届けるために「文学座」と「新日本フィルハーモニー交響楽団」と地域拠点契約を結び,定期公演をするだけでなく多くのコミュニティプログラムを実施している。第2の矢は「人と人とを繋げていく市民総活躍社会の実現」であり,市民による参加型の大型公演や,コミュニティづくりのワークショップ,実演芸術家とコミュニティアーツワーカーの育成などを行っている。第3の矢は,「生き辛さを解消する文化芸術によるセーフティーネット」であり,外国人,ひとり親家庭,高齢者,障害者など,孤立しがちな層へのアプローチを掲げ,つながりの貧困を防ぐことをめざしている。[★2] **決して一部の層のための芸術ではなく,住民みんなのための芸術であり,最も縁遠い人にこそ届けねばならない**と考えている。

ala まち元気プロジェクト

「まち元気プロジェクト」は,衛が館長に就任した2008年からはじまったプロジェクトである。[★3]「生きづらさ」や「生きにくさ」を感じている人々を,**文化芸術の力を活用して精神的にも社会的にも孤立させない**という取り組みである。文化芸術には,複数の人間が関わり合って新しい価値＝仲間・コミュニティをつくる力がある。それを使って,地域でつながりの貧困におちいっている人々に,つながりを持ってもらい,まちを元気にしようというプロジェクトである。

一例として,2017年の取り組みの具体例を見てみよう。市民参加ミュージカルでは,83人の参加者による「君といた夏——スタンド・バイ・ミー可児」のミュージカルを2回上演している。「みんなのディスコ」は,障害,国籍,年代,性別などすべての垣根を越えてダンスを楽しむプログラムで,延べ35人が参加し,268人を集客した。多文化共生プロジェクト「おはなし工作ものがたり5」は,国籍,年齢,障害に関係なく,工作と演劇で表現するプログラムであり,延べ212人が参加している。エイブル・アート展では,障害のある人の作品を展示し,勉強会も開催しながら723人を集客している。アーラ・イルミネーションは,冬の57日間,毎日イルミネーションの点灯式を行うのだが,毎日違う人がボタンを押すのである。家族の大事な思い出になる瞬間を,ひと手間はかかるがスタッフが一緒につくっている。文学座の俳優の演劇ワークショップ，新日本フィルメンバーによるアウトリーチなど，さまざまな取り組みが人々をつなげている。

これらの多様なプログラムの2017年の年間実施回数は401回，参加者数は延べ9509人，集客数は7944人である。顔の見える小規模な取り組みを，毎年継続的に積み重ね，さまざまな人々のつながりをつくっていっていることがわかる。「alaまち元気プロジェクトレポート2017」に掲載されている連携・協力先を見てみるとその広がりがわかる。住民やアーティストはもちろんだが，市民サポーター，市民ワークショップ活動団体Fun Fan ala，RFJ制作委員会，地元企業，市教育委員会，市内小中学校，特別支援学校，かにっこ英語サポーター，NPO法人alaクルーズ，（一財）たんぽぽの家，NPO法人エイブル・アート・ジャパン，（公財）岐阜県教育文化財団，多文化共生センター・フレビア，障害者支援施設，子ども食堂，児童館，アーラ映画祭実行委員会，といった団体があげられている。このようなさまざまな団体との連携により，数多くのプログラムが成り立っていることがわかる。

芸術の社会包摂機能とSROI（社会的投資収益率）

アーラを語るうえで欠かせないエピソード[★4]がある。それは，岐阜県立東濃高校での演劇ワークショップの話である。東濃高校では，定員割れにより生徒たちの学力差が生まれ，また，外国籍の生徒たちの言語の壁によりコミュニケーションが困難な生徒もいた。そのため，中退者が多く，120人の入学者のうち卒業するのは60%を切るという状況であった。

この問題に関してアーラに視察の要請があり，生徒の無気力感やあいさつもできないような状況を目の当たりにした。荒れているというよりも，コミュニケーションがとれないことによる自己肯定感の欠如や，先が見えず生徒が不安を抱えやすいことが問題であった。そこで，アーラが学校と文学座をつなぎ，演劇表現ワークショップを実施した。1年間に，1回110分のワークショップを計3回，クラス単位で実施した。ていねいな運営や振り返りを経て，コミュニケーション能力の洗練を促すと，生徒たちはお互いに達成感や挫折感を共有し，新しい人間関係を構築できたのである。さらに，中期的には生徒たちの自己肯定感が向上し，彼らにとって安心できる居場所ができた。また，長期的には中退者が減少し，年間 40 人だった中退者が 9 人にまで減ったという。

ここから，**SROI（社会的投資収益率）**を計算すると 2016 年は 9.86，2017 年は 16.7 となる。SROI とは，インプットに対してそのインパクトがどれくらいなのかという指標である。つまり，投入した費用に対して 9.86 倍，あるいは 16.7 倍の社会的なリターンが得られているということになる。リターンは，中退者が減少することによる生涯賃金の差異など，長期的な数値を考慮し算出したものである。

ここで指摘したいのは，アーラの活動が**単なる文化振興にとどまらず社会への影響力を強く意図している**点である。それは，社会包摂機能を実践し続けていることと，SROI による説明責任を果たしているという 2 つの点からよくわかる。

社会包摂とは，社会的孤立や社会的排除と対比して使われる言葉で，「違いのある人たちを，違いを尊重したまま受け入れる社会を目指そうという考え方」であり，その対象は「障害のある人々だけでなく，貧困を抱える人，移民・外国人，高齢者，LGBT，病気を抱える人，災害の被災者など，様々なマイノリティ」が含まれる（中村 2021）。

SROI 概念は，文化政策がいかに社会全体に広がるかを指標化したものであり，それゆえ自治体や住民へ本事業を説明する際の根拠としても，非常に説得力がある。ただし，その算出には専門的な知識が必要となり，すべての事業が高い SROI を提示できるとはかぎらない，など課題は多そうである。しかし，このように社会へのインパクトをていねいに説明しようとすることは，文化施設が役割を自ら再確認するという意味でも，重要である。

★2　可児市文化創造センターのウェブサイトより。
★3　「ala まち元気プロジェクトレポート 2017」より。
★4　このエピソードは小暮（2017）と川北（2020）を参考にした。

3. 多くの企業が協賛する「私のあしながおじさんプロジェクト」

子どもたちの鑑賞機会をつくりだすしくみ

「私のあしながおじさんプロジェクト」は，2007年のトライアルを経て，2011年度から正式にスタートした。アーラが主催・共催する公演チケットを，地元の企業や団体が，中高生にプレゼントするというものである。2011年は，5企業が参加し，32万5000円が寄付され，延べ150人の生徒にチケットが贈られた。

2015年度には，「私のあしながおじさんプロジェクト For Family」がはじまり，こちらは児童扶養手当や児童生徒就学援助制度を受けている家庭を対象として，公演に招待するプロジェクトである。

年々，参加企業数や対象公演数，鑑賞者人数も増えていき，ピークの

「私のあしながおじさんプロジェクト」募集チラシ

2018年度には27の企業（団体や個人も含む）が121万円を寄付し，対象公演も13公演となり，鑑賞者人数は延べ254人（そのうちファミリーは160人）となった。

中高生は学校で「公演を鑑賞する中高生募集！」と書かれた公演チラシを受け取る。そこには，文学座の演劇，新日本フィルのコンサート，落語家による寄席，地元のドラマー森山威男のジャズナイトなどの公演が載っている。年間，ひとり3公演まで申し込むことができる。当日，彼らが会場にやって来ると，「あしなが」のロゴの貼られた専用のファイルが渡される。ファイルにはメッセージを書くための便箋とペンが挟み込まれている。子どもたちは，単に鑑賞するだけでなく，ある意味では**モニターでもあるのだという役割意識**を持ちながら，ちょっと誇らしげにファイルを抱えて会場に入っていくのだという。このファイルが実は重要で，スタッフが「あしなが」で来ている子どもたちを認識することができ，サポートできるという。はじめてクラシックのコンサートに来たかもしれない慣れない子どもたちは，鑑賞ルールがわからない場合があるかもしれない。そこで，大人たちが暖かい目で見守ることができるようケアするのである。また，「あしなが」で来ている子どもたち同士も，お互いに認識することができ，仲間意識を持つ。鑑賞したあとには子どもたちは，あしながおじさん（協賛社）に**手紙を書き感想や感謝を伝える**。この手紙はすべて，スタッフによって企業の数だけコピーされ，企業に送られる。形骸化させないためにも，このひと手間は重要である。「子どもたちの，ありがとうの気持ちが伝わるのであれば，手間とは感じない」（顧客コミュニケーション室・渋谷）という。また，子どもたちとつないでくれている学校教育課と福祉支援課にも送られる。企業のなかには，それを内部で回覧しているところもあり，**子どもたちの生のメッセージを通じて，自分の会社はこんな良いことをやっているのだと愛社精神が高められる**のだという。

このファイルに挟み込まれた用紙には，協賛企業名が印刷してある。それを見た子どもが「今は『あしながおじさん』にお世話になっているけど，大きくなったら『あしながおじさん』みたいな会社で働きたい」と書いてくれたこともある。お世辞かもしれないが，「あしながおじさん」が読んだら，純粋に嬉しいことだろう。まさに恩送りのように，地域に育てられた子どもたちが，自分が大きくなったら還元する側に回るという考えを持

「あしなが」のロゴの貼られた専用のファイルと職員（栗田康弘）

ってくれているのだ。

協賛企業は１口３万円（大規模改修工事の閉館期間は１万円）の寄付をすることで，子どもたちに鑑賞機会を提供することができる。地元の板金会社，信用金庫，印刷会社，農業関係，電機設備企業や舞台関連企業など，決して大きな企業ではないところも，寄付をしてくれている。なかには個人のポケットマネーで寄付をくれる人もいるという。アーラのミッションを理解してくれたうえでの参加であり，地域に，次世代教育に貢献したいというヴィジョンを共有できているようだ。アーラでは，秋に産業フェアが開催されており，そこに地域の企業がブースを出す。そこでアーラのスタッフが協賛のお願いに回っているという。新しい協賛企業を，現在の「あしなが」企業に紹介してもらうこともある。

チケット贈呈式

このプロジェクトの要は，年に１回行われる**チケット贈呈式**である。協

チケット贈呈式

賛社の方に会場に来てもらい，コンサートがはじまる前に，子どもたちにその日の公演チケットを手渡ししてもらう。子どもたちはチケットを受け取り，ファイルを抱え会場に入っていく。「協賛社の方にはやや離れた席，それとなく子どもたちが見える席に座ってもらえるよう」（渋谷）に考えているのだという。会場でアテンドしているフロントスタッフと協賛社の方，そしてそのしくみを知っている会場のお客様が一緒になって温かく見守りながら，**同じ時間を共有**するのである。

「あしなが」のプロジェクトで大事なのは，**地元の企業と子どもたちを結ぶ**というところにある。単に郷土愛ということではなくて，地元の企業に対する好印象を与え，地元へ戻って就職する人たちを増やすなど，さまざまなかたちでそこに関係性を育もうとしているという。単に公演を見せることが目的というわけではないのである。

また，「For Family」の案内は，援助を受けている家庭に市の管轄部署から郵送される書類とともに封入され，こちらは家族とともに申し込むことができる。ある家族は福祉事務所の職員に，家庭の悩みを相談に行ったところ「あしなが」を薦められて応募したこともあったそうだ。ひとり親の家庭も多く，親が仕事で忙しいため，家族揃ってのアーラでの体験は，思い出に残る体験である。こんなに家族同士で話をしたのは久しぶりだという声もあり，何年も続けて来てくれる家族もあるという。「For Family」の子どもたちも，ファイルを渡される。支援を受けている子どもたちも，そうでない子どもたちも同じようにいるために，区別することなく対応ができる。

子どもたちからは次のような声が寄せられている。「生まれて初めてのコンサートを経験しました。楽器１つで作曲家の込めた思い，情景などが代わり，あるときはスラム街，あるときは古い町並みのようなものを感じ取りました。作曲者，演奏者の思いを感じました（高1）」「こんなにもたくさんの人が演奏しているのに音が１つになっていて何度も鳥肌が立ちました（中1）」「そもそもジャズという音楽を知らなく，そんな中で今日見て，ジャズのかっこ良さ，すばらしさを知ることができました。これを機にもっといろんな音楽を知りたいと思いました（中2）」「一人で座布団に座ってしゃべっているのに，話の場面や風景が目に浮かびとても楽しく，あっという間に時間が過ぎました（高2）」など，このイベントが，彼らのかけがえのない体験となっていることがわかる。

この取り組みには，**適正な規模**があるという。20ぐらいの企業と子どもたちとのあいだのやりとりなら可視化しやすく，これくらいの規模だとお互いに意識し合える。大きくなれば大きくなるほど，事業の数，子どもたちの数も多くなる。そうなると，ていねいな対応ができないかもしれない。「チケットをプレゼントしてもらえることになった」とドキドキしながら来る子どもたちに，一つひとつチケットを手渡しする。その瞬間のその会話が，実はたいへん温かみを感じさせるのである。おそらく，多くの過程を事務的に進めると，ただ招待券を配っているような感覚になってしまうだろう。つまり，バランスが大事で，**客席のなかでその子たちが，自分たちも特別な存在なのだと思えることが大事**なのである。

4. 一人ひとりとのつながりを育む

アーラでは，お客様と結びついていくなかで，個々のお客様の姿が見えてくるように，プロジェクトや制度，システムをつくり上げている。たとえば，前述のイルミネーションの点灯式では毎日，スタッフが個々のお客様と顔をつきあわせることになる。会員がバースデー月にコンサートに来ると，その席にはバラの花が一輪，職員の手づくりカードとともに置かれている。**スタッフとお客様，お客様同士が，顔が見える状態でつながっている**のである。ここで，ふたつのエピソードを紹介しておこう。

パッケージチケットの発売日

アーラはいくつものユニークなチケット価格政策をとっているが，そのなかに，年間のいくつかの公演をパッケージにして買うパッケージチケットというものがある。継続することで，価格が安くなっていくため，リピート率が高くなっている。そのなかでも，お客様と職員のあいだの**会話が促進され，関係性が生まれるような工夫**が見られる。毎年4月に，その年のチケットの発売をはじめるのだが，パッケージチケットごとに発売日が設定されており，発売日の朝，顧客がエントランスの前に並ぶのだという。インターネットで予約できるため並ばなくても買えるのだが，わざわざ並んで買う。早い人だと開館の2，3時間前から待っている。そうなると，通常なら早く開けてほしいという要望になるのだが，あえて開けることはしない。その代わり，そこにコーヒーのカウンターを出し，20〜30分前ぐらいにコーヒーを注ぎ，買いに来た顧客とスタッフとがともにコーヒーを飲みながら話をするのだ。

こういったコミュニケーションを毎年やっていると，コーヒーを一緒に飲むために朝早く来る人たちが，だんだん増えてくるのだという。いい話も，困ったことも，いろいろな話が出てくるのだが，そこには，みんなで付き合っているという関係がある[★5]。

休館中の「お元気ですかはがき」

2020年3月から10カ月あまり，アーラは大規模改修工事のために長期休館を予定していた。そこに，新型コロナウイルスの流行がやってきた。ちょうどそのとき，日英共同制作公演『野兎たち』の英国公演中であったが，リーズ・プレイハウス公演の3ステージが終わったところで街が封鎖され，その時点で公演中止となった。

その状況で，5月にアーラはスタッフ総出で「お元気ですかはがき」を出した。今，休館しているが再び開館したらみなさんに来てほしい，今はみんなで我慢しようと，スタッフが手書きのメッセージを添えて約2000通を送った。そのはがきに，多くの方からすぐ返事が返ってきた。わけの

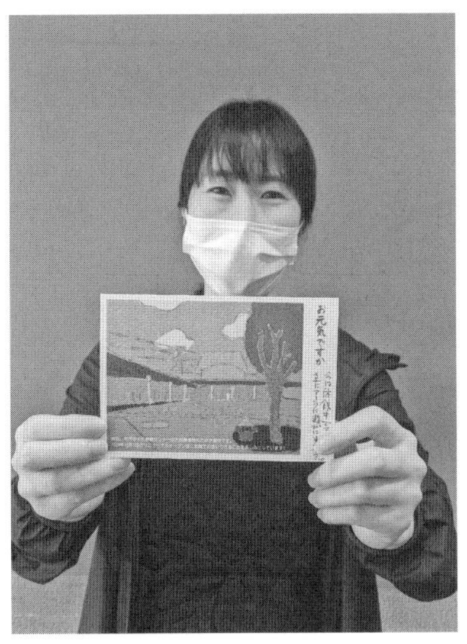

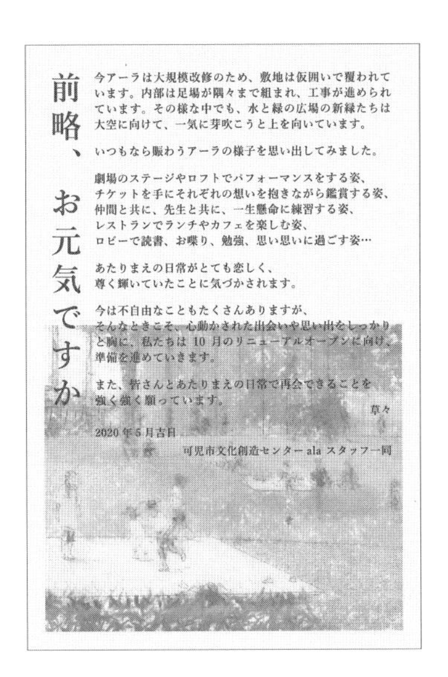

前略、お元気ですか

今アーラは大規模改修のため、敷地は仮囲いで覆われています。内部は足場が隅々まで組まれ、工事が進められています。その様な中でも、水と緑の広場の新緑たちは大空に向けて、一気に芽吹こうと上を向いています。

いつもなら賑わうアーラの様子を思い出してみました。

劇場のステージやロフトでパフォーマンスをする姿、
チケットを手にそれぞれの想いを抱きながら鑑賞する姿、
仲間と共に、先生と共に、一生懸命に練習する姿、
レストランでランチやカフェを楽しむ姿、
ロビーで読書、お喋り、勉強、思い思いに過ごす姿…

あたりまえの日常がとても恋しく、
尊く輝いていたことに気づかされます。

今は不自由なこともたくさんありますが、
そんなときこそ、心動かされた出会いや思い出をしっかりと胸に、私たちは 10 月のリニューアルオープンに向け、準備を進めていきます。

また、皆さんとあたりまえの日常で再会できることを強く強く願っています。

草々

2020 年 5 月吉日

可児市文化創造センター ala スタッフ一同

「お元気ですかはがき」を持つ職員（高野美保）

わからないコロナ禍の状況と恐怖感があり，なおかつさまざまな活動が止まっていたため，人々からのお返事には，本当に早くアーラに戻っていきたいと思っているというメッセージが記されていた。

はがきを送った先は，アーラに関係の深い人々である。チケットを購入してくれている会員，「私のあしながおじさんプロジェクト」に寄付してくれている協賛企業，市民参加プログラムに出演者あるいは参加者として関わっている方たち，貸館の利用者，作品づくりに関わっている関係団体などである。

「一番おそれていたのは，いつもアーラに来てくださっていた人たちとのつながりや信頼関係が薄まって，これまで培ってきたものが切れてしまうのではないかということ。一緒に乗り越えましょうというメッセージを発信することで“誰ひとり孤立させない”というアーラの社会包摂の精神をより強く共有することが今必要なのではと考えました」（栗田）。

職員がみんなではがきの文面をデザインし，3〜4 案を印刷した。担当職員が，そのなかから対象に合わせてそのはがきを選び，一筆添えて送る。顔の見える相手に，言葉を添えたメッセージが送られたわけである。これは，1 対 1 の関係性でお互いに双方向でコミュニケーションがとれているという状況を大事に考えているからである。どうしても，チケットの販売

をして劇場を経営的に成立させようと思うと，一人ひとりの事情を削ぎ落としていってしまうことになる。しかし，アーラの場合は基本的には一人ひとりの顧客の事情や考え方に寄り添っていこうとする。わがままを聞くという意味ではなく，それぞれの人たちに必要なものが何かを考えていくのである。

とくにこの「お元気ですかはがき」を出そうと決断するプロセスは，コロナ禍がはじまったときのアーラの初動としては，ほかの劇場と比べて非常に特色のある取り組みであった。**アーラが居場所といわれる理由は，顔の見える関係をスタッフと関係者が築いているところにある**のである。さらに，来館者同士のつながりも生まれているという。

「まち元気そうだん室」の創設

アーラでは2021年3月に，文化庁の「文化芸術収益力強化事業」の委託を受け，「エッセンシャルワーカーとしての文化芸術『社会的処方箋活動の実践』」というプロジェクトを実施した。これは，今後のアーラを考えるうえでのパイロット事業であった。孤立という病を解消するための文化芸術，居場所としてのケアなど，社会包摂活動を社会に還元していく事例を取り上げた講座が開かれた。これはアーラが次の段階にいくための布石である。

アーラはこれまで，さまざまな社会課題を解決するためのワークショップやプログラムを実施してきているが，高齢者向け，小中学生向け，不登校生向けなど，個別のプログラムだった。これらをつなぎ直し，さまざまな世代の交流がインタラクティブに起こっていくような事業を計画している。たとえば，不登校や外国籍の子どもたちがアーラのワークショップで職業体験的に運営を手伝うことや，逆にそうした取り組みを通じて子どもたちと触れ合うことが障害をもつ人や高齢者にとっての社会的な処方箋となる可能性がある。

これまでアーラは劇場のなかで，劇場の運営としてこれらのワークショップやプログラムを実施してきた。この方法を関係各所に伝えていき，活かしてもらえないかと考えはじめたのである。たとえば，社会福祉協議会，多文化共生センター，教育委員会，教育研究者など，**市のさまざまな部局の人たちが活用を相談できるプラットフォーム**をつくろうとしている。それが，「**まち元気そうだん室**」である。**アーラの持つアートプログラムや空間，これまで培ってきた人のつながりのなかにその社会的な困りごとの処方箋がある**と考え，それを提供する。そういった，社会において人々がつながっていくための基盤になろうとしている。

たとえば，アーラの高齢者向けのワークショップを，市内の高齢者サロンにアウトリーチする。今までのワークショップの参加者や子どもたちが，そこで出会う新しい高齢者のピアサポーターになっていく。つまりその人たちにワークショップの楽しみ方を伝え，なおかつ，人間関係が生まれていく。もしくは，その高齢者福祉施設で働く人たちとのあいだに関係ができるかもしれない。さらに，その人たちが，そこでなんらかのコミュニティプログラムを企画してくれる。このようにアーラのプログラムのノウハウや人的資産を，少しずつ外部に波及させていくことができないだろうかと考えている。そして，それを，いろんなセクターとつくり上げることができるようになることが次の段階である。

たとえば，**地元の企業に協賛してもらう場合も，「まち元気プロジェクト」という大きな社会包摂プログラムのしくみ全体を資金的に支えてもらう**というかたちに発展していけるのではないか。そうすると，「私のあしながおじさんプロジェクト」も鑑賞のためのチケットプレゼントのみならず，さらに大きなビジョンで企業から見てもらえるかもしれない。協賛企業の方々，アーラに関わる人々と，街全体を良くするためのプロジェクトに自分たちも参加しているという思いを共有できるだろう。

★5　コロナ禍のため，2021 年のコーヒーサービスは休止された。

5. 企業と人々が参加できる交流の場を，気配りで実現

これらの取り組み事例には，いくつものヒントがあるが，そのなかから 5 つの重要な点を再度，整理しておこう。

ひとつめは，**アート組織による場の構築が，小さな企業がいくつも参加する取り組みを可能にしている**ことである。一般的に企業が芸術支援をしようとすると，比較的大きな資金が必要となりそうである。ところが，こ

図 9-1 「あしながおじさんプロジェクト」のステークホルダー関係図
（交流型ペイド・アートプレイス）

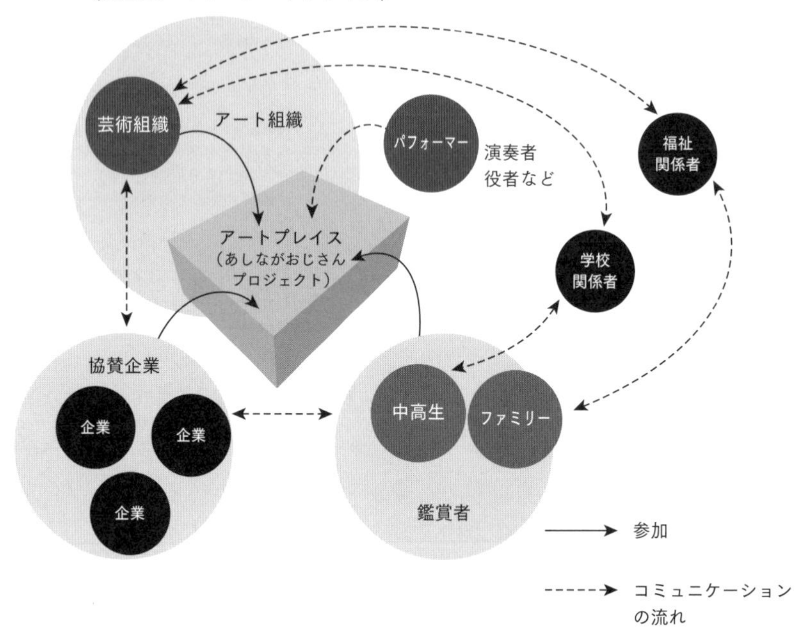

の場合は 3 万円から参加できる芸術支援であり，協賛企業にとって非常にハードルは低い。しかし，いくつもの企業が協力すれば，社会的な影響力は高くなる。そのプラットフォームとして芸術文化組織が機能しているという好例であろう。まさに，**交流型ペイド・アートプレイス**といえる（図 9-1）。

アーラは，本プロジェクト以外にも交流型のプログラムを数多く運営している稀有な存在である。ベースは自治体による運営であるため，商業ベースの活動ではないものの，企業というステークホルダーをうまくその運営に取り込み活動費を捻出しようとしている。企業のメンバーにとってもこの関わり合いは，この場が自分事になっていくきっかけになっているようである。

2 つめは，**顔が見える関係づくりをていねいに行っている**点である。そのために規模をあえて大きくせず，担当者が把握できる範囲の規模感で行っている。規模を大きくしてしまうと，事務的になり，単にチケットを配布するというだけに終わってしまう。そうなると，人々がつながっていかない。子どもたちにファイルを渡して会場で細かくケアする，子どもたちの手紙をコピーし企業に届ける，贈呈式を行う，といった**細かい気配りが，子どもたちと企業とをつなげさりげない交流を生んでいる**。また，中高生をつなげる学校教育課，支援される家庭への窓口としての福祉支援課など，関係各所との連携においても，思いは共有されている。この取り組みは，ほかの自治体でも導入されてきているが，細かな関係づくりまで波及しているかについては疑問が残るところである。

顔が見える関係づくりという点では，このプロジェクト以外のアーラの取り組みのあらゆる場面で，その工夫が見られる。通常の文化施設で，スタッフ一人ひとりが，顔の見える関係を構築しようとするところはあまり見られない。

3つめは，**協賛企業の社員が愛社精神を持つきっかけ**となっていることである。また，子どもたちの反応を見ていると，協賛企業に対してのリスペクトが見られる。地域の子どもたちから**尊敬される存在となっている**のがわかる。協賛企業にとっての社内外のステークホルダーに対して，じわりとコミュニケーション効果がある。その範囲が広いとはいえないが，企業がこの小さな取り組みを長期間続けていくことで，少しずつその到達する範囲は大きくなり，社会貢献をやっているという企業イメージは定着していくだろう。

4つめは，この**地域全体のなかでどのようにこのプロジェクトを機能させたいかという大きな地図が見えている**ことである。企業が地域のなかで，どのように社会包摂機能を支えられるかという問題として捉えている点である。支援が必要であることがわかっていても，どのように手を差し伸べればよいかわからない。しかし，このような芸術と社会をつなげる組織がプロフェッショナルとしてその意義を見せてくれれば，参加がしやすい。このような大きな視座で，その**意義を提示できる**ことも非常に重要だろう。ていねいな関係づくりにより，**それが実感できる**という点も強みである。

5つめは，**このプロジェクトのしくみは，ほかのアート組織に応用可能**であることである。アーラは全国的に見ても特殊な場である。そのため「アーラは特別だから」成功しているのだと考えがちである。しかし，その心を理解しててていねいな関係づくりに取り組むのであれば，応用できる可能性は高い。複数の企業を束ねて資金提供や人的資源を提供してもらい，関わってもらうことで，その文化的プログラムは地域の人々の関心事になり，さまざまな可能性を広げることができるだろう。

参考文献

川北眞紀子（2020）「可児市文化創造センター ala（アーラ）」余田拓郎・田嶋規雄・川北眞紀子『アクティブ・ラーニングのためのマーケティング・ショートケース――ビジネススクール流思考力トレーニング』中央経済社

小暮拓矢（2017）「岐阜県立東濃高等学校と文学座演劇表現ワークショップ」文化庁委託事業平成 28 年度戦略的芸術文化創造推進事業ステップアップ・プロジェクト『芸術団体における社会包摂活動の調査研究報告書』公益社団法人日本劇団協議会

中村美亜（2021）「社会包摂につながる芸術活動」文化庁×九州大学共同研究チーム編『文化事業の評価ハンドブック――新たな価値を社会にひらく』水曜社

第10章

クリエイターとの協働によって企業のマインドセットを刷新する

交流型
ペイド・
アートプレイス

ロフトワーク

1. 製品開発者とクリエイターが集う場所

株式会社ロフトワークは，デジタルとリアルでの多様なプラットフォームを提供することで，企業とクリエイターやアーティストが出会い，共創することをファシリテートするクリエイティブ・カンパニーである。同社は2000年に渋谷で創業され，2021年2月時点で，京都と台北にもオフィスを構え，従業員が132名いる（ロフトワーク 2021）。主な事業としては，ウェブサイトなどのデジタルデザイン，空間のデザイン，コミュニティデザイン，サービスデザインといった幅広いデザインとともに，デザインリサーチやデザイン経営の導入支援などがあげられる。

ロフトワークでは，こうした事業を行う際に**自社で所有する複数のプラットフォーム**を活用している。いくつかあげておくと，グローバルに展開するクリエイターが集うカフェであるFabCafe，イノベーションのために素材メーカーとクリエイターが協働することを支援するMTRL（マテリアル），クリエイターが持つクリエイティビティやアイデアを世界中のプロジェクトにつなげるプラットフォームであるAWRD（アワード）などがある（ロフトワークウェブサイト）。

本章では，これまでの章で主に見てきた，**アートを媒介として人々のコミュニケーションが促進していくというアートプレイスの概念をさらに拡張する。**すなわち，アートデザイナーやアーティストなどのクリエイターと，アートを欲している企業の製品開発者などが集い，対話することによってイノベーションが生まれる場を，アートプレイスの新しいあり方の一端として捉えることを試みる。関係者へのインタビューをもとに，ロフトワークの成り立ちや業務内容，企業の取り組み事例としてライオン「イノベーションラボ」を整理することによって，ネットとリアルを融合させた交流型ペイド・アートプレイスの構造を探っていく[★1]。

★1　本章のインタビューは2021年9月13日に以下の方々に取材した。株式会社ロフトワークシニアプロデューサー・柳川雄飛，同社・プロデューサー・中圓尾岳大（所属と役職はインタビュー当時のもの）。本文中の写真は広報担当者より提供いただいた。

2．デジタルとアートが融合するプラットフォームの運営

事業概要

ロフトワークでは，**クライアント企業の製品やサービスの開発関係者と共同でプロジェクトを立ち上げて，そのなかにアーティストや研究者を招聘することによって，その企業にクリエイティブなマインドセットをもたらすことをベネフィットとするサービス**を提供してきた。ビジネスパーソンとは異なる視点を取り入れて既存概念を捉え直すとともに，未来を起点として物事や技術を見つめることで新しいアイデアを着想し，クライアント組織が新しい気づきを得る機会を提供している。

ロフトワークが重視するのは，組織の人々が持っている創造性や気づきをどう引き出しながらアウトプットにつなげていくかというプロセスである。コ・クリエイションやオープンイノベーションのかたちで，企業だけでなく，行政，官公庁，大学や教育機関などのさまざまな団体や組織の関

係者がクライアントとなっている。

ロフトワークが手がけるさまざまな活動に共通するのは「We believe in CREATIVITY within all（すべての人のうちにある創造性を信じる）」ことであるという（ロフトワークウェブサイト）。クリエイティブであることは特別な人だけが持つ才能ではなく，想像力や好奇心を持って何かを「つくる意思を持って行動する人」は誰もがクリエイターになりえる。そうした信念とともに，ロフトワークは人によって異なる固有のクリエイティビティを引き出すための活動を行っている。

ロフトワーク単体で卓越したクリエイティブ・アイデアがあらかじめあり，答えを提示するというわけではない。また，FabCafe の内装を建築家に頼んでつくれるという部分があるように，これまでに手がけた多岐にわたるアウトプットだけを見ると，ロフトワーク以外でもつくれるかもしれない。だが，ロフトワークでは**最終成果物だけをデザインするよりも，クライアントが実現したい未来やゴールに向けて行うプロジェクトデザインを大切にしている。**

こうしたプロジェクトデザインの成否に関わるのが，**プロジェクトマネジメント**である。これを円滑に遂行するために，ロフトワークでは 2002 年からウェブとクリエイティブの領域に世界標準のプロジェクトマネジメントの知識体系である PMBOK（ピンボック）（A Guide to the Project Management Body of Knowledge）を導入，実践してきた。これは米国のプロジェクトマネジメント協会（PMI）という組織が開発したもので，PMBOK の詳細な手引きとして，ロフトワーク共同創業者／会長の林千晶と当時富士通グループ Web サイト統括で，Mizkan Holdings 執行役員の高橋宏祐が書籍『Web プロジェクトマネジメント標準』（技術評論社，2008 年）を著している。

プロジェクトマネジメントを実際に遂行していくのは，ディレクターやプロデューサーである。ロフトワークでは単にクリエイターと企業が出会う場の提供を行うだけでは，共創やイノベーションは起こらないと考えている。綿密にプロジェクトをデザインし，クリエイターが自分のクリエイティビティを存分に発揮できるようにしていかなければならない。ディレクターやプロデューサーがそうした役割を担う。

ディレクターの役割はプロジェクト単位でチームを組んでいき，それぞれのプロジェクトをタームで区切って現場を取り仕切ることである。クライアントがすでに持っていて，他方で，自分たちでは気がついていない組織内の価値を新しい角度から発見することをゴールに見据え，ディレクターはロフトワークが持つグローバルなネットワークを駆使して，さまざまな分野のクリエイターたちと一緒にチームでプロジェクトを進めていく。

一方，プロデューサーはプロジェクトを長期的に捉えて統括していく。プロジェクトは短いもので1カ月，3カ月，6カ月単位などのものがある。さらに長くなると年単位に及ぶこともあり，そのプロジェクトの特性にあわせて最適なプロジェクトチームが組成される。そのようにして，長期間クライアントの成長を支援し続けていくと，次第に各タームの位置づけを定め，先の計画まで綿密に立てる必要が出てくる。そうした複数のタームを統括して長期的ビジョンやそこにいたるまでのロードマップを練っていくのがプロデューサーの役割である。

ロフトワークが提供するコミュニティ

ロフトワークがどのようにしてさまざまなクリエイターとのつながりを広げていったのかは，その成り立ちと関係する。ロフトワークは2000年の創業時に，**クリエイターの仕事が世界中で流通するプラットフォームをつくりたい**という思いを込めてloftwork.comというクリエイターのポートフォリオサイトの運営を開始した。ウェブデザイナーやソフトグラフィックデザイナー，イラストレーターなどを対象にして登録を呼びかけた。

その頃，ウェブサイトを作成する業務以外にも，DeNAのモバゲーやGREEなどの当時携帯電話のゲームポータルサイトで使用するアバターをデザインする仕事なども行っていた。2006年には年間数千人のクリエイターとクライアントが協働して，ウェブサイトのリニューアルや，携帯向けコンテンツや映像の開発など，大規模なプロジェクトも手がけるようになり，2008年には登録クリエイターが1万人を突破した。

このようにして，ロフトワークはloftwork.comというインターネットでのプラットフォームの規模を拡大していった。そうしたなかで，ロフトワークが**創業時から心がけていたのは，発注先であるクリエイターをパートナーとして捉え，上下関係をつくらないこと**である。このスタンスをとってきたことで，大勢のクリエイターと仕事をしながらも大きなトラブルが起きることはなかったという。

FabCafe Tokyo

その後，ロフトワークはリアルの拠点づくりにも力を入れはじめた。2011年に京都にロフトワーク烏丸を開設し，2012年には誰もが自由にオープンにものづくりができる場所として，渋谷に最初の**FabCafe**がオープンした。さらには海外にも拠点を広げ，2013年のFabCafe Taipeiを皮切りに，2014年にバルセロナ，2015年にはタイ，フランスにもFabCafeがつくられた。2021年時点で世界各国に12カ所のFabCafeがある。FabCafeは，店内にデジタル技術で有形物を制作することができる3Dプリンターやレーザーカッターなどが置かれ，各地のクリエイターたちが企業の製品開発者とともに，**さまざまなイノベーションを起こすための環境**が整っている。

FabCafe Tokyoをオープンしてから，空間建築の関係者と交流する機会が増えていったことで，そこからFabCafeと同じビルの10階にあるロフトワークの新フロアを一緒につくったこともあった。コロナ禍になる2020年以前は，FabCafeや10階のスペースでイベントを開催する機会が非常に多かったので，**外部の人たちが参加できる開かれた勉強会**などもたびたび行っていた。業務が終わったあと，社内外の人たちが外部講師を招いて，**Open CU**（オープン・クリエイティブ・ユニバーシティ）という勉強

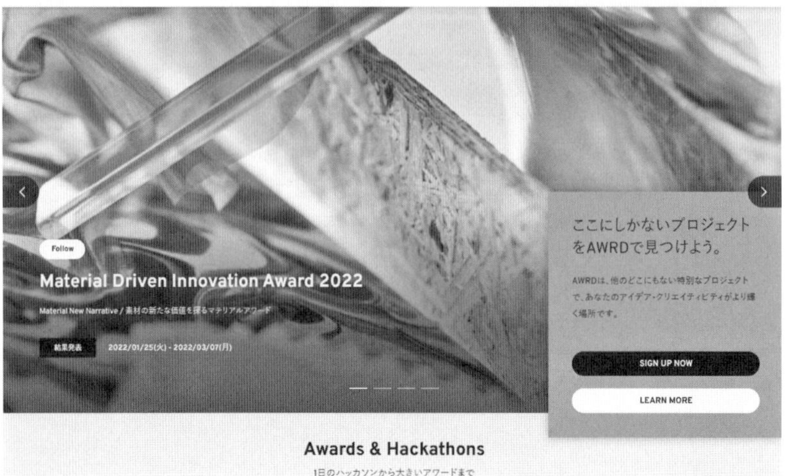

AWRD のウェブサイト

会を行った。もともとロフトワークは頻繁にイベントを行う会社であり，そうしたイベントを通じて社外の人たちとのつながりが増えていった。FabCafe というリアルでの拠点を持つようになったことで，その傾向はいっそう強くなっていったという。

新たな取り組みとして，素材を起点にイノベーションを生み出す活動を促すプラットフォームの **MTRL**（マテリアル）がスタートした。2015 年，コワーキングスペースとして京都には MTRL KYOTO が，渋谷 FabCafe の上階には FabCafe MTRL がオープンした。素材メーカーや研究機関，地方自治体のなかには非常にユニークな素材を扱い，優れた技術を持っているところが多い。

しかし，それを**どのように活用してマーケットに出すか，新商品に活かしていくか**という点で課題を抱えるところもあるという。そこで，MTRL ではそうした組織関係者と協働し，クリエイターやアーティストをつなぐことで，素材の新用途開発や，製品開発，新市場に向けたブランディングなどをサポートしているのである。2021 年 7 月時点で 1 万 2000 人がメールマガジンに登録し，これまでに数百のイベントが立ち上がっている。

AWRD（アワード）は，クリエイティブに関するコンペティションやハッカソンを開催するためにロフトワークが設置したプラットフォーム事業である。ハッカソンとはIT業界発祥の用語で，主催者から出された課題について，チームを編成してある一定期間取り組み，その成果を競い合うことである。AWRDで行うハッカソンの期間は，1日で終了するものから，数カ月単位の時間をかけるものまで実にさまざまである。AWRDには約3万人のクリエイターが登録している（2021年2月時点）ため，無数の組み合わせが考えられる。

ロフトワークではFabCafe，MTRL，AWRDのほかに，生物学や生命科学といったバイオを起点に研究者とクリエイター，企業，市民が集うBioClubというプラットフォームもある。ディレクターやプロデューサーは，これらのプラットフォームのなかから適宜クリエイターやアーティストを探してきて，企業や研究機関，公的組織が抱えるさまざまな課題にともに向き合うことで、解決につなげていくのである。

---

3. 企業のマインドセットを変える2つの視点

相手企業側がどのようなベネフィットを求めるかに応じて，ロフトワークではプロジェクトを進行するディレクターが参加するクリエイターを選定している。ディレクターは，プロジェクトによって誰にオファーしたらよいのか，デザイナーがいいのか，それともアーティストかなどを常に意識しているという。デザイナーとアーティストがそれぞれ持っている視点は似て非なるものだと理解されている。

デザイナーを探す場合，凝り固まった思考をどうほぐすかを考えるために，**ユーザー起点のデザイン思考を持つ**人に依頼をする。それは**現ユーザーが抱えている課題を考えていくという意味で，現在に視点をおいたアプローチ**である。デザイナーは製品を使っている人がどのような点で困ったり，不満を持ったりしているのかを意識し，共感し，寄り添い，それを具体化する能力に長（た）けている。また，見つけた課題に対して解決策を導き出すことに関しても得意としている。

一方，**アーティストにはそれぞれ独自に持つ未来の視点で，今の世界にどのような違和感を持つのかといった，より柔軟な発想を求める**ことができる。新規事業を検討するときに，「SFプロトタイピング」という手法を

長谷川愛によるワークショップの様子

用いることもある。これは，たとえば12年後にこのようなことがあるのではないかというふうに，先の将来をSF的に描いてみるやり方である。

もしもその世界が実在するならば，未来を少しずつさかのぼって10年後はどうなのか，5年後は……ということを想像しながらプロジェクトや事業を考え，そのために必要なアイデアを出していく。こういうときにはSF小説の作家を招いて，社会に対して問題提起するような示唆的な視点でどういった世界を描くことができるのかについて小説の序章だけ書いてもらい，その内容について話し合う。

アーティストの長谷川愛とのコラボレーションでは，スペキュラティブ（推論的）デザインというアートとデザインの境目に位置づけられる，もしかしたらありうるかもしれない空想的世界について検討した。長谷川は普段から「もしも人間がイルカの赤ちゃんを産めたら」など，スペキュラティブな作品を手がけている。ワークショップの参加者は彼女の作品を通じて，普段仕事をしているときにまったく見えなかった気づきや違和感を一度インプットし，そのうえで議論を進めていく。

参加者が凝り固まった自分の思考の枠を取り外せるようにするために，アーティストは自身の作品を紹介してから，企業が設定したアジェンダに対してファシリテーターとして参加する。通常の司会とは異なり，アートを用いて参加者にさまざまな違和感を伝えながら，気づきを得てもらうという，まさにトリックスターの役割を果たしている。ほとんどのアーティストがこれまでに考えたことのない視点で気づきを与えてくれるので，**デザイナーとはまったく違ったアプローチで思考の枠組みを外してくれる。**

ロフトワークのほうではアーティストをコントロールする必要がないと考えており，むしろ，**自由に考えを出してもらうようにしている。**ワークショップでの議論や小説のスクリプト（原稿）を確認してもらい，そこから発想したことを絵で表現してもらうなど，依頼したアーティストならではの発想の飛ばし方をするようお願いしている。

このように，ロフトワークは**オンラインとリアルを融合して構築したプラットフォームを駆使して，クライアント組織が持つニーズに応じて，デザイナーやアーティストといったクリエイターとの共創をデザインしている。**クライアントにとってロフトワークと協働するベネフィットは，ニーズに応じた人材を探してきてくれるだけでなく，プロジェクトにも一緒にコミットしてもらえることである。また，デザイナーからは現在の視点で，アーティストからは将来を見据えた長期的な視点で，それぞれ異なる示唆を得ることができ，状況によってどちらに関わってもらうかを選べるのも魅力である。

---

4. 企業とクリエイターの交流事例

ライオン「イノベーションラボ」の立ち上げ

ロフトワークがクライアント企業から委託を受けてパートナーとしてプロジェクトを実施した例として，**ライオン株式会社の研究開発部門「イノベーションラボ」とのプロジェクト事例**を取り上げてみたい。このプロジェクトは 2017 年にはじまり，ライオン研究開発部門がロフトワークに業務を委託し，ロフトワークはパートナーとしてあげた複数のプラットフォームを駆使して，グローバルに展開していった。この事例を通じて，**企業とクリエイターがどのように交流し，マインドセットを変えていったのか**というプロセスをくわしく伝えていきたい。

ライオンの研究開発部門ではこれまでの技術シーズ起点での製品開発でない，新たな視点での新規事業開発が期待されており，まずはクリエイターをプロジェクトに加えようということになった。よりクリエイティビティの高いマインドセットやデザイン思考を身につけるために，どのようにすればよいのかを考える機会として，デザイナーやアーティストとともに，これからの家事のあり方を考えるサービス・デザイン・ワークショップを行った。

そこでは，事業部から出された顧客ニーズや自社が保有する技術だけではなく，**自社で固定化された思考プロセスをいかに壊すか**などが議題にあがった。こうした問題に向き合うために，ロフトワークはライオンのニーズをていねいに汲み取っていった。たとえば，ライオンから13人が参加したのに対して，自社の固定観念に引っ張られないようにしたいというオーダーを受けて，ロフトワークはクリエイターの人数のほうが多くなるように設定したのである。

プロジェクトメンバーの服装にも配慮した。ライオンから参加しているメンバーは研究員として白衣を着ていることが多い。だが，土曜日などの休日に実施して，全員に私服で来るように指示したという。そうすることで，服装から立場や役割が判別されなくなるため，メンバー間でフラットな関係性をつくりやすくなるというのである。また，ランチの際にはケータリングのオーダーを入れるなど，メンバー同士が親睦を深めながら議論できる場づくりも心がけた。プロジェクトメンバーで議論を続けた結果，ライオンとしてどのように新しいアイデアや事業を考えていけばいいのかという視座を与えるヒントはある程度得られたという。

こうした経緯から，2018年にライオンは研究開発本部内に事業創造を目的とした「イノベーションラボ」を設立した。立ち上げに関わったのは，同社研究開発本部でイノベーションラボ所長の宇野大介である。宇野は，現職の前にも同社で研究部門などから新規事業をつくる業務に携わっており，近年は研究開発部門にとどまらず，全社的に新規事業を継続的に生み出していくサイクルをつくるための社内プログラムを企画運営する現場をリードしてきた。

さらに100年以上歯ブラシを製造してきたライオンの強みを活かしつつ，これからの変化の激しい時代のなかで，どのようなビジネス機会を持

YouFab LION アワードのキックオフイベント

つべきなのかという，今後向かうべき方向性についても検討した。そして，同じく 2018 年にライオンはふたたびロフトワークとプロジェクトを立ち上げ，新規事業領域を探索的に検討することになった。議論の結果，「仕事と暮らしが溶け合う未来」というプロジェクトコンセプトを設定し，同年 6 月から翌 2019 年 3 月までの 9 カ月にわたってプロジェクトを走らせた。

FabCafe との連携と海外展開

このコンセプトに関連する作品を募集するために，FabCafe が主催するグローバルアワード「YouFab Global Creative Awards 2018」のなかに，ライオン賞（LION AWARD）を設定した。FabCafe は当時，香港，バルセロナ（スペイン），ストラスブール（フランス），モンテレイ（メキシコ），バンコク（タイ），台北（台湾）など海外にも拠点があり，そのためそれらの国や近隣諸国に在住するアーティストにアクセスが可能であった。

YouFab は FabCafe が主催するグローバルのクリエイティブ・アワードとして，2012 年からはじまったものである。2018 年度には，上記のとおりライオンがスポンサードするかたちでアワード特別賞を設けた。これにより，ライオンでは**イノベーションラボが設定したプロジェクトコンセプトに関するアイデアの発掘，および，そうしたアイデアを着想できるクリエイターとの対話の機会を持つと同時に，コンセプト自体を社会に向けて発信すること**ができた。

アイデアを広く募るため，イノベーションラボではロフトワークのAWRDを応募プラットフォームとして利用し，同時にキックオフイベントも行った。そこには慶應義塾大学SFC研究所所長で環境情報学部教授（当時）の田中浩也とYouFab2018審査委員長で編集者，『WIRED』日本版の元編集長の若林恵が登壇した。YouFabライオン賞に関連したトークイベントやワークショップを通じて，2030年という，2018年から見たときの少し先の暮らしを来場者がディスカッションするなどして，コンセプトのプロモーションを行った。

日本だけでなく，世界各国のFabCafeと連携しながら，YouFabにエントリーする作品を集めた。応募作品のなかからYouFabライオン賞に選ばれたのは，日本人4人のユニットGADARAが制作した「Hack the Natural Objects.」である。この作品は3Dプリンターで制作され，外見が石のように見えるインターフェースである。だが，なかにジャイロセンサーとバッテリーが内蔵されていて，音量や光量を調節する機能が付いている。これは，自然と人工の融合を体現しているものであるという。「落ちている石のように，自分で見つけた自然物が，自分の生活のすごく身近なものとして馴染んでくる世界が広がる未来もあるのではないか」ということで，いわばナチュラルなものとテクノロジーを掛け合わせた作品であり，人々に新しい視座を獲得してもらえる可能性がある。

また，「Lion honorable mention」というライオンによるもうひとつの特別賞には加藤明洋の「TRUSTLESS LIFE」が選ばれた。これは貨幣のように可視化された信用の上下が人々に影響することを体験できるボードゲームである。未来の社会でブロックチェーン技術が実現することを仮定して，人の信用が数値化されて，その変化に応じた人生をゲームのようなかたちで楽しむことができる。

こうしたアイデアの募集と並行して，タイでアーティストとの共同調査を実施した。ライオンとロフトワークのメンバーが一緒にバンコクへ赴き，現地のアーティスト3組とそれぞれチームを組み，2泊3日でキャンプをしたところ，日本との違いに非常に驚いたという。車やバイクの交通量の多さで空気が汚れているため，多くの人がマスクしたり，排気ガスのせいで目の痛みを訴えたりするなど苦しむ人たちの姿がそこにあった。

これを社会課題として認識し，ここで暮らす人たちのこれからはどう変化しうるのか，バンコクで働くクリエイターとともに，働き方や暮らし方を良くしていくためのサービスがどのようなものなのかを，ライオン，ロフトワークのメンバーも一緒になって考えた。それぞれユーザーの自宅や職場を訪問して，働いている時間，寝ている時間，休んでいる時間など，生活に関する話を聞きながらマッピングした。現状をもとに，どうなったら理想的な状況になるのかを話しながらまとめていく。そうして，理想に近づくために必要なシステムやサービス，アイデアなどを参加者全員で議論した。

タイと日本ではバックグラウンドが異なる。その違いを現地でクリエイターから学びながら，**日本社会を前提とした視点だけでは発想することが難しいサービスアイデアや，プロダクトアイデアを考えていった。**最終発表会では，ライオンと現地クリエイター，ロフトワークで，それぞれがアイデアを伝え合ってキャンプは終了した。タイは日本のカルチャーと近い部分も持っているけれども，**対話を通じてベースが異なることを実感できるなかで作業が進められたこと**は，とてもおもしろい体験だったという。

5. クリエイターとの協働から企業に新たな視座を提供するアートプレイス

ここまで，ロフトワークへのインタビューを整理してきた。同社が手がけるアートプレイスは，これまでに見てきた事例のような，美術の展示や音楽の演奏会を介して人々が集うことによってステークホルダーがつながっていく類のものではない。むしろ，自分たちの技術や能力を活用してビジネスをしたいデザイナーやアーティストなどのクリエイターが登録できるウェブサイトとともに，リアルでも集まれる場を構築してきた。

このプラットフォームに集うさまざまなクリエイターはそれぞれが固有の技術や能力を持っており，企業や官公庁，大学などの組織のニーズに応じて，ロフトワークが適切な人材を探してきて共創している。このような独自のアートプレイスをビジネスモデルに組み込んできたロフトワークの事例からは，以下の5つの示唆が得られた。

第1に，**アートプレイスはインターネットとリアルの双方を融合する意義がある**ということである。ロフトワークの場合，先にインターネット・プラットフォームをつくり，その後でリアル・プラットフォームを増設した。IT産業の創成期の2000年に同社は創業し，loftwork.comというクリエイターにさまざまな仕事を依頼するためのウェブサイトを開始した。その後，サイトへの登録者数が増えていくなかで，クリエイターやクライアント組織がリアルでもコラボレーションできる場所としてFabCafeを開業したのである。

ITの目覚ましい発展はここで述べるまでもないが，経済的な効率を考えれば，オンラインに一本化したほうがよさそうに見える。それにもかかわらず，ロフトワークはオンラインサービスを拡充していくなかで，FabCafeなどのリアルで人々が集う場所をつくり，併存させた。本章のいくつかの事例でも示したように，リアルだからこそ相互の考え方の違いを認識し，わかりあい，新たな考え方が得られる可能性に価値を見出していることが示唆された。

第2に，**クライアントのニーズを満たすためには，クライアントだけではなくクリエイターにとっても利用しやすい場づくりが重要だということ**である。たとえば，FabCafeは，単に人々がコーヒーなどを飲みながら議論する場というだけでなく，レーザーカッターや3Dプリンターなどをはじめとする工作機械が使用できる。アーティストや企業の製品開発担当者が集まってその場で試作できれば，迅速にアイデアを実現できる。また，ロフトワークでは創業時より，発注先のクリエイターとの上下関係をつくらないように配慮してきた。

ロフトワークがそうした環境を提供することによって，優秀なクリエイターの居心地を快適なものにしている。それは，ロフトワークがいくつか持っているプラットフォームに登録するクリエイターの質と量をともに充実させ，ひいてはロフトワーク自体の組織強化にもつながっている。実際，ここに参加したデザイナーやアーティスト，あるいは，FabCafeでアルバイトとして働いていた人がロフトワークに入社するケースもあったという。

ロフトワークではすでに地位が確立しているクリエイターに登録して活

躍してもらうことに加えて，これからのクリエイターを育てる場もつくりだしている。先述したように，ライオンはAWRDの制度を利用して2018年にYouFabライオン賞やLion honorable mentionなどの特別賞を設けた。YouFabライオン賞は，ライオンがロフトワークと共同で進めているプロジェクトで当時掲げていたテーマ「MERGE――仕事と暮らしが溶けあう未来」にちなんだ課題であった。こうすることにより，受賞者はクリエイターとしての実績を見込まれて，受賞後の仕事が増える一方で，ライオンとしても斬新なアイデアとクリエイターの発掘をも実現させている。

第3に，ロフトワークが自社でアートプレイスを所有していることによって，**クライアントとともにプロジェクトをデザインし，その実現に不可欠なパートナーとしてクリエイターを自前で探してこられること**である。一般的なオンライン・コミュニティやプラットフォームであれば，ユーザーがほしい人材を自分で検索して獲得するマッチング機能を持っていることが多い。もちろん，ロフトワークでも，クリエイターにウェブサイトで登録手続きをしてもらうことがある。

しかし，クライアント組織に条件を入力して検索させるのではなく，同社からプロデューサーやディレクターが要望を聞いたうえで，適切な人材をFabCafe，AWRD，MTRLなどのプラットフォームを通じてつながりがあるクリエイターも含めて探し出してくるのである。これは，ロフトワークのプロデューサーやディレクターには，クリエイターの才能やその作品の評価をするという，いわばキュレーターとしての役割があることを示唆するものである。たとえ，ロフトワークのほうでコネクションがなくても，クライアントのほうにつながりがある人たちとプロジェクトを進めることもあるという。

クリエイターには大きく2種類あって，ユーザー・生活者視点から日常の課題に向き合うデザイナーと，普段の生活や常識から離れた視点で問いかけやアイデアをもたらすアーティストに分けられる。デザイナーはユーザー起点の思考アプローチを取り，現ユーザーが抱える課題を解決するための方法を考える能力に優れている。これは製品開発でいえば，**応用研究分野**と関係する。

一方，アーティストは不確実性の高い十数年後の将来をフィクションで描くなど，実際の事象から離れたところにある本質を捉えるための能力に関わる側面にヒントをもたらす存在である。アーティストがトリックスターとして，クライアント組織内に定着している価値観を揺さぶり，壊していく。そうすることによって，ただちに役立たないかもしれないが，今後役立つかもしれないという，いわば**基礎研究分野**と関係すると考えることができる。

さらには，デザイナーかアーティストかで特徴が異なるだけでなく，各クリエイターが作品を制作する過程で得意とする技術や分野も多様である。たとえば，「絵を描くこと」が得意な人のなかでも，よく用いる技法が油絵なのかCGなのかは異なる。本章で紹介した事例でも，石のかたちをした電子デバイスのインターフェースをつくるのと，人から得られる信用の価値を体験できるゲームをつくるのでは，技術だけでなく着眼点がまったく異なる。ロフトワークでは，プロジェクトの責任者であるプロデューサーやディレクターがクライアントのニーズに応じてプロジェクトをデザインし，クリエイターを含めたチームをつくっている。

第4に，**プロジェクトを進めるにあたって，クライアントと並走してファシリテートしていること**である。ロフトワークではクリエイターを紹介するのに加えて，クライアント組織と共同でプロジェクトを立ち上げ，プロデューサーやディレクターが中心となって推進している。短期的なプロジェクトであれば，ディレクターが必要な人材を自社のプラットフォームなどから探してきて，現場を指揮する。長期的なものになると，複数のディレクターのほかにもプロデューサーがつき，あるタームが終わって次のタームに入るタイミングで，担当するディレクターやクリエイターを適宜交替しながら，プロジェクト全体の流れをファシリテートしていく。

並走の仕方として，クライアントのニーズを聞き，プロジェクトメンバーの交流を注視しながら，その都度工夫する。たとえば，先述したように，ライオンのイノベーションラボでは，クライアント組織の参加者よりもクリエイターの人数を増やしたり，休日に私服で参加して立場を曖昧にしたりしていた。これらの工夫によってクリエイターたちが自分の考え方を出しやすくなり，その結果，クライアント側の参加者が新しいマインドセットを持てるようになる。

第5に，**運営主体の人材の確保**である。クライアントのニーズに応じて優れたクリエイターとともにプロジェクトを進めるためには，アートプレイス運営側にも能力の高い人材が必要となる。ロフトワークでは，適材適所で力を発揮できる人を探し出す力と，クライアント組織と共同でプロジェクトにコミットできる主体性，さまざまな場面で新しく出会う人たちを調整する柔軟な対応能力を有する優れたプロデューサーやディレクターが存在する。こうした人たちがロフトワークに入りたいと思う原動力のひとつとして，個人の裁量や主体性を重んじる社風があげられる。そうした社風を掲げることで，そこに憧れ，自分で判断し動きたいと考えている意欲のある人材がおのずと集まってくる。

以上が本章で取り上げたロフトワークの事例から得られた5つの示唆である。これらはクライアント組織内で固定化されたマインドセットを刷新するなどのベネフィットをもたらすだろう。一般的に大きな組織ほど，成功体験を持っている上司も多いだろう。そうした成功の蓄積が活かせる場面は少なからずある一方で，それがかえって組織として新しい発想を生み出し，醸成していくことを阻害する可能性もある。そうしたときに，ニーズによって外部からアーティストやデザイナーを招き，普段では思いもつかない発想やアイデアが得られることは，組織のあり方をチェックし，新たな資産をもたらすものとなりうる。

また，さまざまな分野のクリエイターと連携することで，プロジェクトやチームを編成する際の人の組み合わせは無数に存在する。かりにそうした組織を自社で持とうとすれば，そのときどきに必要としない人たちまでも管理しなければならず，金銭的に非効率である。そこをロフトワークに任せることで，クライアントは必要に応じた優秀な人材をその都度求めることができるのである。

以上でまとめてきたロフトワークの活動を簡略化して示したものが**図10-1**である。プレイヤーを大きく分けると，新しいアイデアやマインドセットを求める企業や官公庁，大学などのクライアントと，自分の技術や能力を仕事として活かしたいデザイナーやアーティストで構成されるクリエイティブ，そして両者の共創を促し，ときにはクライアントと共同でプロジェクトを立ち上げて事業を推進するロフトワークの三者である。[★2]

ロフトワークはFabCafeやAWRD，MTRLなど，オンラインとリアルを融合した複数のプラットフォーム，もしくは，それらを混成させて独自のプロジェクトを立ち上げ，三者の議論が活発になるよう対応している。

図 10-1　ロフトワークのステークホルダー関係図
（交流型ペイド・アートプレイス）

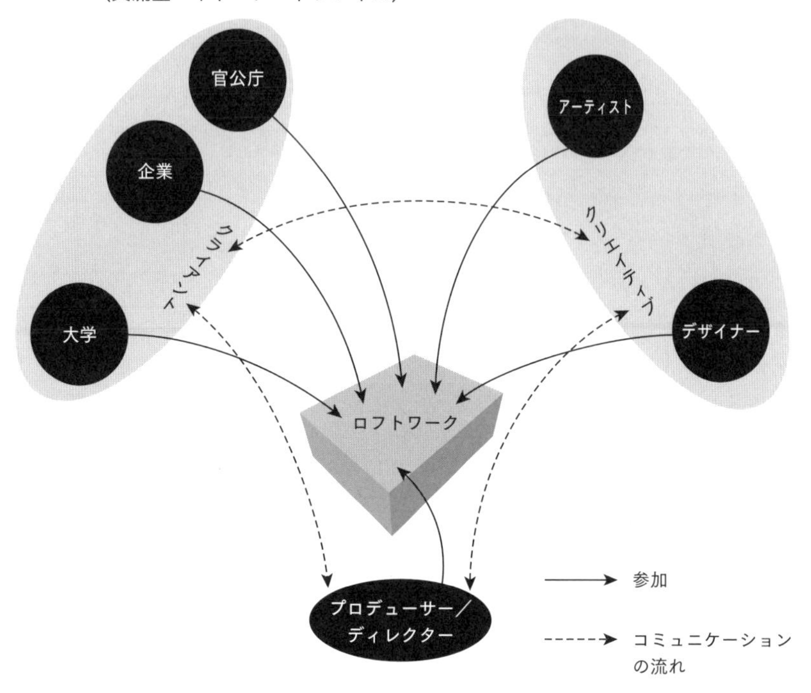

このように，ロフトワークは企業とクリエイターが協働する場を構築・維持しつつファシリテートをするという，アートが介在するプラットフォームの新しいかたちを示唆する存在となっている。

★2　本書がアートプレイスをテーマとしているため，本章ではクリエイティブの例としてアーティストとデザイナーだけを取り上げているが，実際には研究者やエンジニアも含まれる。

参考文献

ライオンイノベーションラボ（https://www.lion.co.jp/ja/rd/new-activity/innovation/）2022 年 10 月 25 日最終アクセス
ロフトワーク（2021）「株式会社ロフトワーク紹介資料」（https://dot0va6orx9ro.cloudfront.net/wp-content/uploads/sites/2/2021/03/2021_Loftwork_company_introduction_1.1.pdf）2022 年 10 月 25 日最終アクセス
ロフトワークウェブサイト（https://loftwork.com/jp）2022 年 10 月 25 日最終アクセス

終章

アートプレイスの形態が生み出すコミュニケーション効果

1. 複数事例をながめて何がわかるのか

これまで8章にわたって個別に事例を取り上げてきた。第2章で触れた所有の形態に沿って，第2部（第3～7章）は主に企業が芸術の場を直接運営するオウンド・アートプレイスの事例として，第3部（第8～10章）は，別組織によって運営されている芸術の場に対して企業が資金的支援をしながらステークホルダーとの関係構築をめざしていくという，ペイド・アートプレイスの事例として取り上げた。事例ごとに1回から複数回のデプスインタビューを実施して，それぞれがアートプレイスとしてどのような役割を果たし，企業にどのようなベネフィットをもたらしているのかを詳細に検証することを試みた。

本書で取り上げた企業による芸術支援の事例は，必ずしも本業とは直結しないものが多く，かつ，単なる寄付にとどまらず，鑑賞や交流を通じたコミュニケーションがなされることで企業がステークホルダーとの関係を構築する現象が見られた。さらにアートプレイスは所有形態だけでなく，主に受益者が芸術自体を楽しむ鑑賞型と，さまざまなステークホルダーが芸術の場で出会い，コミュニケーションを行う交流型に分けられた。

2. 各事例のまとめ

以上を踏まえて，本章では複数の事例を総合して全体像を眺めることで，第2章で提起した問いに対する答えを導出していきたい。具体的にはアートプレイスを分類する2軸，すなわち，**所有形態（オウンド／ペイド）**と**コミュニケーション形態（鑑賞型／交流型）**の組み合わせが，それぞれどのような影響を及ぼしてきたのかについて，**関係性（範囲，深さ，期間）**と**コミュニケーション効果（内部と外部）**の両面からまとめていきたい。

ニッケ「工房からの風」

初期（1993〜1997年）の「工房からの風」は，**鑑賞型オウンド・アートプレイス**であった。ニッケが運営するショッピングセンター・ニッケコルトンプラザの販促イベントとしてスタートしたものであった。そこでは，工藝作家が参加するものの，交流の場面はそれほど多くなかった。だが，文化を楽しむ暮らしができる場所としてショッピングセンターを位置づけることによって千葉県市川市という街の魅力を向上させた点では，本業に関わる取り組みであるとともに社会貢献としての要素も含まれていたと捉えていいだろう。

その後，公募展へとしくみを変えていった1998年以降，「工房からの風」は**交流型オウンド・アートプレイス**へと変化した。次第に全国からバイヤーが集まり，工藝作家の登竜門といわれるほどに評判を高め，公募展が少なくなってきている工藝業界にとってなくてはならない存在となっている。そこでは，出展作家，風人さん（出展作家OB），庭人さん（ボランティア），地域住民，顧客，ギャラリストやバイヤー，社員，経営者層が同じ場に集まり作品を通じて向き合うことになる。

関係性が広くなく**限定的な範囲である一方で，ニッケコルトンプラザに集い，交流することで深い関係性**を構築し続けている。年に2日のイベントであるものの，**30年近くにわたって毎年継続してきたことによって，各ステークホルダー同士が入れ替わりつつも長期的な関係**が生まれている。ショッピングセンターの競争優位をもたらすだけでなく，社員や経営者層が**「ものづくりの気質」を喚起される場**となっている。また，工藝業界の低迷という**社会課題に手を差し伸べ**，本当に質の高いものが何であるのかを重視したものづくりをする作家を育てていく場となっており，そこから生まれた新たな真正性はニッケの社員や経営層に経営理念への立ち返りと刷新を促している。ニッケの新事業開発を推進するメンバーだけでなく，それを**支持し擁護するというチャンピオニングの組織風土は，この場から育まれてくる**のだろう。

資生堂「資生堂ギャラリー」「資生堂アートハウス」

資生堂は，企業文化を大切にする代表的な企業のひとつである。株式会社となる前の 1919 年に資生堂ギャラリーを設立し，そこで多くの芸術家と交流を持ち，社内の宣伝部にも芸術家を抱えてきた。資生堂ギャラリーや資生堂の芸術支援活動である shiseido art egg を通じて，これまでにアーティストと資生堂宣伝部の社員が触れ合うさまざまな機会が持たれた。そのため，資生堂ギャラリーは**交流型オウンド・アートプレイス**にカテゴライズされるだろう。

その歴史は引き継がれており，資生堂ギャラリーを舞台に新たな作品が生み出されている。**狭い範囲**かもしれないが芸術家と社員との交流が**深く**，それをギャラリーや花椿といった紙媒体で広く鑑賞の機会を提供している。その取り組みは，創業当時から現在まで 100 年以上の**長期**にわたっている。このように，資生堂ギャラリーは**資生堂の企業文化を構築し，資生堂ブランドが時代を牽引しながら継承されるのに非常に大きな役割を果たしてきた**と考えられる。

一方，資生堂ギャラリーで収集されたさまざまな作品をアーカイブしているのが「資生堂アートハウス」である。これらの歴史的な文化遺産は静岡県の掛川市民を中心に公開されている。企業と市民の交流はそれほど深いものではないかもしれないが，資生堂アートハウスは広く住民に愛される施設として**鑑賞型オウンド・アートプレイス**としての機能を果たしている。隣接する資生堂企業資料館とともに，資生堂の**企業文化の発信基地としてその高品質なイメージを伝える存在**である。ただし，ここは完全な鑑賞型ではなく，鑑賞型の展示をベースとしながら交流型のプログラムも実施されている。

ベネッセ「ベネッセアートサイト直島」

「ベネッセアートサイト直島（BASN）」は設立した1992年から，設立者である福武總一郎が中心となって一貫して**社会課題への認識を促す**鑑賞型オウンド・アートプレイスとして存在し続けてきた。このアートプレイスによる関係性の範囲は地域住民を中心としつつ社員や取引先，観光客，社会一般と広い。また，BASNは鑑賞型オウンド・アートプレイスとして，社名の由来でもある**「よく生きる」という経営理念を浸透させる装置**としても機能してきた。

単に言葉で伝えるのではなく，作品を通して社会課題を投げかけ，そこにいる鑑賞者が自ら意味を解釈することによって理解を深めてもらうことができるのである。水準の高いアート作品を直島，豊島，犬島に点在させることで，ベネッセ社員に企業メッセージを伝えることにとどまらず，広く社会に向けて自社の真正性に関わる問いかけをしていく場所となっている。このように設立当初，BASNは鑑賞型オウンド・アートプレイスの側面が強かった。

しかし，「家プロジェクト」がはじまった1998年あたりから，芸術家や建築家が地域の人々と交流する姿が見られるようになり，**限定的な範囲であるが深い関係性が構築**されていった。長い年月をかけてBASNが島での交流を重ねたことで，住民が芸術や島の歴史を学んでいき，さらには世界中から訪れる観光客と知識を共有することを経て，**住民たちはプライドを取り戻していった**。こうして，BASNは**鑑賞型オウンド・アートプレイスから交流型オウンド・アートプレイスへ変化**してきたといえるだろう。また，世界中の観光客が訪れ滞在し，作品と対峙していくという点では，鑑賞型オウンド・アートプレイスとして機能している側面があり，**広い範囲**まで届けることができているといってもいい。

サントリー「サントリー美術館」「サントリーホール」

サントリーは製品を通じて，西洋文化の日本への普及を推進してきた企業である。創業者の鳥井信治郎が掲げた利益三分主義は，事業で得た利益を事業や取引先だけでなく，社会への貢献にも役立てることをうたったものであった。それを継承しつつ2代目社長の佐治敬三は文化や芸術に対する支援を行っていった。サントリー美術館は日本の生活工藝品に的を絞って作品を収集し，「生活の中の美」という独特なコンセプトで，さまざまなオリジナル企画展を開催してきた。近年では，デザイン集団の nendo や人気ゲームコンテンツである「刀剣乱舞」などの外部とのコラボレーションを通じて，現代社会を生きる人々に新たなかたちで古美術を提示し続けている。

また，サントリーはクラシック音楽を支援することをめざして，東京初のクラシック音楽ホールであるサントリーホールを建設した。ここでは数々の世界的音楽家が指揮や演奏を行い，芥川也寸志サントリー作曲賞選考演奏会が毎年夏に開催されている。こうした取り組みによって，サントリーホールは世界的なホールとして国内外で高い評価を受けている。さらには，サントリーホールアカデミーでは声楽と室内楽の 2 部門で世界と渡り合える若い才能を開花させてきた。

このように，サントリーにとってサントリー美術館やサントリーホールは**鑑賞型オウンド・アートプレイス**である。**広く浅い関係**であるが，**高い知名度と評価を獲得**してきた。一方で，サントリー美術館とサントリーホールは，内部での交流が活発に行われていた。たとえば，サントリー美術館ではほかのクリエイティブ組織と共同で企画展を開催し，サントリーホールでは，顕彰事業や教育を通じて評価が高い芸術家が若手を育てていくという好循環を生み出していた。こうしたさまざまなプログラムやプロジェクトは，**限定された範囲での深い関係構築**を可能にする**交流型オウンド・アートプレイス**といえるだろう。

サントリーホールでの交流型のプログラムにより生み出されたものは，**世界的にみても唯一無二のものでありクラシック業界の水準を高める原動力**となっている。この高水準のものは真正性が高く，それをを生み出す場が，鑑賞型アートプレイスとして機能することで，サントリーという企業名に**真正性イメージが付与され，広く伝播する**ことになる。

トヨタ「トヨタコミュニティコンサート」

トヨタ自動車と販売会社は多岐にわたる芸術活動を支援している分，さまざまなタイプのアートプレイスが存在することが考えられる。ここでは本書で取り上げた事例を分類することを目的としているため，「トヨタコミュニティコンサート」に限定して考えていく。トヨタコミュニティコンサートは**交流型オウンド・アートプレイス**に位置づけられる。トヨタ自動車と各販売会社は，地域の顧客，アマチュア音楽家およびその関係者，ならびに今回取り上げた長崎県のトヨタコミュニティコンサートの事例で紹介した長崎県障害者社会参加推進センターのような，地域の関係組織などと深い関係性が構築されていた。

こうした地域をあげたアマチュア音楽活動を支援する取り組みは，異なる資本関係にある複数の販売会社が**利害を超えた関係性を育んでいる。ビジネス上のイベントではないからこそ，販売会社間，あるいは，潜在顧客が含まれた地域住民との交流が可能**である。長崎県五島市の事例では，福祉協議会や自治体との連携により実施され，報道されてメディア露出する機会も得ていた。

また，コンサートの場では，本業に関係する展示を行うこともはじめており，自社のプロダクトに関連する情報を伝えるコミュニケーションが行われていた。誤解のないように述べておくと，トヨタ自動車や各販売会社はビジネス上の利害を考えてこの取り組みを行っているのではない。こうした取り組みをした結果，それぞれのステークホルダーがつながりを持ち，ビジネスにつながる場合もあるということである。トヨタ自動車をひとつの大きなグループとして捉えたときに，関係を構築する対象は**限定的である**とはいえ，**長期**にわたり全国でコンサートが行われ続けているため，その範囲は毎年着実に広がってきている。

大原美術館

大原美術館は，倉敷市有数の企業家の大原家が一青年画家を支援する過程で，海外から購入してきた優れた絵画や芸術作品を展示することからスタートした。これだけ見れば，企業の社長が支援する**鑑賞型オウンド・アートプレイス**と捉らえることができそうである。たしかに，初期に芸術作品を買い付けていたのは大原家であったが，20世紀末まで企業からの支援は受けてこなかったという。

しかし，収益状況を改善するために2002年に後援会を立ち上げて法人会員制度や寄付制度を整備し，広く企業からの支援を募るようになった。さらに，2020年に発生した西日本豪雨とコロナ禍によって入館料が減少すると，これを補うために2021年に後援会組織制度を見直して大原美術館オフィシャルパートナーと改称して，企業規模に応じた支援を受けるようになってきた。

以上を踏まえると，大原美術館は，設立当初から特定の企業からの支援を受けてこなかったが，21世紀に入ってからは，多くの企業に支援を受けるペイド・アートプレイスに変わっていった。この種のアートプレイスの役割はステークホルダーによって2つに分けられる。ひとつは地元だけでなく日本全国や世界から観光客が訪れる**鑑賞型ペイド・アートプレイス**の側面である。真正性の高いアートをコンテンツとして取り扱い，**幅広い**鑑賞者層にリーチしながらも，時代や地域を超えて認められた質の高い芸術作品を所蔵する大原美術館は，**地域が誇る文化資産であり，住民のシビックプライドを高める**働きを持つ。

もうひとつは，多くの地元企業が支え，アーティストが作品を制作し，ボランティアが参加し，公共組織と連携するために欠かせない**交流型ペイド・アートプレイス**の側面である。経済界を支える企業が参加し，公共組織と連携することにより，**地域の一体感が醸成**される様子がうかがわれた。地域の鉄道会社と共同で大原美術館のラッピング列車を走らせたり，スタンプラリーを開催したりするなど，ほかの組織との連携が地域住民のシビックプライドを高めるのに一役買っていた。

また，企業のトップが「私が選ぶこの1点」を紹介する機会が得られたり，社屋などに飾る絵画を選ぶ際のコーディネートをしたりするなど，後援会法人会員への特典を設けることで，企業が支援する理由がさらに明確になっていった。このように，大原美術館は**倉敷市を起点とするハブとしてさまざまな組織や住民をつなぐ**役割を果たしていたのである。

可児市文化創造センター ala「私のあしながおじさんプロジェクト」

可児市文化創造センター ala（アーラ）の「私のあしながおじさんプロジェクト」の事例では，さまざまな人たちが抱える孤立という社会的課題を解決するために，公共文化施設が複数の企業の支援を受けながら，人々との交流を生み出すしくみを取り上げた。このプロジェクトに関していえば，アーラは**交流型ペイド・アートプレイス**に該当する。

2011年から正式にはじまった同プロジェクトでは，単に芸術鑑賞のためのチケットを企業が資金的に支援するだけでなく，毎年行われるチケット贈呈式で協賛企業関係者が子どもたちに公演チケットを手渡すなど，実際に企業と子どもたちの対面での関係が育まれていた。直接交流することで，たとえ**狭い範囲であるにせよ深い関係性**が構築されやすい。支援期間は企業により異なるが，少額支援が可能なため，長期的支援につながりやすい。

企業は支援をすることによって，**子どもたちとの間につながりが生まれ**，子どもたちからは「あしながおじさんみたいな会社で働きたい」と感謝されることで，**社内の愛社精神**が強化されていく。地域が活性化することで自社が生きていく地盤が育っていくだけでなく，**次世代教育に貢献**する企業イメージも獲得できる。

そのために，アーラのスタッフが，規模感の調整，子どもたちへの対応など，細部にわたって現場を設計している。アーラはそのほかにもステークホルダーとの直接的なつながりを非常に重視している。たとえば，毎年4月に行われるチケット販売開始前にコーヒーを提供してスタッフが顧客と会話をしたり，2020年に改修工事やコロナ禍によって休館を余儀なくされた際に「お元気ですかはがき」を関係者に送ることもしている。「私のあしながおじさんプロジェクト」は，ほかの自治体でも取り入れられているという。

ロフトワーク

企業とアーティストが出会い，プロジェクトを立ち上げて協同するという場が民間企業によって生み出されていることが，ロフトワークの活動事例からうかがえた。ロフトワークは2000年の創業時にウェブサイト上でコミュニティを構築するところからスタートし，その後，FabCafeやAWRD（アワード），MTRL（マテリアル）など，リアルとバーチャルを融合させたコミュニティづくりへと発展していった。

とくに，企業とクリエイターの交流事例として取り上げた「イノベーションラボ」では，生活用品を中心とする事業領域で競争優位を誇るライオンが，不確実性の高い将来を見据えて，さまざまなジャンルのクリエイターやデザイナーとの交流を通じてマインドセットの転換を図っていた。また，新たなクリエイティブ人材とのつながりを見出し，アイデアの発掘を行う取り組みを垣間見ることができた。

このようにロフトワークが手がけるビジネス・フレームワークは，**交流型ペイド・アートプレイス**にカテゴライズされる。ロフトワークのクライアントは企業だけではないが，本書で主に取り上げている企業に限定して述べると次のことがいえるだろう。ロフトワークの提供するシステムは，企業で活動する研究者や新製品開発担当者などイノベーションを生み出す組織の人材と，外部で活躍するクリエイティブ人材の間で生まれる相互作用を設計し調整する場である。そこではさまざまなプロジェクトで多様な交流が行われることで，個別に**狭くて深い関係性**を生み出している。

また，企業にとってみれば，その都度利用料を支払うような，**短期的な**プロジェクトに利用しやすい。一方プロジェクトが長期間にわたる場合も，状況に応じて参加するクリエイターを柔軟に組み替えることが可能である。クライアント企業の立場から見れば，ロフトワークの手がける交流型ペイド・アートプレイスは製品開発など専門性が高い現場で，ともすると陥りかねない**マインドセットの硬直化をほぐし，クリエイティブ人材とのネットワークを構築する場**として機能している。

---

3. アートプレイスの構造がもたらす関係性と効果

上記の複数の事例から，**アートプレイスの形態によって，関係性の範囲や深さ，長さが異なり，それがさまざまなコミュニケーション効果を生む**ことがわかった。サントリーのように，活動によってその特徴が異なる場合も多く見られた。また，**時期によって変化していく**というパターンも見られた。これには，**交流型から鑑賞型へ**，あるいは**鑑賞型から交流型へ**という 2 つのパターンが見られた。交流型から鑑賞型にシフトチェンジした企業例には資生堂があげられ，鑑賞型から交流型に変化した企業例として，ニッケやベネッセがあげられるだろう。

さらに，資生堂アートハウスや大原美術館のように**鑑賞型をベースにして参加型のプログラムを時限的に追加するパターン**も見られた。こうしたパターンによって企業がどのようなコミュニケーション上の効果が得られたのかを検討するために，これらの事例では実際にどのような効果があったのかについて以下で述べていきたい。

図終-1　相互作用性の違い（交流型／鑑賞型）による効果プロセスの違い

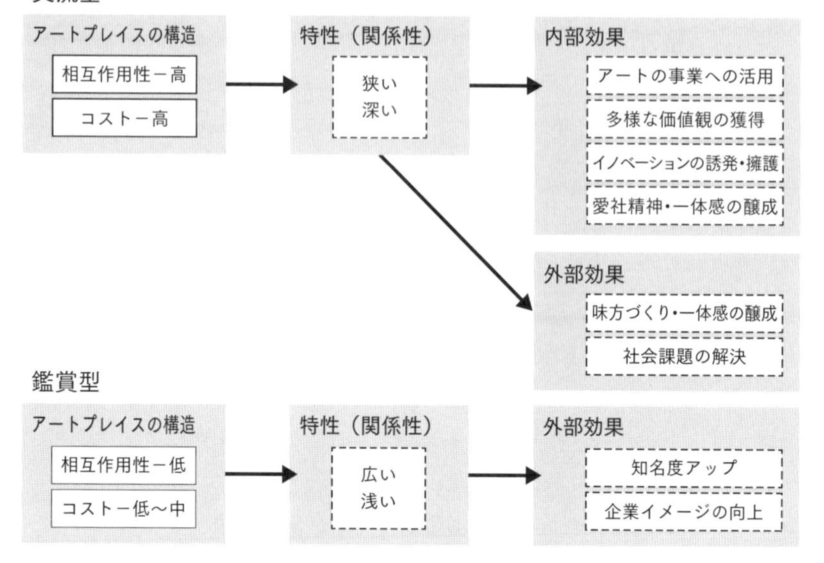

相互作用性の違い（交流型／鑑賞型）と効果プロセス

相互作用のもたらす違い，つまり交流型か鑑賞型かの違いは，ステークホルダーとの関係性にいかに影響し，さらに，具体的な企業の内外への効果にはどのようなものがあったのだろうか。その効果をまとめたものが**図終-1**である。まず，交流型は，アートプレイスで企業内部の人たち，外部のステークホルダーなどの相互作用が高い場合をさす。そうした場をつくり，人々をつないでいけるように運営していくことは非常に手間がかかる。だが，そうした労力を割いた分，支援する企業は**限定された特定の範囲の人々と深い関係**を築くことができる。

さらには，企業がビジネスにおけるベネフィットを享受することも可能である。実際，本書で取り上げてきた事例では，**社員がアートのある場で多様なステークホルダーと交流することを通じて，イノベーションに関わるアイデアや，真正性がもたらす洗練された商品などを創造する視点を培っていた**。こうした**多様な価値観を獲得することによって，時代を牽引する企業ブランドを構築したり，普段の業務からは見えてこない社会課題への気づきや認識を社内へもたらしたりしていた**。

また，**アートプレイスでの交流は企業組織の一体感を高めるとともに，**

外部のステークホルダーから感謝されることによって，社員が社会貢献活動を行う自社を誇りに思い，愛社精神を育むという効果も示唆された。さらには社内だけでなく，**外部ステークホルダーとの一体感が醸成される**ケースも見られた。一度つながりを共有した外部のステークホルダーは，その企業の心強い味方となってくれるだろう。

一方，鑑賞型の場合，訪れた人々にとって絵画を見たり演奏を聴いたりすることが主目的となるため，支援する企業は**鑑賞者たちと浅い関係**しか構築できない。内部の人材が参加してほかのステークホルダーと交流をする機会が少ないため，企業内部への効果に関してはそれほど大きくはないだろう。

しかし，その分**交流を設計するためのコストは必要なくなり，かつ，交流範囲が限定されないため，短期間でより多くの人々との接点を持つ**ことは大きな利点となるだろう。これは鑑賞型アートプレイスが持つ外部効果の特徴である。多くの人々との接点があるため**知名度が高まるとともに，アートの真正性を伴う高品質な企業イメージが伝達される**ため，企業イメージの向上にもつながるのである。

芸術組織の内部化／外部化（オウンド／ペイド）の違いと効果プロセス

続いて，芸術組織の所有形態の違い，すなわちオウンド／ペイドの違いが企業内外の資産に対してどのような効果を生むのかというプロセスについて検討していく。ここでは，所有形態の違いが関係性だけでなく，そのコンテンツに影響するという新たなルートが見出された。それらを含むプロセスを示したものが**図終-2**である。

オウンド・アートプレイスの場合，自社でアートプレイスを運営しなければならない。そのため，施設や作品への投資に加えて，専門的知識と経験を持つ人材を社内で抱える必要があり，コストは大幅に増加する。しかし，企業にとってコントロールが容易であるため，自社で求めるさまざまな工夫を凝らした場づくりが可能となる。オウンド・アートプレイスは，**すでにある程度の関係を持っているステークホルダーと，より深く長い関係**を構築する場としての役割を果たす傾向にある。

また，自社でアートプレイスを運営する場合，自社でコンテンツを制作する機会が増える。つまり，アートプレイスで提示される**コンテンツはオ**

図終-2　芸術組織の内部化（オウンド）／外部化（ペイド）による効果プロセスの違い

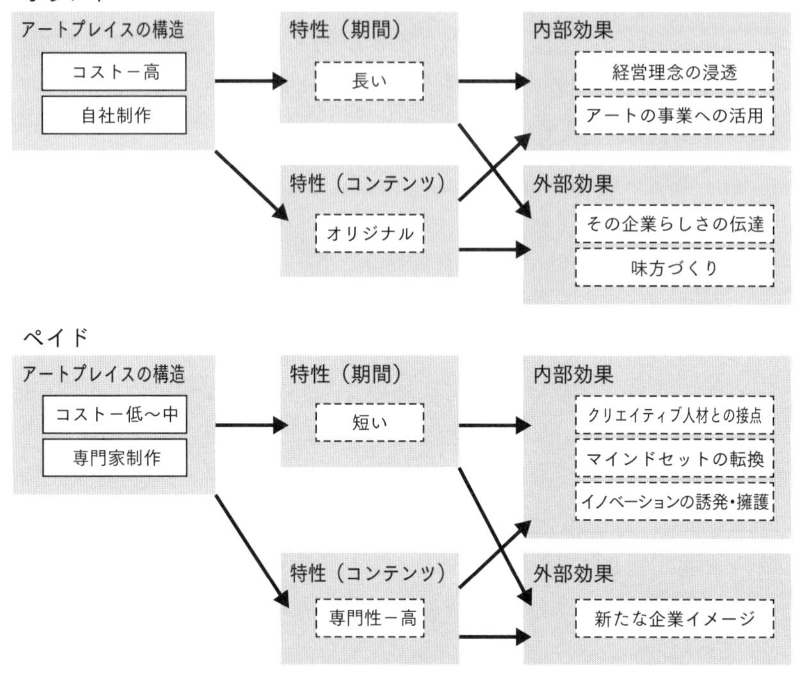

リジナルの内容にすることができるのである。そのため，やり方次第では，芸術を支援する企業が自社の事業と関連づけたコンテンツを公開したり，自社の競争優位につながったりするような場づくりをすることも可能である。

たとえば，ニッケが行う芸術支援「工房からの風」は，自社が運営するショッピングセンター・ニッケコルトンプラザの魅力を高め，自社の競争優位につながっている。もちろん，ほかのショッピングセンターでもこうした取り組みができないわけではない。しかし，優れたキュレーターを企業が抱え，継続的にイベントを開催していった結果，優れた工藝作家が全国から集まり，長期間をかけて唯一無二のアートプレイスがつくりだされている。こうしたコミュニティは一朝一夕では模倣することが困難であろう。そして，こうした独自のコンテンツを継続して提供することで，組織内外に向けて，経営理念の浸透やその企業らしさを伝えるといったコミュニケーション効果が期待できる。

他方，**ペイド・アートプレイスの場合は，自社で所有するよりもコストがかからない**だろう。運営や制作内容に対して企業からのコントロールはできないものの，芸術を専門とする人材による制作が可能となる。また，自社と関係している既存のステークホルダーだけでなく，支援先の芸術もしくは運営組織のファンなどといった新たな層との接点ができる可能性が広がる。

ただし，自社が運営し関わらない分，**関係性は比較的浅い**ものにとどまり，また，**短期間の取り組み**となる場合が多いだろう。言い換えれば，その分手軽であり，ためしに支援をしてみたいという場合には適切な選択肢となるだろう。そうした**新たな層や新たなアーティストとの出会いや交流は，企業に対してそれまでにない新たな刺激を提供する。クリエイティブ人材との接点が増え，マインドセットの転換をもたらす効果が得やすくなる**だろう。

芸術組織はその専門性により，水準の高い作品を生み出そうとする。その高品質な作品は，人々に本物感，すなわち真正性を感じさせる源泉となる。企業がこの専門性の高い芸術組織を支援した場合，その**芸術組織が持つ高品質な本物感のあるイメージを借用することで，新たな企業イメージが外部に伝達されていく**。ペイド・アートプレイスへの支援であれば，企業側に特別な専門知識やノウハウがなくても，大原美術館を介して日本有数のアートプレイスと関わりを持つことができる。世界的文化資産を所蔵する大原美術館は，数々の地元企業が誇りをもって支えている。人々の温かい交流が生まれ継続していくアーラは，小さな力を集めてきめ細やかな取り組みをしている。これらは，ペイド・アートプレイスの優れた事例である。この場合，ひとつの企業が独占しない，もしくは少数の企業が寡占的に支援して囲い込んでいないことで，かえって**開かれたネットワークのハブとして支援企業にとっての魅力を高めている**といえるだろう。

本業との距離感

本書では，オウンド・アートプレイスの事例を選定するにあたって，企業の本業と近くて利潤に直結するものは取り上げていない。たとえば，阪急による宝塚劇場，東急によるBunkamuraなど，鉄道会社が街の発展のため，利用者数増加のためにまちづくりを行うといった事例はほかにも多く見られる。こうした事例は，芸術文化による地域の発展が直接自社の事業の発展につながるものである。

これに対して，本書で取り上げた**オウンド・アートプレイスは，直接的な本業への効果を主目的とする活動が少ない**。むしろ，**地域や社会に対して利益を還元させながら行っている社会貢献を主目的としている**。もちろん，本業とまったく関係がないとまではいえない。ニッケの「工房からの風」は，当初本業の販促イベントとしてのスタートであり，本業ビジネスへの直接的な効果をねらったところからスタートしている。しかし，現在では一販促イベントというよりは，むしろ，工藝業界や地域へ貢献する場としての役割が大きくなってきている。

また，本業に直接関係しなさそうな，あるいは本業との距離が少しあるアートとの関係を育むことが，かえって重要な場合も出てくるだろう。なぜならば，**自社と遠い存在のものほど，実は自社に足りない視座をもたらしてくれる**可能性があるからである。ベネッセは社会課題を示唆するアートプレイスをつくることで，経営理念の意味を大きな視座で社内や社外に伝えようとしている。また，ロフトワークのような交流型ペイド・アートプレイスで出会うクリエイティブ人材は，まさに，自社が出会ったことのない種類の人間に出会うチャンスであり，それがイノベーションにつながる刺激となる。

一方，トヨタ自動車やトヨタの販売会社各社は，トヨタコミュニティコンサートを通じて，立場を超えた強い関係を築いていた。各地域から演奏家や合唱への参加者を募って地元をあげての音楽会を開催し，多くのオーディエンスが来場する。その準備段階から，販売会社各社は立場を超えてスタッフとしてコミットし，地元の人々や自治体との関係を強める様子が見られた。

これは，本業と離れた内容であったからこそできたことである。かりに**本業に近いイベントを開催したならば，そこにはビジネスや商談が生まれやすくなる**。その場合，金銭的取引が介在するため，取引先や消費者といったステークホルダーはどうしても身構えざるをえなくなってしまう。それは関係性の強化という点ではかえってマイナスとなるだろう。これに対して，**本業と離れた社会貢献であれば，そうした損得勘定がなくなるため，支援する企業はさまざまな立場の人たちとのより血のかよった接点を持つ**

ことができるのである。

---

4. 鑑賞型と交流型の移行と組み合わせ

ここまで，交流型と鑑賞型という相互作用性の異なる2つのタイプを比較しながら説明してきた。だが，実際にはその違いはあくまでも程度の問題であり，はっきりと境界が存在し，明確に二分されるものではない。むしろ多くのアートプレイスは，いずれの要素も含んでいる。本書で見てきた事例にも，ひとつのアートプレイスにおいて時代の変遷とともに形態が変化するものや，双方を同時に兼ね備えたものなどがあった。ここからは，それぞれについて事例をあげながら整理していきたい。

交流型から鑑賞型へ

たとえば，当初から資生堂ギャラリーでは多くの芸術家との交流の場がつくられており，それが資生堂文化を構築する基礎となっていた。そこで収集された芸術作品は一定の期間が経つと，アーカイブとして静岡県掛川市の資生堂アートハウスに収められていった。その資生堂アートハウスは鑑賞型の美術館として地域に根づいている。このように，資生堂の事例では交流型アートプレイスで生み出された作品が鑑賞型アートプレイスで公開されるという変化が見られた。

より正確にいえば，これは特定の機能を持つアートプレイスに，別の機能を持つアートプレイスが加えられたといったほうがいいだろう。実際，資生堂ギャラリーでは shiseido art egg など，社員も関わる交流型アートプレイスが現在でも存続しており，資生堂の保有するアートプレイスに交流型の場はなくなっていない。

このように，交流型の取り組みの結果として，鑑賞型へと引き継がれるということは，比較的多く見られる。本書では取り上げていないが，西武美術館，のちのセゾン美術館もこのタイプである。この美術館は，堤清二の「時代精神の根拠地」を表現したように，現代作家から収集した現代美術品が企画展示されてきた。そこでは現代美術を題材にしながら，著名なデザイナーを起用したポスター制作などオリジナルのコンテンツが制作された。まさに，交流型オウンド・アートプレイスといってもいいだろう。1999年には閉館されてしまうが，軽井沢のセゾン現代美術館でアーカイブされ公開されている。こちらは施設を変えてアートプレイスが交流型から鑑賞型へと移行していった例であるといえるだろう。

価値が定まっていない進行形のアートを支援し，そこで芸術家や社員，地域の人々が交流したあと，その作品群をアーカイブし公開していくパターンは，このようにいくつか見られる。もちろん，こうした鑑賞型アートプレイスに移された芸術作品は「お役御免」となるわけではない。それぞれの作品は制作された当時の世相が反映された証（あかし）となり，それらをキュレーターが独自の視点で整理することによって，現代に生きる人々に多様な視座を提供してくれるのである。

鑑賞型から交流型へ

もうひとつは鑑賞型から交流型へと変化していくパターンである。ニッケの「工房からの風」は当初，ショッピングセンターの販促イベントからはじまっている。当初は，作家と買い手との交流もそれほど多くなく，どちらかというと鑑賞型であった。公募展になったことを契機に，社員と作家，先輩作家，買い手（百貨店バイヤーやギャラリスト，消費者），メディアが集う交流型へと徐々に変化していった。工藝作家が世に出る機会を失った時期に，作家を育てる装置として機能させようという，社会課題に応えるかたちでの変化であった。

また，ベネッセのベネッセアートサイト直島（BASN）の場合，設立当初の1992年からアーティストや建築家との交流があったものの，鑑賞型アートプレイスの要素が強かった。だが，1998年にアーティストと地域住民が交流しながら制作する「家プロジェクト」がはじまったのを契機に，地域住民との交流が生まれた。これは，鑑賞型から交流型へと変化していった事例といえるだろう。

これまでにさまざまな現代アート作家が島を訪れて，島民と交流しながら作品をつくり続けるという交流が続いてきたが，今後さらに時間が経過していけば，作品が蓄積されていき評価が定まった作品群としてアーカイブされ，前述したように再び鑑賞型アートプレイスのウェイトが高まっていく可能性がある。いずれの場合も，交流する場を自ら運営するためのコ

図終-3　鑑賞型と交流型との組み合わせ

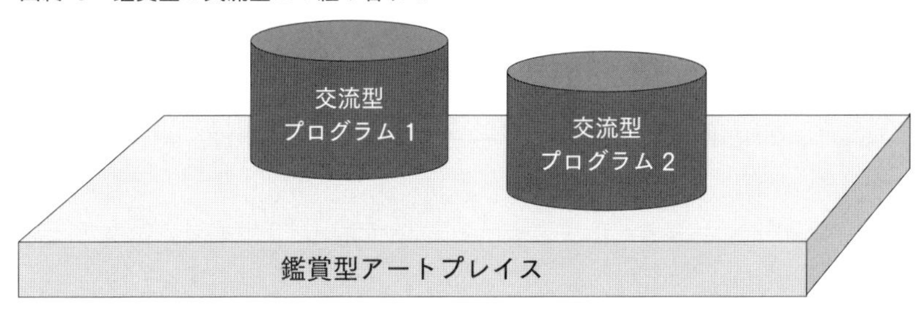

ストとスキルを有している場合にのみ可能となる。**真正性を伴うアートを見極める目を組織内部に持ちながら，人々が集い活性化していくことを主な目的にしている**点が共通していた。つまり，**自社で芸術組織を所有するオウンド・アートプレイスであることが，長期的な視点で場を構築し維持するために不可欠**であるといえるだろう。

鑑賞型をベースに交流型を組み合わせる

本書で取り上げた事例には，鑑賞型のアートプレイスをベースにして，交流型のプログラムが追加される場合も多く存在していた（**図終-3**）。こうした組み合わせのパターンの例として，常設型の美術館で，対話型鑑賞プログラムが実施されるものがあげられる。普段は作品を鑑賞してもらうことがメインになっているが，そうした場でファシリテーターが，参加者の言葉を引き出し，作品を介して参加者同士のコミュニケーションが誘発されることによって，参加者は相互に他者が持つ多様なものの見方を獲得することができるのである。

収集した作品をアーカイブし公開している資生堂アートハウスは，鑑賞型のアートプレイスである。その活動のなかには，企画展に合わせて作家へ作品を委嘱し制作してもらう活動もある。そこでは作家と学芸員など制作チームの間に交流が生まれており，これは小さな交流型プログラムといえる。このほかにも，地域の小学生を招いて工藝作品を使って飲み物を飲む体験をしてもらうワークショップ，社員のパフューマーによる香水のレクチャーなど，小さな交流型プログラムが鑑賞者や社員を交えて実施されていた。

5. アートプレイスのこれから

これまで取材してきた企業は，純粋に芸術を支援しよう，社会に恩返しをしようと，多くの資金提供や努力を重ねてきている。芸術支援は，あくまで芸術を支えることが目的なのである。それを，本書のように芸術支援が企業にとってどのように役立つのかを考えることは下心があると見なされ，あまり歓迎されない風潮がある。しかし，そうした**「高尚な心持ち」だけでは企業の芸術支援を続けることが困難な場合が多い**。なぜならば，企業は利潤を追求する主体だからである。たしかに，**芸術支援をビジネスや ROI（投資利益率）といった収支面で考えると抵抗感が大きくなりやすい**かもしれない。しかし，**コミュニケーション効果という非財務的な側面からその有用性を検討してみる意義**は少なからずあるのではないだろうか。

なぜアートなのか

マスメディアのコンテンツへの広告を除けば，スポンサーシップの対象の代表格はスポーツである。たしかにスポーツチームを持つと，そこでの一体感が生まれるし，交流もある。社内外の一体感が生まれることや報道で自社名が出ることによる知名度アップという点では，スポーツチームのほうが優れている点も多い。

一方，アートの場合は，おそらく**真正性あるいは本物感を企業にもたらすことができる**という点が優れている。社員が，**アートを見る目を養うことは，企業が生み出す製品の感性的な側面を評価できるようになるということである**。これまで，日本企業が提供するものは機能的に申し分のない品質を維持してきたが，市場が成熟化を迎えたことで製品がコモディティ化してしまった。その結果として感性的な面での競争になっている。

そこで必要になってくるのは，社員が感性的な側面を判断できる能力を持つことである。芸術の持つ感性的な基準を判断できなければ，製品の感性的な側面を高めることはできないからである。さらに，新しい表現に価値を見出すアートの感覚を身につけておくということは，新しい発想やイノベーションを誘発する可能性がある。新しい価値観を伴った革新的な製品への発想も可能となる。さらに，社内でそのアイデアを理解し，育てるチャンピオニングにもつながる。

また，アートプレイスに訪れた鑑賞者たちには，感性価値を大切にする企業として知覚してもらいやすくなる。つまり，**真正性を伴うアートは，提供する製品やサービスがコモディティに陥るのを防ぐために，社員が感性を高める内部への効果と，消費者の知覚を変化させる外部への効果の両面から，機能するのである。そうした点でアートプレイスは，競争優位性の高い企業となるための新たな源泉として今後さらに重要になってくる**だろう。

とくに，今そこで生み出されたばかりのアートは作品自体の**評価が定まっていない**ものが多い。伝統的なアートであっても，新しい試みが多くなされ，進化をしていく。たとえば，伝統的な歌舞伎は，新しい演出を試みイノベーションを繰り返し，発展してきている。歌舞伎はそのうえに顧客との関係性の維持においても非常に優れた配慮がなされていそうである。

メディアとしてのアートプレイス

本書で最も強く主張したいのは，**アートプレイスが企業にとってのメディアであり，コミュニケーションや交流の場として重要な役割を果たす**ということである。本書では関係性を育んでいる交流の場づくりに焦点を当てているため，取り上げた事例は交流型が多い。一方で，鑑賞型ペイド・アートプレイスについては一般的なスポンサードに該当し，広告メディアの領域やスポーツのスポンサーシップなどで多く扱われている。

実際に世の中を見てみると，企業は実にさまざまな芸術との関わりを持っている。たとえば，作品を所蔵して会社に飾る，人知れず美術館を運営する，音楽ホールを持つ，協賛コンサートをするといった例はいくつも見られる。どちらかというと交流型よりも鑑賞型のもののほうが一般的である。これまで述べたアートプレイスの4類型のいずれの場合も，それぞれにメリットとデメリットが見られるように，**4類型のいずれが優れているということではない。状況や目的によって，意図して使い分ける**ことができるだろう。

自社がすでにアートに関わってきた歴史，自社が関係を育みたいステークホルダーは誰か，どの程度深く関わっていきたいのか，自社が取り組みたい社会課題は何か，自社の経営理念とどの程度合いそうか，どの程度予算を割けるのか，などさまざまな点から芸術支援を検討することができそうである。自社のアートとの関わりを整理するために，本書で提示した枠組みや分析結果がヒントとなれば幸いである。

鑑賞型のアートプレイスからの発展

鑑賞型のオウンド・アートプレイスを持つ企業は，目的に応じて交流型プログラムを併用することで異なるステークホルダーとの関係性を構築するとともに，組織内外の異なる資産に到達できる。**鑑賞型で広くリーチし，交流型プログラムで深い関係性を育む**のである。深い関係性を育んだ相手は自社の味方となり，その味方がまたその友人を連れてくる，といった好循環も生み出せるだろう。

2021 年 7 月，筆者は日東工業という企業で対話型鑑賞を実施した。日東工業は，美術作品をコレクションし，社内に絵画を展示し，一般の人が通ることができる敷地沿いの道に彫刻を展示している BtoB 企業である。いままでは展示するだけであったが，最近，対話型鑑賞プログラムをはじめた。そのプログラムでは，それまであまり話をしたことがなかった他部署の社員との交流が少し生まれはじめている。今後は，近隣住民との交流プログラムも考えられるだろう。このように，すでにある資産を活かしながら，ちょっとした手間をかけて小さな交流をつくりだすことが可能かもしれない。

アート組織の取り組みへのヒント

今回は大原美術館やアーラなど，有名なアートプレイスを取り上げたが，ここからも多くのヒントが得られるだろう。大原美術館は，常に多様なステークホルダーとの関係を考えながらさまざまな企画を打ち出してきているため，長い歴史を経てもなお地域の要として機能しつつ，いまでも芸術を支援し続けることができている。同様にアーラは関係性をつくることを目的とする先進的な文化施設である。また，ロフトワークにいたっては，交流そのものの設計を事業としていた。とくに，**規模の小さなアート組織にとって，関係性を育む交流の機能は活用しやすい**と考えられる。手間がかかるが**小さくはじめると予算はそれほどかからない**からである。**小さい**

規模のほうが，互いに顔が見える関係性を生むことができるという点ではかえって有利に働くだろう。

また，アーラの「私のあしながおじさんプロジェクト」のように，小さな企業による小口支援を束ねて交流型プログラムをつくるというやり方には，芸術組織にとっての味方をつくっていくヒントがあふれている。多くの資金は出せないが，少しくらいなら出して応援したいという企業に，ていねいなコミュニケーションで仲間となってもらうのである。

芸術関係の組織のなかには芸術をハイアート，ローアートと区別して，「優れた芸術を提供していれば，そのうちにわかってくれる」とか「わかってくれる人にだけ届けばよい」といった感覚を持っているところがある。顧客志向のエンタテイメントとアートを両立させることは難しい側面があるかもしれない。そうした問題を解決するために，たとえば，**高度な芸術を生むという点を主目的にするプログラムと，交流を主目的にするプログラムとを分けてラインナップしていく**など，いずれを重視するのかを決めて取り組む方法も考えられるだろう。

もちろん，エンタテイメントとアートが両立する場合も多くある。とくに，教育においてはエデュテインメントやゲーミフィケーションというかたちで，教育と娯楽の融合が模索されている。本物のアートを対話型鑑賞で楽しむ以外にも，ニッケのように子どもたち向けのワークショップでプロの工藝作家が教えるなどさまざまな工夫を凝らす余地はある。そうした芸術を通じて子どもたちが触れる真正性は，ほかの体験では得がたいものとなるだろう。

芸術と商業のジレンマ

本書ではこれまで，企業がアートプレイスを介して，さまざまなステークホルダーとの関係性を構築し維持できるという点で，企業にベネフィットがあることを示してきた。しかし，芸術支援のやり方を見誤り，過度な商業主義に走ってしまうと，批判を受けることにつながりかねない。そういった点から，企業が芸術に関わる態度について考えておきたい。

美術館では近年「**市民の信託（Public Trust）**」と呼ばれるテーマが論じられてきている。美術館は，商業主義に絡め取られることなく，公正に美術作品を評価し公開していると市民から信頼されている。その信頼を前提として特別な地位が与えられているのだとする考え方である。

この前提があるにもかかわらず，特定のプライベートセクターへの有利な展示を行うことが，これまで幾度も批判されてきた。たとえば，1997年イギリスでの「センセーション展」は，イギリスの著名コレクターのコレクションのものを展示したもので，若手アーティストたちによる挑発的な内容の作品を扱ったものであり話題になった。その巡回展が1999年にアメリカのブルックリン美術館でも開催され，そのショッキングな表現内容へのニューヨーク市長からの批判もあったが，それよりも個人のコレクションの価値を高めるために展覧会を行ったことに対して批判がなされた（中島 n. d.；Cuno 2003）。美術作品が美術館に展示されると，評価が高まることが多いためである。また，グッゲンハイム美術館は，アルマーニのデザイナーから1500万ドルの寄付を得たあとに，アルマーニ展を開催し批判された（Cuno 2003）。

ほかにも，スミソニアンのアメリカ史博物館に対して，ゼネラル・モーターズがGM輸送史室のスポンサーとして1000万ドルを出すことに同意したところ内外から批判された。ひとつの産業の全体像を描く展示スペースであるにもかかわらず，一企業にその名前を冠する特権を許すことになるというのは，公共機関としてのスミソニアンの公平性を害するからだという（Lowry 2003）。

現在日本でも，ファッションブランドやアニメなどエンタテイメントを扱う美術展は多く見られる。また，企業によるネーミングライツで支えられる美術館もある。その点への批判を受けないためにも，美術館や美術の専門家による評価や判断をもとにしたキュレーションを尊重しながら，公平な運営が可能となるような体制を支援することが重要だろう。

アートを支援し，アートに支援される

本書では「企業が芸術支援をしている」という視点で事象を捉えてきた。企業がアートプレイスに多額の資金や人材を提供する例にはさまざまなものがあり，そうしたサポートによって芸術が今日まで支えられてきた側面があると考えてよいだろう。だが，それはいくつかある捉え方のひとつにすぎない。反対に企業が**アートから支援される**という視点もあると考えられるのではないか。

本書でも，企業が支援する芸術から新しい着想を得たり，芸術支援の場づくりの過程でさまざまな人脈やつながりが生まれ，自社の味方や仲間と協力してさらに場を構築していった数々の事例が登場した。支援というのは金銭だけにかぎらない。ときには協力や応援，励まし，新たなつながりの紹介といったことも広く「支援」に含めることが可能である。そう考えれば，企業はアートプレイスを支援すると同時に，アートプレイスから支援されているとも捉えることができるのである。

これまで，企業がメセナやCSR（企業の社会的責任）という観点から，どのように芸術を支援するべきかという議論は数多くなされてきた。しかし，そこには企業にどのようなメリットがあるのかといった観点が十分に定まっていなかったために，バブル経済期に行われていたメセナのように，景気に左右されるきらいがあった。

だが，事業活動の一環として捉え直してみると，企業が**芸術支援を通じて得られる効用は存在するのか**，そうだとすれば，**具体的にどのようなものなのかを考えることは大変重要**である。そして，本書がその**問いに対する答えとして用意したのが，アートプレイスはその場を介して多様なステークホルダーとのコミュニケーションが行われ，関係性を構築することができるメディアたりえる**ということである。アートプレイスは４つのタイプに分けることができた。タイプによって，そのステークホルダーとの関係の広さや期間は異なり，関係性が構築されていくプロセスで，組織内外に対するさまざまな効果が見られた。

アートプレイスに企業の内部の人々が関わることで，個人として感性的な判断基準を持ち，その結果，事業や組織としての感性的価値を高めることができる。多様な価値観に気づくことで新事業へのヒントを得るだけでなく，企業経営上の問題に気づき，不祥事などの危機を予測して回避することにもつながりうるだろう。

文化を守り育てるという行為は社会的な意義も高く，鑑賞型アートプレイスの場合，到達できるステークホルダーの範囲を広めることによって，知名度アップや企業イメージの向上にもつながるだろう。他方，交流型アートプレイスの場合は，さまざまなステークホルダーとともにプログラムを進めていくことで，組織を超えたより大きなコミュニティのなかで一体感を持つ機会を得，自社の味方を増やしていくこともできるだろう。

オウンド・アートプレイスの場合は，企業らしさの伝達が可能である。社内への経営理念の浸透とともに，社外に向けて事業領域といった伝わりやすいものから，事業に取り組む姿勢や信念といったより抽象度の高い内容を含めた，企業らしさを伝えることができる。ペイド・アートプレイスの場合は，専門性の高いメディアをただちに利用することができ，かつ交流型であれば，専門的なクリエイティブ人材との交流によりマインドセットの機会を必要に応じて持つことができるだろう。

以上の主張は，これからの企業の芸術支援のあり方を検討したものであり，本書で取り上げた事例ではエビデンスとして十分な数ではないかもしれない。しかし，そうであったとしても，本書では企業の芸術支援担当者が，社内や株主への説明責任を果たすために必要な視座をいくつかを示すことができたのではないかと考えている。**古来，劇場や美術館，コンサートホールといった芸術鑑賞は存在していた。しかし，本書でスポットライトを当てたアートプレイスは，製品のコモディティ化が進み，かつ広告が効きにくい時代に，企業が存続していくために社会を知るための場としても機能しうる。アートが存在し，人々がアートに触れる場は，企業がコミュニケーションや交流を通じてさまざまな人たちとつながるパブリック・リレーションズのための「新しい」メディアとして再認識され，今後さらに活用されていくことだろう。**

参考文献

中嶋泉（n. d.）Artscape アートワード「センセーション」展（https://artscape.jp/artword/index.php/「センセーション」展）最終アクセス 2022 年 10 月 25 日

Cuno, J. (2004) Introduction, in J. Cuno ed. *Whose muse?: Art museums and the public trust*, Princeton University Press.（ジェイムズ・クノー「序」ジェイムズ・クノー編，村上博哉・小野寺玲子・平川淳・森美樹訳『美術館は誰のものか――美術館と市民の信託』ブリュッケ，2008 年）

Lowry, G. D. (2003) A deontological approach to art museums and the public trust, in J. Cuno ed., *Whose muse?: Art museums and the public trust*, Princeton University Press.（グレン・D. ラウリー「義務論から考える美術館と市民の信託」，ジェイムズ・クノー編，村上博哉・小野寺玲子・平川淳・森美樹訳『美術館は誰のものか――美術館と市民の信託』ブリュッケ，2008 年）

補論
本書が依拠する
概念と理論

補論 1

アートプレイスの役割

1. 経営的視点から見たアートプレイス

補論では，アートプレイスを語るための背景理論について，さまざまな分野の研究をレビューしていく。

本書では，アートプレイスを基本的にはメディアとして捉えている。そこで最初に，**交流の舞台としてのメディア**概念について見ていくこととする。第 3 節では，アートの価値について見ていくために，経済学的視点から見た文化について**文化経済学**の立場を概観する。第 4 節では**アートの価値**を論じるために**アートの役割**について整理をし，さらに，アートの価値の背景にある**アートの真正性**をもとに掘り下げていく。

2. 交流の舞台としてのメディア

■ メディアとは何か

メディアという言葉は，さまざまな分野でさまざまな意味で使われてきているが，ここでは，**社会的装置としてのコミュニケーション・メディア**について，検討していくことにしたい[★1]。メディアとは，情報の送り手と受け手の中間的な位置にあり，情報を伝達するための道具ないし手段であり，情報を蓄積したり，処理したりするために用いる道具や装置も含める（三上 2004）とされている。メディアのあり方は，技術的な側面から規定されるのではなく，「身体や社会との複雑で多層的な相関の中で，社会的に生成されてきた」（水越 1996，p.13）という指摘がある。また，「メディアはメッセージ」という有名なM. マクルーハンの言葉は，たとえば，テレビ媒体が社会に影響を与えるという場合には，その内容などではなく，「テレビというメディアが各家庭に行き渡り，全国で一斉に放送され，チャンネルを合わせれば誰もが同じ番組を視聴する機会を得る，というメディア特性やその社会的規模」（門林 2021，p.101）であるという。つまり，社会のなかに埋め込まれた受信機の普及，民放テレビというビジネスモデル，テレビ視聴という人々の文化実践，などをすべて含めた社会的な装置としてのコミュニケーション・メディアをさしているともいえるだろう。今日的には，スマートフォンが普及し，その多くにSNSアプリがインストールされており，それを使う生活習慣が一般的になり，マスメディアの報道と相互に影響し合う社会状況などをさすことになる。

本書ではメディアを，**情報を送り手から受け手に伝達していく装置**と広く捉えている。アートプレイスは人々が芸術を鑑賞しにやってくる場であり，そこではさまざまな情報が伝達されている。それは，企業のロゴがそれとなく提示されているスポンサードの場合もあれば，鑑賞者と作品との対話によって企業理念を伝えるアートプレイスまで多様である。アートプレイスがメディアとして人々に影響を与えるというのは，企業によってさまざまなアートが支援され，多くの美術館やコンサートホールといった物理的な場だけでなく，音楽プロジェクトやアーティストのいるワークショップといった活動において，多様な人々の相互作用が行われている状況をさすのである。

★1　メディアには，ほかにも「拡張された身体としてのメディア」という意味もある。それは，人間の機能の外部化の道具としてメディアを捉える視座である（門林・増田 2021）。脳機能の外部化のための記憶媒体，耳と口の拡張としての電話など，技術を身体の拡張として捉える。メディア論では，メディア技術が人間の身体にとって単に外的な存在物ではなく常に身体化を伴って経験されるとする（門林・増田 2021）。メディア論だけでなく，心理学や考古学など広い分野でこの視座は見られる。

■ メディアの分類

コミュニケーション・メディアにもさまざまなものがある。たとえば，マスメディア，パーソナルメディアといったオーディエンスの数による分類や，電波媒体，紙媒体といった情報の伝達技術による分類などである。しかし近年はインターネットの普及により，このような分類が難しくなってきている。たとえば，雑誌媒体を見てみよう。従来の雑誌媒体は，特定のセグメントを対象にしながら印刷された冊子を本の流通システムに乗せ販売していくか，定期購読により郵送するといったモ

表補 1-1　メディアマトリクス

キャリアの性質	発信者	記号の特性			
		映像・リアル体験	音　声	画像＋テキスト	テキスト
電波系	媒体社	テレビ	ラジオ		
通信系	媒体社	映像配信 ニュースサイト， ウェブマガジン	音声配信	ニュースサイト， ウェブマガジン	
	企　業	ホームページ 企業チャネル	ポッドキャスト 音声配信	ホームページ ブランドサイト	メール
	個人（プラットフォーム）	動画共有 動画 SNS	ポッドキャスト 音声 SNS	集合知サイト 画像 SNS	メール 通信アプリ
輸送系	媒体社			新聞，雑誌	
	企　業			広報誌，DM	
空間系	媒体社	スポーツイベント アートプレイス			
	企　業	自社店舗，イベント， アートプレイス			
	個　人		クチコミ		

（出所）三上 2004，p. 29 をもとに筆者作成。

デルであった。しかし，現在では雑誌媒体は，セグメントされたオーディエンスに対して，魅力的な世界観を伝えるコンテンツをさまざまなチャネルを通じて発信するものになっている。たとえば若い女性向けファッション誌の『non-no』は，紙媒体だけでなく，インターネット上のウェブマガジンにも記事を転載している。さらに，その誌面に登場するモデルが発信する SNS での投稿も広告媒体としてのメニューに組み込まれており，そのコンテンツをスポンサー企業の店頭 POP 広告として展開することも可能である。紙媒体，ウェブマガジン，SNS，店頭メディアまでをも含んだ複数の接点を串刺しにした「ブランド」としての雑誌タイトルになっているのである。電波メディアであるテレビも，インターネットによる配信も同時に行うようになってきており，放送と通信はますます融合していくことになるだろう。メディアの分類の境界が曖昧になってきている。

そのような混沌としたメディア環境における現在の様相を整理したものが**表補 1-1** である。キャリアの性質と記号の特性の 2 つの軸で分類したものに，発信者のタイプを加え整理した。前述したように雑誌メディアが輸送系メディアだけで終わらず，通信系メディアでもあり，空間系へも進出しているように，複数のキャリア横断的に利用されている。

アートプレイスは，基本的には空間系メディアにあたる。ただし，コロナ禍のコンサートがインターネットで配信され，バーチャルな美術館がオープンするなど，アートプレイスが，雑誌やテレビと同様に空間メディアに限定されていない点が，現在のメディア環境での特徴であろう。このなかで，発信者が企業であるものがオウンドメディアにあたり，発信者が媒体社（ここでは芸術文化組織）であるものが，ペイドメディアにあたる。

■ トリプルメディア，PESO モデル

従来の四大マス媒体とする分類を採用しにくくなったため，マーケティングの世界では，トリプルメディアや PESO モデルといった，利用の仕方をもとにした分類が使われるようになってきている。

Leberecht（2009）は，CNET のブログで「マルチメディア 2.0 ―― ペイドトリプルメディアからアーンドメディア，そしてオウンドメディアへ」という記事を投稿し，これが反響を呼んだ。マーケターがオーディエンスと対話するチャネルには，**ペイドメディア**，**アーンドメディア**，**オウンドメディア**の 3 つがある。ペイドメディアは媒体にお金を払う広告のことである。アーンドメディアはマスメディアの報道や消費者によるソーシャルメディアなど第三者が発信するものをさす。オウンドメディアとは，企業やブランドが独自のコンテンツをつくり直接管理するメディアである。これまでのような**ペイドメディアだけでは限界がきている**ことを指摘し，**アーンドメディアやオウンドメディアが重要になってきている**ということを主張し，総合的なアプローチが有効であることを述べた。

翌年には Bartholomew（2010）が，広報的な視点からデジタルコンテンツの測定という課題に取り組むために，PESO モデルを示した。上記のアーンドメディアを，専門家による報道（アーンドメディア）と，消費者によるシェアードメディアに分け，全部で 4 種のメディアに分類したのである。ペイドとは，第三者によるすべての形式の有料コンテンツをさし，バナー広告から，スポンサーシップ，記事広告なども含まれる。**アーンドとは**，伝統的メディアだけでなく，**ブロガーや専門性の高いインフルエンサーとのリレーション**なども含む。アーンドメディアに対して，マーケターはコントロールができないものの，記事を書いている人たちに情報提供するなどにより，掲載を働きかけようとする。**シェアードとは，消費者によるネット上のクチコミとリアルなクチコミ**である。**オウンドとは，企業やブランドによって管理されたウェブサイトや企業アカウント**などをさす。このモデルがめざすのは，広報の成果指標として何を測定すればよいのかという点を，ペイドの広告メディア以外にも拡げ，検討していこうとすることであった。

いずれも，専門の媒体社がつくるメディアに広告を出稿するというかたちだけでは，マーケティングするためのコミュニケーションとしては不十分であることが指

摘されている。では，何が重要かというと，自社コンテンツである**オウンドメディアが存在感を増してくる**ことである。自社で管理し制作するための手間やスキル，コストが必要となるが，自社ですべてをコントロール可能であるため，自社がめざすイメージを表すコンテンツをつくりあげることができるのである。自社サイト上で自社のブランドの世界観をつくりだすことをめざし，そこから**専門家によるアーンドメディアに見つけてもらい**，さらに，**シェアードメディアでの拡散を図る**のである。

従来，アーンドメディアは記者など第三者からの情報であるため信頼性が高く，企業が発信する広告（ペイド）は信頼性が低いとされてきた[★2]。ところが近年，その信頼性の知覚が変化しているようである。企業が自ら発信するものがなぜ信頼が高くないのかと学生から質問を受けることが少なくない。学生たちから見ると，企業のサイトの情報は，信頼に値するものとして捉えられているようである。また，近年の偏向報道により，企業が本当に伝えたい内容を偏見なく報道してもらうことが難しくなっている。ソーシャルメディア上では，ささいなことが不祥事として扱われ炎上する例も少なくない。そういった意味で，**企業が自ら発信するオウンドメディアが今後，ますます重要になってくる**といえるだろう。

★2　山岸（1998）は，意図への信頼と，能力への信頼を区別している。前者は，やろうとしたことをやる意図があるかどうかであり，後者は，やろうとしたことをやる能力があるかどうかである。正しいコンテンツを書く意図があるかどうかという点で，企業がつくる広告は意図的な信頼性は高くないかもしれない。自社に都合のよい情報を掲載するのではないかという懸念があるからである。しかし第三者である記者が書くものは，回し者ではないという点で，正しい情報を提供しようという意図的な信頼性は高いといえる。このように，企業発信の情報は意図的な信頼性が低いとされてきた。しかし，近年では企業は正しい情報を出していると感じている消費者も多く，また，専門的な評価能力も高いことは間違いない。そういった意味でも，企業発信のオウンドメディアの信頼性は，高いといってもいいかもしれない。

■ ペイド・アートプレイスとオウンド・アートプレイスの違い

本書では，自社が運営するアートプレイスをオウンドメディアと捉え，ほかの芸術文化組織に対してスポンサードする場合をペイドメディアとして捉えている。その違いは，媒体料金を払って他社組織の場を利用するのか，自社で一から場をつくるのかの違いである。

芸術の専門家である芸術文化組織がつくったコンテンツに対してスポンサードしていくペイド型の場合は，外部の専門家の力でつくられた優れた芸術に対する支援ということになる。評価の難しい新しい芸術，未来に残すべき芸術の保存，次世代教育への支援など，専門組織による活動を支援していくことは，重要な社会貢献である。この場合は，自社人材だけではなしえない高度なレベルの知識やノウハウが必要となるため，外部の芸術専門組織が持つ専門性を最大限に活かした展開となる。長期間にわたり培ってきた芸術性の高さを，自社のイメージと融合させ企業ブランドにさらなる高品質イメージを付加することや，自社では到達できない新しいオーディエンスへアプローチするといったことが可能となる。

一方，**オウンド型のアートプレイス**の場合，社会や芸術に本気で向き合いながら，自社でコンテンツや場をつくるということになる。本業とは直接関係がない場合も多く，芸術の専門家でもない人々が芸術組織を立ち上げ運営していかなければならない。専門性がない場合は，自社に専門人材を抱える必要がある。本格的な芸術文化組織として世界に通用するレベルの活動をしている企業もある。そうでない場合には，さまざまなアート系組織やアーティスト，関係者との連携が必要となる。この連携作業というのが，実は**ステークホルダーとの関係性を高める絶好の機会**といえるだろう。そして，**本業とは関係のない芸術を扱うとしても，そこには，企業のアイデンティティやブランドの世界観がにじみ出る**ことになり，それを**多様なステークホルダーに伝えていく重要な場となる**のである。

■ 交流の舞台としてのアートプレイス

本書ではアートプレイスをメディアと捉えている。鑑賞する場としてのアートプレイスを鑑賞型，そこで人々の相互作用があり交流が行われる場合を交流型とした。**交流型のアートプレイスは，人々が参加する場としてのプラットフォーム**であり，**双方向あるいは多対多というコミュニケーションが行われる装置**である。鑑賞型の場合，作品のある空間において，多くの人に同じコンテンツが届くため，幅広くアプローチするには有用だが，交流は発生しにくい。そのため，その場へのコミットメントが生じるには長い時間がかかる。一方，交流型の場合は，アートプレイスに人々が同時に参加するため，その場での交流により，コミュニティが生まれやすい。アートを介した交流が，新たな価値，たとえば新しく生み出される芸術的価値や，つながりによる協働の成果など，さまざまな変化をもたらす可能性がある。

この交流の舞台としてのアートプレイスは，**プラットフォーム**として機能する。プラットフォームにはさまざまな意味[★3]があるが，いずれも「**水平であり，人やものが乗ることができ，誰にでも開かれている**」という意味合いを含んでいる。ビジネスの世界では，現在，プラットフォーム型のビジネスの成長がめざましい。たとえば，パソコンのOS，クレジットカード，宿泊予約サイトなど，ほかの製品やアクターの基盤となるようなしくみ，あるいは2者間を仲介するようなしくみを提供するビジネスのことである。根来（2017）によると，「“プラットフォームというのは，お客さんに価値を提供する製品群の土台になるもの”つまり“他のプレイヤー（企業，消費者など）が提供する製品・サービス・情報と一体になってはじめて価値を持つ製品・サービス”を意味する」（p.17）。

これらから，プラットフォームとは，**人々が参加することができる土台**であり，それは比較的多くの人々に開かれている場である。また，プラットフォームそのものだけでは価値は発揮しきれないものであり，人やモノが参加することにより価値が出てくるものと考えてよいだろう。

すなわち，**交流型のアートプレイスとは，関係者が参加することによってはじめて価値が出る場**といえるだろう。たとえば，第３章で取り上げたニッケの「工房からの風」は，工藝作家，ギャラリスト，バイヤー，使い手である消費者が集まり参加することによって，はじめて価値が出る。そこでは，工藝作家同士の切磋琢磨だけでなく，顔の見える買い手との会話，イベントのワークショップに参加した先輩作家と子どもたち，本社の経営陣やメディアなど，多くのステークホルダーが新たな工藝業界の道を開いている。

ただし，実のあるプラットフォームを実現させるためには，そのコーディネートに手間とコストがかかり，またその調整能力や芸術を見る目などの能力的な側面も欠かせない。

★3　Gillespie（2010）によると，プラットフォームには主に４つの領域での意味がある。コンピュータの技術的な文脈では，OS，ゲーム機器，ディスクフォーマットなど，特定のアプリケーションの設計と使用をサポートするインフラとしての意味である。建築的な意味では，「人やものが立つことができる平らな面であり，通常は特定の活動や操作を目的とした独立した構造物」をさしている。比喩的な意味では，「ある行動，出来事，計算，条件などの根拠，基礎，土台」であり，「達成された地位やもたらされた状況で，さらなる達成のための基礎を形成するもの」ともいわれている。政治的には，プラットフォームは政治的信念を意味し，中立的な意味合いは薄れ立場を意味するようになる。

3．文化経済学の視座

■ 文化経済学登場の背景

アートがどのような価値を持つのかについて検討するうえで，文化の経済的価値を扱う分野である文化経済学が登場した背景について触れておこう。文化芸術が経済的な側面から研究されることは，以前はあまり多くなかった。経済学が扱う財（商品やサービス）のなかには，文化芸術は入っていなかったのである。しかし，**芸術には経済的な側面以外のさまざまな効用（買い手にとっての主観的な満足や価値）があり，経済学においてもそれを前提とすべき**点が徐々に指摘されるようになっていった。

文化経済学が定着しはじめたのは1960年代とされており，その萌芽となったものは，W. J. ボウモルとW. G. ボウエンの『舞台芸術――芸術と経済のジレンマ』（Baumol and Bowen 1966）と，A. トフラーの『文化の消費者』（Toffler 1964）であろう。

ボウモルとボウエンは，パフォーミング・アーツが通常の財と異なる点を理論化しようとした。たとえば，一流のオーケストラ公演には**直接の享受者である聴衆にとっての効用だけでなく，それ以外への波及効果がある。**国や都市の誇りとなりプレステージ性が高くなるといった威光価値や観光誘引やレストラン利用などの経済効果などである。こういった直接的なサービス利用者を超えた効果は，**外部性**と呼ばれる。このような外部性があるにもかかわらず，舞台芸術などの産業は，技術革新もそれほどなく供給側の効率を高めることは難しい。チケット収入だけで維持することは難しいのである。また，チケット価格を上げると，高所得者しか享受できなくなるといった問題もある。この考えをベースに，文化芸術をインフラとして捉え，公的なサポートの必要性が主張されたのであった。

トフラーは所得の面と時間の面での「ゆとり」のある階層がアメリカで増加し，それに伴い**文化の消費者**[★4]が増え，芸術産業は無視できない規模になったことを指摘している。そのなかから，企業と文化の新たな関係について見ておこう。企業には，芸術支援のタイプと，芸術の興行主として利益を求めるタイプがあると指摘している。ショッピングセンターが演劇事業に参入する例，シアーズが原画販売事業に参入する例などをあげ，もともと芸術と関係ない企業が参入していること，また，このような文化活動関連組織が顧客として有力であることを示した。つまり**企業は「パトロン」「興行主」「売り手」「買い手」となっている**と指摘したのである。このような企業と文化芸術との和解が進んだ理由が3つあげられている。1つめは，ゆとりある階層の興隆が新しい市場を生み出しているからである。これには文化の消費者だけでなく，企業の商品を売るために文化のイメージを利用することも含まれている。2つめは，従業員対策である。広い国土で高学歴の専門職を採用するためには，文化不毛の地では採用が難しいことがその要因である。そのため，従業員の芸術活動を支援するだけでなく，企業が生存する地域で芸術振興を行うのである。3つめは，実業家の個人的趣味である。ここで和解という言葉を使っているように，文化と商業とのあいだに乖離があることが示されている。芸術が商業の手段になることへの批判についても触れたあとで，「実業界の資金は今後ますます美術館，オーケストラ，オペラや劇場を活性化するような，生き生きとした支援のために使われるようになり，芸術と実業界のふたつの世界は絶えず行き来されるであろう。このような状況において，芸術家が和解に応じないままでいるのは，ずっと難しくなってくるだろう」（Toffler 1964，邦訳 p.119）と予測した。

また，池上ほか（1998）の著書『文化経済学』の序章は，文化経済学の視座を的確に指摘している。それによると，最初の関心事は，**芸術文化が発展し普及すると，経済成長につながるのか**という点であった。それ以前は，経済芸術文化が発展や普及すると，経済の停滞をもたらす原因のひとつと考えられてきた。なぜなら，文化芸術は「贅沢な消費活動」であるがゆえに人々を遊びと浪費の世界に引き込んでしまい，生産の成果を浪費し経済の停滞をもたらすからだというのだ。そこへ，3 つの変化が起こる。**消費者の文化的欲求，企業の文化志向，まちづくりにおける文化政策の登場**である。

1 つめの消費者の変化は，芸術を志向する消費者が増加してきたことである。トフラーが『文化の消費者』で示したような，経済的および時間的ゆとりのある階層による芸術の消費者の存在とそれに関連する産業の伸びである。

2 つめは，企業の変化である。基本的に企業というものは営利組織であるため，利潤の最大化を図ることを志向する。しかし，利潤だけでなく環境や社会への貢献に対する志向を見せるようにもなる。1990 年の日本での企業メセナ協議会の発足は，ひとつの画期であった。「文化や倫理への配慮と投資が，経済組織としての企業を長期的にみれば発展させるという，ものの見方が現れたのである」（池上ほか 1998，p.6）。企業は利潤の最大化を図るだけでなく，社会の一員として長期的な視野を持って社会貢献活動を展開せざるをえなくなってきた。

3 つめの変化は，地域経済にとって文化芸術が利するという認識の登場である。「文化によるまちづくり」は経済発展と両立するだけでなく，経済発展へとつながるという評価になっていく。それまでの工場誘致による雇用促進からは，かなりの変化といえる。

その後，ボウモルとボウエンが行ったような定量的な手法を用いて，芸術文化消費に影響を与える要因についての研究が進んでいった。それは，経済的要因以外の要因を用いることになり，たとえば，消費者の文化的背景，知識と経験によってその効用が異なるという点なども研究されていった。また，「文化産業を含めたいわば文化と経済が渾然一体となった現象を分析」（後藤 2019，p.4）するようになった。

現在では，クリエイティブ産業の研究，著作権制度と市場の研究，芸術家の労働問題，芸術家を育てる市場でもある家元など芸術家の制度の研究，経済資本と同じように文化経済が企業のパフォーマンスに寄与するという立場の創造経済，まちづくりへの芸術の活用や創造都市という議論，芸術文化組織をいかに経営していくのかというアート・マネジメント分野の研究など，非常に多岐にわたる研究が見られる。

★4 「クラシック音楽を聴き，コンサート，演劇，オペラ，ダンスリサイタル，あるいは芸術映画を鑑賞し，美術館やギャラリーを訪れる人，あるいは芸術への関心を喚起する本の読者」（Toffler 1964，邦訳 p.28）と定義している。

■ 文化政策

経済学の用語でいえば，芸術文化は準公共財にあたり，市場メカニズムのなかだけで解決できない，つまり市場の失敗がおこりやすい分野である[★5]。そのために，公的な政策の介入がなされることになる。**顧客からの収入だけではやっていけない芸術に対しては，公的支援あるいは企業や個人からの寄付のいずれかによって支える必要がある**ことは，第 1 章で示したとおりである。

この公的な支援には直接的な支援と間接的な支援がある。**直接的な支援**のひとつは，国や自治体が美術館を持つなど直接運営にあたることである。もうひとつは，補助金を出すことである。政府が文化芸術の支援をする際には，表現の自由の観点から，その内容にはできるだけ介入しないほうがよいとされている。政府が芸術の支援をする際に「金は出しても口は出さない」ことを「**アームレングスの原則**」といい，芸術文化支援での最も重要な原則となっている（阪本 2019）。

間接的な支援は，**税制によるインセンティブ**である。芸術団体への寄付に対して有利な税制を導入することをいう。この場合は，政府による内容の選別が行われることなく，人々の嗜好を反映した多様な芸術への支援をすることができる。アメリカの場合は 20 世紀初頭から個人の寄付金控除がはじまったが，日本は 1950 年に文化財関連の法人の寄付金控除からはじまり，次第に個人へと拡充されていった。このように国ごとに歴史的な経緯が異なることから，アメリカでは個人の寄付が多く，日本では法人による寄付が多いといった違いが生まれている（後藤 2019）。

国際比較をしてみると，国家予算に占める文化予算の割合は，最も多いフランスの 1.06% と比較すると，アメリカは 0.03%，日本は 0.11% と非常に低い。ところが，GDP に占める寄付の割合はアメリカが 1.67% と高く，一方，フランスは 0.14%，日本は 0.16% と低くなっている。つまり，**日本の場合は公的な文化予算も寄付の割合も低い状況にある**（文化庁 2010）。そのため日本では聴衆が支払うチケット代も高くなる傾向にある。また，自治体による文化支援は，まちづくりと関連して実施されており，それらはハコモノ行政と呼ばれるようにハード中心の支援が続いてきている。現在でもその傾向は否めないが，自治体がまちづくりに芸術を活用しようとする動きは少なくない。

日本の文化庁の予算は年間約 1000 億円の規模であり，それは 2003 年頃から横ばいである。その予算の 5 割近くが文化財保護に使われており，3 割強が国立の博物館などの施設予算，残りが人材育成などの芸術振興予算である。

公的支援の少なさ，税制からくる個人の寄付の少なさを補うように，日本では企業がさまざまなかたちで芸術の支援を行ってきた。メセナ活動実態調査によると，回答企業 240 社と財団 150 団体の活動費を合計すると 667 億円（メセナ協議会 2021）と文化庁予算の約 7 割もの金額となる。メセナ活動は，企業内での位置づけも明確化されている場合が少なくなく，意思のある支援をしている企業も多く見られる。**企業や財団は日本の文化芸術を支える重要なセクター**なのである。

★5 われわれが購入して消費するものを私的財というが，誰もが使えて，ほかの誰かが使ってもその便益が変わらないものを公共財という。たとえば公園や道路などである。誰もが使えること，つまり特定の集団だけに利用させないようにし，他の人を排除することができないことを非排除性と呼ぶ。また，ほかの誰かが使っても競合せずに利用でき，追加的費用を払わなくてもその効果が失われにくいものを非競合性という。公共財は，この非排除性と非競合性を持っているが，そのどちらかしか持っていないものや不完全にしか持っていないものを準公共財と呼ぶ。

4. アートの価値

■ アートの役割

次に，アートがどのように必要とされ役に立つのか，アートの効用は何か，アートの価値とは何かという点を，考えてみたい。文化経済学，アート・マネジメントなどの分野で芸術文化が扱われており，その価値の記述もさまざまである。立場により違いが見られるものの，共通する部分を見つけ，それを役割としてまとめた（**表補 1-2**）。

そこには，どちらかというと芸術が持つ本質的な部分に関するもの，つまりスポーツなどほかのものよりは芸術のほうが得意だと思われる部分と，芸術をツールとして捉え，芸術によって何ができるのかという外部性を捉えた部分が含まれる。

ひとつめの「**文化遺産としての役割**」は，比較的わかりやすい。すでに評価の定

表補 1-2　芸術の役割

	芸術の役割	文化的価値 Throsby（2001）	アートの必要性 林（2004）	芸術文化の便益 片山（2009）
	分　野	文化経済学	アート・マネジメント	経済学
芸術ならではの本質部分	文化遺産としての役割	歴史的価値	人類の歴史，社会の鏡	文化遺産説
		美学的価値		
		（精神的価値）		
	威信財の役割	象徴的価値	名誉心	国民的威信説・地域アイデンティティ説
		本物の価値		
			（国際交流のツール）	
	イノベーションの誘発剤の役割		多様な価値観の提示	イノベーション説
			世の中を変える力	社会規範機能説
	人間を人間たらしめる役割	精神的価値	人間の絶対条件	
外部性	コミュニケーションツールとしての役割	社会的価値	コミュニケーションの力	
			サイドエフェクト/国際交流のツール	
			サイドエフェクト/アートセラピー	
	経済効果の役割		サイドエフェクト/経済波及効果	地域経済波及説
	イメージ付与の役割	（象徴的価値） （美学的価値）	サイドエフェクト/イメージアップ	
			サイドエフェクト/アートを使って教える	
	その他			オプション価値説

（注） Throsby（2001）によると，文化は経済的な価値のほかに文化的な価値があるとし，それはいくつかの構成要素に分解することができるとしている。文化的価値は次の６つの価値に分解できる。「美学的価値」とは，美，調和，形式といった作品の美学的な性質である。「精神的価値」とは，宗教的あるいは文化的な集団にとって独自の重要性を持つといったもので，独自の文脈で解釈されるものである。「社会的価値」とは，他者との連帯感をもたらすことや，アイデンティティや場の感覚を持つことに貢献するものである。「歴史的価値」は，それがつくられた当時の生活状態をどのように反映しており，さらにそれが現在を照らしているのかのつながりを示す。「象徴的価値」とは，芸術作品が意味を貯蔵し運搬する存在であり，個人が芸術作品を解釈することは意味を引き出すことである。「本物の価値」とは，作品がオリジナルで唯一であることにより，真正性と完全性を持つ。

まった芸術作品が持つものであり，美学的な価値も高いものが多いだろう。それは，文化遺産として社会の歴史や考え方を未来に伝える役割を持つ。人々が未来を考えるための基礎として役立つのである。人々が宗教的な拠りどころとしてきた芸術作品なども，ここに入るかもしれない。

２つめの「**威信財の役割**」とは，国あるいは地域の威信を示し，集団のアイデンティティを示すという役割である。威信財とは文化人類学の用語であり，権力を示すモニュメントや道具をさし，威信財を贈るという行為はさまざまな権力構造に影響することになる。たとえば，王の権力を示す古墳，神からのお墨付きを表す三種の神器などである。威信財には，巨大なモニュメントだけでなく，装飾品や土器，茶器といった芸術作品が含められる。現在では地域の人々が誇りを持つ芸術作品を擁する美術館，国家のアイデンティティを表す美術作品や音楽作品などがあるだろう。また，国家間の威信財の贈与は，外交的な点からも意味のあるものだろう。

3つめの「**イノベーションの誘発材の役割**」とは，人々が芸術作品に触れ，向き合うことで刺激を受け，そこから自分のなかに新しい考え方が生まれるという役割である。社会規範に気づくことや，多様な価値観に気づくこと，新しいものを生み出す反応様式を獲得することもあるかもしれない。イノベーションを誘発することにもなるだろう。この刺激材の役割は，最もアートらしい役割である。評価が定まっていないアートほど，その効用が高そうである。

ある美術の教科書に，彫刻家の佐藤忠良による「美術を学ぶ人へ」と題された文が掲載されていた（佐藤 1984）。社会科学や自然科学は環境を変えるのに役立つが，美術は環境を変えるのに役立たない。しかし，環境に対する心を変えることができると述べられている。詩や絵に感動した心は，環境に振り回されるのではなく，自主的に環境に対面できるようになるという。環境を変えることができないものは，役に立たないと思っている人もいるだろうが，感ずる心を育てるのである。真剣に美術を学ぶことで感ずる心を育てるのだという。これは，次の人間を人間たらしめることにもつながっていくだろう。

4つめの「**人間を人間たらしめる役割**」とは，人間であるための条件として芸術が機能するということである。また，アートはそれ自体が目的であり，何かの役に立つというものでもないということになる。外部性を求めるのではなく芸術作品そのものが目的と捉えることもできる。

さらに芸術が手段として利用されるという場合，つまり芸術の外部性ともいえる役割がある。5つめの「**コミュニケーションツールとしての役割**」は，アートを通して人々がコミュニケーションをとるというメディアとしての役割である。本書の焦点であるアートプレイスはこのコミュニケーションの場であり，そこにイノベーションの誘発材としてのアートが埋め込まれていると同時に，人々をつなぐ社会的な役割を持つ。

6つめの「**経済効果の役割**」は，芸術があることにより，その周辺産業が経済的に潤うといった効果である。劇場があることで，交通機関や近隣のレストランが利用される。音楽の都ウイーン，パリのルーブル美術館など芸術は観光客を誘引する。

7つめの「**イメージ付与の役割**」とは，芸術のイメージを利用してほかのものにそのイメージを転写していくことである。たとえば，美術館のスポンサーになることで芸術イメージを企業のブランド資産に付与したり，オペラ劇場を建てることで，都市のイメージが変わったりといったことである。

■ アートの価値の源泉としての真正性

次に，アートの価値を生み出す源泉として，「**真正性**（オーセンティシティ：Authenticity)」という概念に注目したい。**オーセンティシティとは，対象に対してどれくらい「本物であるか」を示す概念**（田中 2013）とされ，真正性や本物感と訳されることもある。

この概念は，1970 年代にツーリズム研究に持ち込まれた。Boorstin（1962）は，ツーリスト向けのアトラクションを「疑似イベント」と呼び，その国の文化としての真正性が欠けたものに観光客が満足していると指摘をした。それに対して，MacCannell（1973）は，そうではなくツーリストは，つくられたものではなく現地の人々の実際の暮らしの部分，真正性を求めているのだ。ただし，ツーリストが見た現地の文化が本物かどうかを確かめることはできない。本物のようにつくられたもの，つまり「**演出された真正性**（Staged Authenticity)」なのかもしれない，と主張する。その後，真正性のタイプがどのようなものか，真正性の構成要素は何か，真正性の結果要素は何かといった研究へと発展している（田中 2013)。

真正性概念を経営学分野に持ち込んだのは，経験価値を主張した Gilmore and Pine II（2007）である。経済価値が経験経済へと移行してきた近年においては，「**ほんもの**（Authenticity)」であることこそが，ビジネスの新たな条件になったと主張した。その昔，人々は入手可能かどうかが重要であり，その次は，手軽な価格で入手できるかというコストが重視された。サービス経済化により，消費者は製品の卓越した性能といったものを求め，経験価値が重視しされるようになると，「ほんもの」であるかどうか，それが自分像に合致するかどうかという点を気にするようになったのである。そのために，ブランドが「ほんもの」であることが重要であるとされるようになった。

では，「ほんもの」であることを，ブランドはどのようにつくりだせばよいのだろうか。ビジネスでのほんものを表現するためにアートを使うことができると彼らは主張する（Gilmore and Pine II 2009)。そこで示されたのは，ビジネスでにおける 4 つの**アートの役割**であり，それは 2 つの軸を使った 4 分類である（**図補 1-1**)。ひとつの軸は現実／原理の軸である。現実のアートとは物理的な物体やパフォーマンスをさし，原理のアートとは理論や信念のなかに存在するものとしている。もうひとつの軸はビジネスの統合の程度，つまり，どの程度本業のビジネスに関わ

図補 1-1　芸術の役割

	ビジネスの付随物	ビジネスと統合
現実のアート	モノとしての アート	ビジネスとしての アート
原理のアート	コーズとしての アート	組織原理としての アート

（出所） Gilmore and Pine II 2009, p.11.

るものかというものである。

「**モノとしてのアート**」とは，企業内に展示されているアート，オフィスや商業的空間の装飾などである。このアートは販売されるものではないが，企業の提供物をプロモートしたり（顧客への影響経由），生産したり（従業員への影響経由）するうえでの手がかりとして役立つ。「**ビジネスとしてのアート**」とは，販売されるアートである。芸術作品の販売や芸術体験のための入場料などである。「**コーズとしてのアート**」とは，金銭的な寄付，非金銭的な支援などの芸術への支援をさす。「**組織原理としてのアート**」とは，企業が事業成果を高めるために，アートのコンセプトや手法，哲学を用いることである。ビジネスモデルとして企業全体に浸透する場合もあり，たとえば，音楽をテーマにしたプラハのアリア・ホテルなどがこの例としてあげられている。

実際にはこのように役割を識別することは難しいだろう。ただ，アートがビジネスに対してさまざまな役割を持ちうることをタイプに分けて示したという点では新たな視点を提供してくれている。本書で扱っている企業の芸術支援に照らし合わせて考えてみると，社会貢献を目的としている「コーズとしてのアート」として出発しているものが多いものの，結果として企業のなかに飾られ「モノとしてのアート」になっていることもある。さらに，本業に関係のあるという意味で「ビジネスとしてのアート」にもなっている場合もある。また，経営理念の浸透のためにアートが活かされる場合などは「組織原理としてのアート」にあたるかもしれない。

いずれにせよ，**アートにより企業活動に真正性が付与される**ことは，その企業の原理原則を表現し伝えるだけでなく，外部に対する企業のポジティブなイメージにつながるのだ。たとえば，ブランドの本物感の構成要素の研究（田中・高橋 2016）では，いくつかの構成要素を見出している。歴史，製法，品質，素材，信頼性，オリジナリティ，名声，原産国，職人の技術，使用感，アフター・メンテナンス，長年愛用，社会的承認，デザイン，価値不変性の 15 である。これらを見てみると，アートによって真正性を付与されると，企業やブランドは，信頼性や品質，オリジナリティ，社会的承認，価値のあることや，一流であること，正しいこと，長年続いていること，社会的に認められていることといったイメージを獲得できるのである。

参考文献

池上惇・植木浩・福原義春（1998）「文化経済学の拓く世界」池上惇・植木浩・福原義春編『文化経済学』有斐閣

片山泰輔（2009）「芸術文化と市場経済」小林真理・片山泰輔監修・編『アーツ・マネジメント概論〔三訂版〕』水曜社

門林岳史（2021）「マクルーハンとトロント学派」門林岳史・増田展大編『クリティカル・ワード　メディア論』フィルムアート社

門林岳史・増田展大（2021）「身体」門林岳史・増田展大編『クリティカル・ワード　メディア論』フィルムアート社

後藤和子（2019）「文化経済学とは何か――文化と経済のつながり」後藤和子・勝浦正樹編『文化経済学――理論と実際を学ぶ』有斐閣

阪本崇（2019）「文化政策――政府はどのように文化を支援するのか」後藤和子・勝浦正樹編『文化経済学――理論と実際を学ぶ』有斐閣

佐藤忠良（1984）『少年の美術――教授資料』現代美術社

田中祥司（2013）「真正性の評価過程」『早稲田大学大学院商学研究科紀要』77，91-103.

田中祥司・高橋広行（2016）「ブランドの“本物感”を構成する要素の測定」『流通研究』19(1)，39-52.

林容子（2004）『進化するアートマネージメント』レイライン

文化庁（2010）「文化芸術関連データ集（平成 22 年）」（https://www.bunka.go.jp/seisaku/bunkashingikai/sokai/sokai_10/50/pdf/shiryo_10.pdf）最終アクセス 2022 年 10 月 25 日

根来龍之（2017）『プラットフォームの教科書――超速成長ネットワーク効果の基本と応用』日経 PB 社

三上俊治（2004）『メディアコミュニケーション学への招待』学文社

水越伸（1996）「ソシオ・メディア論の歴史的構図――情報技術・メディア・20 世紀社会」水越伸編『20 世紀のメディア』ジャストシステム

メセナ協議会「メセナ活動実態調査（2021 年度）」

山岸俊男（1998）『信頼の構造――こころと社会の進化ゲーム』東京大学出版会

Bartholomew, D.（2010）*The digitization of research and measurement in public relations,* SME.（https://socialmediaexplorer.com/online-public-relations/the-digitization-of-research-and-measurement-in-public-relations/）最終アクセス 2022 年 10 月 25 日

Baumol, W. J. and W. G. Bowen（1966）*Performing arts: The economic dilemma,* Twentieth Century Fund.（ウィリアム・ボウモル，ウィリアム・ボウエン，池上惇・渡辺守章監訳『舞台芸術――芸術と経済のジレンマ』芸団協出版部，1994 年）

Boorstin D. J.（1962）*The image: A guide to pseudo-events in America,* Harper.（ダニエル・J. ブーアスティン，星野郁美・後藤和彦訳『幻影の時代――マスコミが製造する事実』東京創元社，1964 年）

Gillespie, T.（2010）The politics of “platforms,” *New Media & Society,* 12 (3), 347-364.

Gilmore, J. H. and B. J. Pine II (2007) *Authenticity: What consumers really want,* Harvard Business School Press.（ジェームズ・H. ギルモア，B. ジョセフ・パインII，林正訳『ほんもの』東洋経済新報社，2009 年）

Gilmore, J. H. and B. J. Pine II (2009) *Using art to render authenticity in business,* Arts & Business.（https://www.researchgate.net/publication/291769083_Using_art_to_render_authenticity_in_business）最終アクセス 2022 年 10 月 25 日

Leberecht, T. (2009) *Multimedia 2.0: From paid media to earned media to owned media and back,* CNET.（https://www.cnet.com/news/multimedia-2-0-from-paid-media-to-earned-media-to-owned-media-and-back/）最終アクセス 2022 年 10 月 25 日

MacCannell, D. (1973) Staged authenticity: Arrangements of social space in tourist settings, *American Journal of Sociology,* 79 (3), 589–603.

Throsby, D. (2001) *Economic and culture,* Cambridge University Press.（デイヴィッド・スロスビー，中谷武雄・後藤和子監訳『文化経済学入門――創造性の探究から都市再生まで』日本経済新聞社，2002 年）

Toffler, A. (1964) *The culture consumers: A study of art and affluence in America,* St. Martin's Press.（アルビン・トフラー，岡村二郎監訳『文化の消費者』勁草書房，1997 年）

補論 2

企業と社会のあいだ

1. 企業と社会をつなぐ芸術

補論 2 では，企業と社会をつなぐ芸術について考えていく。本書はパブリック・リレーションズの視座でアートプレイスを捉えようとするため，パブリック・リレーションズの目的であるステークホルダーとの関係性の維持に関する理論を見ておきたい。そこで，次節では企業をとりまくステークホルダーについての理論をレビューする。第 3 節は企業の社会的責任の分野について見ていくこととする。そのなかで CSR や SDGs といった社会の要請と芸術との関係について CSV の概念も含めて検討する。

2. ステークホルダー理論とアートプレイス

■ パブリック・リレーションズとステークホルダー

企業や組織が，それをとりまくステークホルダーとの関係をいかに良好な状態に維持し味方をつくっていくのかが，パブリック・リレーションズの目的である。ステークホルダーとは日本語では利害関係者あるいは関係者と訳されている。**アートプレイスに集う人々は，株主や顧客といった企業にとっては直接的利益をもたらさないかもしれないが，関係を築くべき重要な関係者たち**であり，本書のテーマであるアートプレイスに関していえば，芸術を支援する企業は彼らとアートを介してつながることができる。実際，本書で取り上げた事例でも，地域住民，取引先，将来の顧客，社員，将来の社員，規制当局，マスメディア，そしてアーティストなど，さまざまな関係者が関わっていた。

日本で「**企業は誰のものか**」と尋ねると，多くの人は社長のもの，あるいは社員みんなのためのものという認識であることが多い。しかし，経営学の教科書では「株式会社は株主のもの」となっている。アメリカでは，経営者は株主に対して利益責任を負っていることを強く認識していることはよく指摘されることであり，経営者は株主の顔色をうかがいながら経営することになる。しかし，本来，**企業は株主だけを見ているのではなく，取引先や従業員，地域住民などまでも見据えて経営を行うべきなのではないか**というのが，**ステークホルダー理論**の出発点である。実際，ステークホルダーは，株主を意味するストックホルダーとの対比で使われるようになっていった。

このステークホルダーという言葉が最初に使われたのは，1963年のスタンフォード大学ビジネススクールの研究所内部の文書だとされている。1970年代になると，システム理論の研究者たちがその分析を用いて，社会問題を解決できるのではないかと再び注目したという（Freeman and Reed 1983）。**社会問題は多くの利害関係者が関わっている**ため，環境スキャニング[★1]とその対応を考える枠組みとして利用しようとしていたのである（たとえばMendelow 1981）。

そして，1984年のR. E. フリーマンの著作『Strategic Management: A Stakeholder Approach』は，多様なステークホルダーが重要であることを主張し，そのモニタリングプロセスや対応プロセスの具体的な手法にまで言及した（Freeman 1984）。ステークホルダーの父といわれるフリーマンのこの著作が，本格的なステークホルダー理論のスタートといえるだろう。

フリーマンは2007年の著作の日本語版への序文で，執筆当時をこう振り返っている。彼は1980年代はじめに日本から来た経営者のためのセミナーを担当していた。日本の経営者たちは，最新のアメリカの経営を学ぼうと来ていたのだ。彼らにどのステークホルダーが大切かを尋ねたとき，彼らは従業員，顧客，政府，消費者支援団体が最も重要であると答えたという。当時のアメリカでは，消費者支援団体を中心的なステークホルダーとしてあげることは聞いたことがなかった。その理由を日本人経営者に尋ねると，「私たちは，何が悪いことかを知り，それを正したい」のだ，そして，ある種の合意に達するまでともに働くのだと語ったとされている。フリーマンはステークホルダー間の「**調和**」という言葉を使うが，当時の日本の経営者は調和を大事しており，すでにステークホルダー志向の経営であったのだ（Freeman et al. 2007）。

その後，ステークホルダー理論は，**ビジネス倫理**や**CSR研究**の分野を中心としながら，競争相手を含めたさまざまなアクターに焦点を当てる経営戦略の分野，組織間関係を扱う組織論の分野などビジネスの多様な分野で利用されている。ISO26000（後述）においてもステークホルダーアプローチは採用されている。さらに，近年では政治学の概念を包含しながら，社会問題解決のための合意形成プロセスを扱うための枠組みとしても研究されている。

寄付や助成金が必要なNPOは，そのステークホルダーが複雑である点からもこの分析を利用しており，芸術文化組織にとっても有用なフレームであろう★2。また，**芸術支援をする企業にとって，その影響範囲が多岐にわたる**という意味で，ステークホルダー理論の考え方をおさえておくことは有用だろう。

まず，ステークホルダーとは何か，そしてそれをどう識別し評価するかに関する分析ツールについて説明をしよう。次に，ステークホルダー志向の効果と価値について掘り下げる。さらに，企業がそのステークホルダーといかに調和していくかについてのプロセスに関して検討する。

★1　環境スキャニングとは，企業をとりまくさまざまな環境を理解するために必要な情報を集めることであり，企業が社会から何を求められているのかを知ろうとするものである。

★2　筆者は取材時にいくつかの芸術文化組織に関して，本書で示したようなステークホルダー図を描いてみたことがある。そこにはオーケストラ，文化施設，コンサートホール，美術館などのステークホルダーが含まれていた。民営のクラシックコンサートホールが最も少ないステークホルダーと関係しており，公的な施設は非常に多くのステークホルダーとの関係が見られた。こうした作業は，文化施設自身が誰と向き合わねばならないかを整理し，気づくために有用なものとなるだろう。

■ ステークホルダーとは何か

ステークホルダーは，**その組織の目的の達成に影響を及ぼすことができる，もしくはそれによって影響を受けるグループや個人**と定義されている（Freeman 1984; Freeman et al. 2007）。

当初は企業を中心として多くのステークホルダーが周囲をとりまき相互に影響しあう図が示されてきた（**図補2-1**）。また，内部と外部に分類するもの，影響力の程度により一次ステークホルダーと二次ステークホルダーに分類するもの（**図補2-2**），生産視点か管理視点かという分類など，その分類も発展してきている。

アートプレイスに集うのは，直接的に関わる一次ステークホルダーだけでなく，二次ステークホルダーも多い。特に後者は通常のマーケティング・コミュニケーションだけでは到達できない層といえるだろう。

図補 2-1　企業のステークホルダーの視点

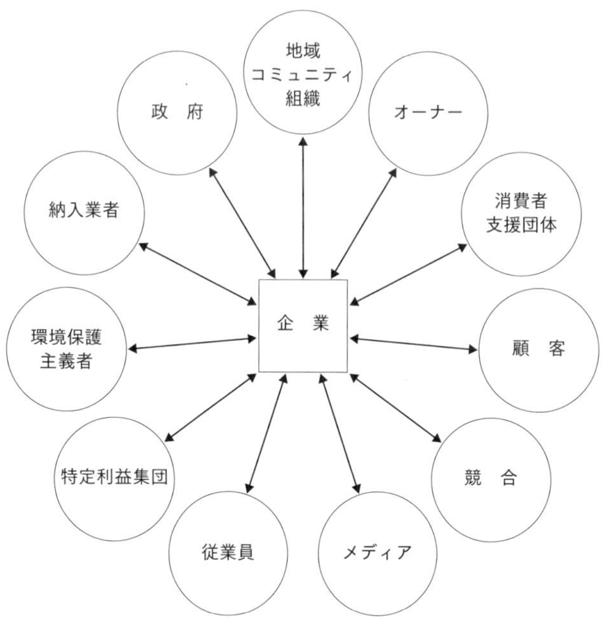

（出所）　Freeman 1984, p. 25 より。

図補 2-2　基本的な二層のステークホルダー関係図

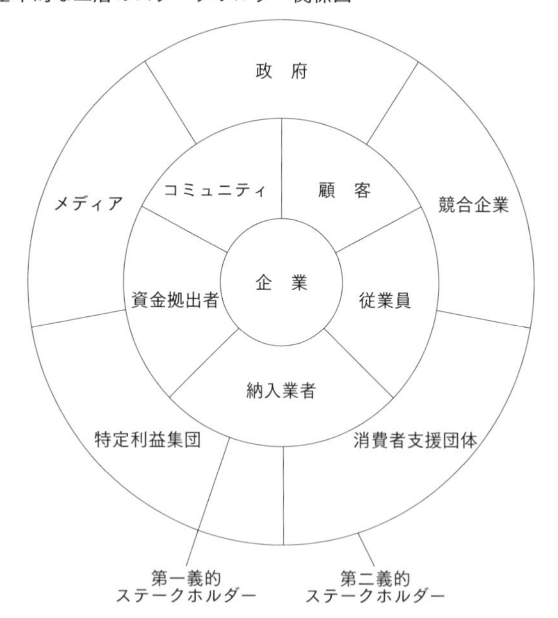

（出所）　Freeman et al. 2007，邦訳 p. 8 より。

図補 2-3　メンデロウのマトリクス

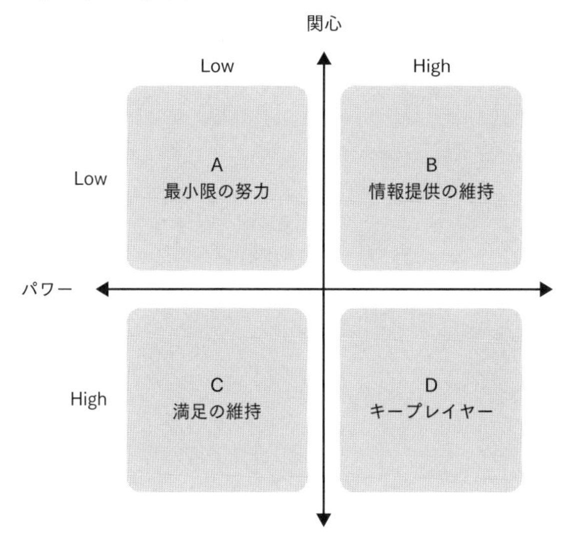

（出所）　Eriksen-Coats 2018 より。

■ ステークホルダーを評価する分析ツール

また，自社の環境を認識するためのステークホルダーの分析ツールに関しても，多くのフレームが示されてきた。これらのツールは，組織が限られたリソースを有効に使うための手がかりになるだろう。

そのひとつが**メンデロウのマトリックス**であり，それはパワーと関心の 2 軸によりステークホルダーを分類し（**図補 2-3**），対応を考えていこうとするものである（Mendelow 1981 ; Eriksen-Coats 2018）。

パワーとは，組織の戦略あるいはプロジェクト資源に影響を与える能力をさし，関心とは組織またはプロジェクトの成功にどの程度関心があるかをさす。たとえば，高パワーで高い関心を持つグループは重要なプレイヤーであるため，それに対峙するために最大限の努力をすべきである。しかし，高いパワーを持つが低い関心しか持たないグループには満足させるように彼らと協働すべきだが，情報過多になるほどの情報を提供する必要はない。パワーは持たないが高い関心を持ってくれるグループには，適切に情報を提供する必要がある。パワーを持たず，あまり関心のないグループに対しては，情報過多にならない程度に情報提供をすればよい。ただし，これらのグループは環境変化により突然，セルを移動する可能性があるため，モニタリングしておくべきである。

もうひとつの分析ツールとして，**セイリエンス・モデル**（Mitchell et al. 1997）

図補 2-4　セイリエンス・モデル

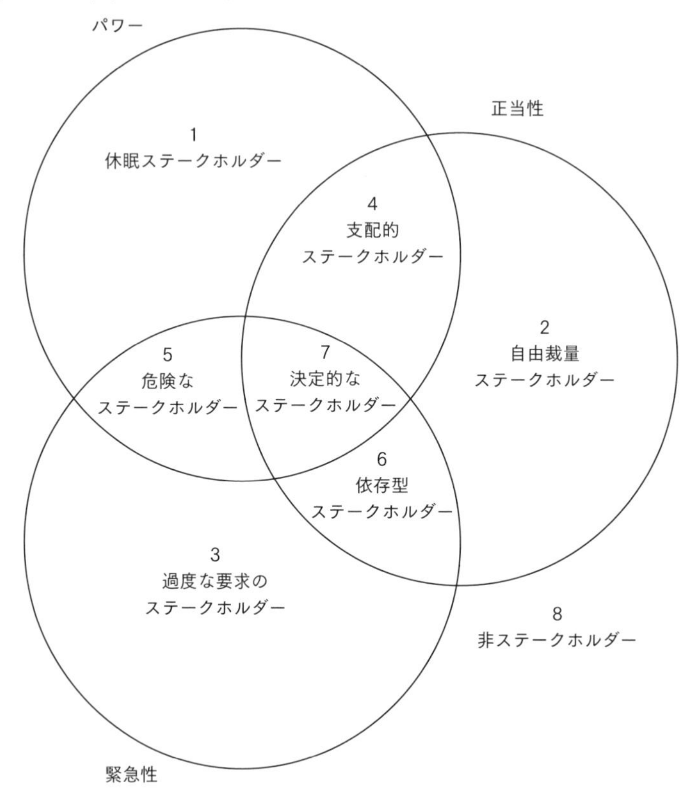

（出所）　Mitchell et al. 1997, p. 874 より。

を紹介しておこう。パワー，正当性，緊急性という 3 つの属性を使ったベン図で示されるモデル（**図補 2-4**）で，8 つのグループへと分類しようとするものである。マネジャーが感じるパワー，正当性，緊急性，の 3 つの属性によって，ステークホルダーを分類し対処しようとするものであり，現在ではプロジェクト・マネジメント分野で使われているようである。休眠（Dormant）ステークホルダーは，潜在的な力を持つグループで，たとえば解雇された元従業員などである。寝た子を起こさないようにすべきとされている。自由裁量（Discretionary）ステークホルダーは，社会貢献的な関わりのある関係者であり，プレッシャーも緊急性もないが，それを支援することが正しいといった相手である。過度な要求の（Demanding）ステークホルダーは，たとえば玄関前で抗議活動をする一人の人など，面倒なグループである。支配的（Dominant）ステークホルダーは，正当性もパワーもあるグループであるため，良い関係を維持する必要があるだろう。危険な（Dangerous）ステークホルダーは，パワーと緊急性が高いグループである。たとえば，予算を握っているが直接は関わっていないといった人である。依存型（Dependent）ステークホルダーは，パワーを持たないため自分のやりたいことをやるためにほかのステークホルダーに頼ることになる。後ろ盾となるステークホルダーを味方につけることでコアのステークホルダーに移動しうる。決定的な（Definitive）ステークホルダーは，最も重要なグループであり，強制的な側面を持つ。ストライキやサボタージュといったものである。このグループとのリレーションシップは個人的にも全体としても重要である。ステークホルダーを静的なものとして捉えるだけでなく，その分類は移動する可能性があるという点からも，モニタリングが必要となるだろう。

この 3 つの属性を使った重要性とパフォーマンスの関係を調査した研究（Agle, et al. 1999）では，企業の社会的な業績との関係が実証されているが，経済的なパフォーマンスとの関係は実証されていない。**ステークホルダーの重要性は，経済的な側面には直結してない可能性はあるが，社会課題の解決といった側面での効果がありそう**である。

このようなステークホルダー分析ツールは，ほかの軸を使った二次元のマトリクス，態度概念を入れた三次元モデルなどへ発展している。6 つの市場への分類[★3]，さらに複雑なマッピング手法も開発され，学術でも実務でも利用されてきている。

★3　さらに，Payne et al.（2005）は，ステークホルダーには 6 つの市場があることをフィールド調査から導き出している。この 6 市場モデル（Six market model）の市場は，「顧客市場」「紹介（referral）市場（自分のサプライヤーをほかに紹介する既存顧客，増幅者）」「影響市場（ファイナンシャルアナリスト，株主，ビジネスプレス，政府，消費者グループ）」「リクルートメント市場，従業員市場」「サプライヤー／アライアンス市場」「内部市場」である。これらのステークホルダーとの関係性のための計画は，ステークホルダーの価値を定義し，価値提供のためのデザイン，最後には評価とフィードバックなどプロセスについても言及している。

■ ステークホルダー志向は何をもたらすのか

それでは，ステークホルダー志向の経営は何をもたらすのだろうか。**幅広いステークホルダー・グループの利益に貢献しようとする企業は，長期的にはより多くの価値を生み出す**ことは認められており（Harrison and Wicks 2013），それはまた財務的なものよりも社会的な価値に対して貢献があるとされている。そこには 2 つの異なる見方がある。

ある組織がステークホルダー志向の考えや行動であるならば，自身の業績が良くなるのだという**利己的利他主義的な見方**がそのひとつである。周囲のことを考えて

表補 2-1 ステークホルダーの価値の整理

	一次元価値観			多元的価値観
アプローチ	財務的価値の最大化	共通価値創造	ステークホルダーの幸福の強化	ステークホルダーの効用
提唱者	Jensen (2002); Sundaram and Inkpen (2004)	Porter and Kramer (2006, 2011)	Jones and Felps (2013a, 2013b)	Harrison and Wicks (2013); Mitchell et al (2015, 2016)
価値創造の焦点	財務的価値	財務的価値の重要性	予見可能な将来にわたる正当なステークホルダーの幸福度の総計	正当なステークホルダーのために創られた効用の合計
価値の定義	その企業の長期的な市場価値の合計	社会的利益を生み出しながら利益を最大化すること	ポジティブ感情とネガティブ感情の和	ステークホルダーにとって価値がある可能性のあるもの
価値の主体	中心となる企業	企業とそのステークホルダーたち	ステークホルダーたちも含めたシステム全体	ステークホルダーそれぞれ
限界	すべてのステークホルダーの価値を財務指標に還元すること	非財務的価値は利益の増加に役立つ場合にも考慮される	すべてのステークホルダーの価値を幸福度の指標に還元する	相反する多元的な価値観に対処するために，マネジャーを支えるプロセスの欠如

（出所） Schormair and Gilbert 2021, p. 5 をもとに筆者加筆。

つきあっていくことで，長期的に自社に何かリターンが戻ってくるという考え方である。ステークホルダー志向であるほど，財務的な業績が良くなるという因果で研究されてきた[★4]が，実は周囲のステークホルダーの価値を低下させてしまう可能性についても言及されている（Harrison and Wicks 2013）。

もうひとつの見方は，自社の業績にだけ関心を向けるのではなく**周囲から自社を見て社会全体の価値を高めようとする**ものである。Harrison and Wicks（2013）は，中心企業の側から価値を捉えるのではなく，それをとりまくステークホルダーがその企業と関係することで得られるであろう価値として捉える「ステークホルダーベースの価値観」を示している。企業をとりまくグループは，企業の公正さや共有された規範の感覚を大切にしており，それがあるから企業に協力しようとし，それにより，システム全体，社会全体の価値が大きくなるのである。

これまでステークホルダー理論では多様な価値観を扱ってきた。その価値概念を整理したものが，**表補 2-1** である。中心となる企業の価値の増大として考えるだけでなく，社会との共通価値として捉えるもの，あるいはステークホルダーたちをすべて含めた総体の幸福として捉えるものなどがあり，いずれも価値を一次元で捉えている。しかし，各ステークホルダーにとってのベネフィットは一次元で捉えられるものではないという立場が，多元的アプローチであるが，効用を幸福という一次元に還元することも可能かもしれない。

いずれにせよ，企業がそれぞれのステークホルダーからどう捉えられているのかということを，企業自身が理解しなければならないことは明らかである。はたして，日本の企業は，自社がどのように関係各所から見られているのかということを知っているのだろうか。自社のブランド調査やリクルーティング時のイメージ調査などは実施しているかもしれないが，それは販売市場や採用市場での優位性といったひとつの側面しか見ていないのではないだろうか。

今回取り上げた**アートプレイスでの相互作用では，企業が関係各所とつながりをつくりながら，社会全体の価値を高めていくという活動が見られた**。これは，前述の「企業の公正さや共有された規範の感覚を大切にしており，それがあるから企業に協力しようとし，それにより，システム全体，社会全体の価値が大きくなる」ことでもある。すなわち，**企業は社会全体の価値を自社がどのように高めているのかという点を，気にしなければならないのであるが，その方法のひとつとして，アートプレイスが作用**している可能性がある。

★4　Freeman et al.（2007）のレビューによると，ステークホルダー志向のマネジメントと企業の経済的な業績はポジティブな関係にあるとされる。

■ ステークホルダーの関係性をいかに構築するのか

ステークホルダーにいかにアプローチするのかについても，歴史とともに変化が見られる。当初は，ステークホルダー・マネジメントという言葉が使われており，中心にいる組織が**ステークホルダーをいかに管理するか**を考えていた。しかし，管理するというだけではなく，関係性を積極的に構築していくのだという考え方に変わっていった。関係の管理から，**関係の構築へ**と移行する企業を Lazano（2005）は，リレーショナル企業と呼んでいる。さらに近年では，ステークホルダーの関係やコンフリクトも複雑[★5]になり，**価値観の対立をいかに調整し，コンセンサスを得ていくのか**について，政治学の討議的正当化といった概念を援用しながら複雑な社会問題を扱おうとするものもある（Schormair and Gilvert 2021[★6]）

では，**いかに関係性を構築していけばよいのだろうか**。そこで重要なのは，**共有（sharing）**という概念である。共有という概念は，資源の分配と，言葉によるコミュニケーションという 2 つの側面を持つ。資源配分の側面でいえば，価値共創により増大したものを公正にシステム内で配分することで関係性は構築される。そしてコミュニケーションの側面からは，談話のプロセスを経て価値観を共有することは，金銭的な価値を超えたものとなるのである。

このコミュニケーションの側面を担うのが，パブリック・リレーションズであろう。コミュニティでの会話を通じて，顧客や取引先との関係性を築くことができるのである。

たとえば，Halal（2001）は，リレーションシップ要素として，対立の解決（Conflict resolution），公正な処遇（Equitable treatment），市場競争（Market competition），政治的取引（Political bargaining），共同での課題解決（Collaborative problem-solving）の5つをあげている。この要素を，対話によるコミュニケーションで相互理解を高め，改善していくことが望ましい。

また，Schormair and Gilbert（2021）は，ステークホルダー間の価値観の対立を管理するためのプロセスを5つのステップで説明している。①討議的共有のための前提条件の評価，②ステークホルダーの価値観の対立の評価，③影響を受けるステークホルダーの会合，④相互学習を可能にする，⑤解決策の発見，の5つである。

また，政治学の合意形成プロセスにおいて，多くのステークホルダーのなかでも弱い立場のものへ，より多くの発言や資源が行くように配慮すべきであるという立場もある。この考え方を実践しているアートプレイスもある。ベネッセアートサイト直島や瀬戸内国際芸術祭では，公害問題を抱える豊島や，ハンセン病隔離施設を持つ大島などネガティブな歴史を持つ土地だからこそ，そこへの投資を行っている。

このように，**ステークホルダー間の価値観のすり合わせや相互理解のための対話の場についてもらうためという意味で，アートプレイスの意義はある**だろう。また，**社会全体の価値増大という視座を獲得しながら調整していくプロセスは，アートを介した取り組みのなかにも見られる**のである。

★5　ステークホルダーとの関係を考えるにあたり，それをダイアドの関係（1対1）として捉えるのか，それともマルチ・ステークホルダーとして見るのか，さらにネットワーク構造として捉えるのかといった議論もある。

★6　この研究は，バングラデシュで起きたラナプラザ工場の崩壊を受けてつくられた協定の策定プロセスについての研究であるため，一企業をとりまくシステムの範囲を超えた公共的な問題となってしまっている。そのため，ひとつの組織の取り組みとして考える場合は，関係性構築というレベルでの検討が適切であろう。

3. 企業の芸術支援によるCSV

■ CSRとSDGs

企業の社会的責任（Corporate Social Responsibility：CSR）とは，企業活動のプロセスに社会的公正性や倫理性，環境や人権への配慮を組み込み，ステークホルダーに対してアカウンタビリティを果たしていくことである（谷本編著 2004）。企業活動の動機は経済的なものだけでなく，倫理的な側面も含まれるため，従業員に対して配慮していくべきだとO.シェルドン（Sheldon 1924）が説いたように，企業の社会的責任は労働問題が起点となった。

1960年代から1970年代にかけてコンシューマリズムが発生し，「人間と環境を守る」ことを優先し，社会や環境のバランスを回復するとともに，人間福祉の原点に戻って考え直すことが要請されていった（三上 1974）。コンシューマリズムの生成と発展に決定的な役割を果たしたのは，1962年のケネディ大統領による「基本的な消費者の権利」宣言とラルフ・ネーダーの『どんなスピードでも自動車は危険だ』の発刊である（三上 1974）。この頃，太平洋戦争後に高度経済成長を遂げた日本は深刻な公害問題を抱えており，これに対応することが企業に強く求められた。

1980年代から1990年代に入ってグローバル化が急速に進展し，企業活動に伴う格差，貧困，人権，地球環境問題など，経済・社会・環境におけるネガティブな側面が大きな社会問題となり，多国籍企業への批判が高まっていった（谷本 2013）。これに伴い，1990年代後半からCSRが重要なアジェンダとして取り上げられるようになった。これに日本における企業のグローバル化が追い打ちをかけ，2003年頃からCSRが本格的に導入されていった。

こうした企業の動きと呼応するように，国連グローバル・コンパクトやISO2600，GRIスタンダード，責任投資原則などのさまざまな基準が定められてきた（國部 2017）。国連グローバル・コンパクトとは，各企業・団体が責任ある創造的なリーダーシップを発揮することによって，社会の良き一員として行動し，持続可能な成長を実現するための世界的な枠組みづくりに参加する自発的な取り組みのことである（グローバル・コンパクト・ジャパン・ネットワークウェブサイト）。

ISO26000は世界最大規模の国際基準開発NGOであるISO（International Organization for Standardization：国際標準化機構）によって，品質管理（ISO9000）と環境管理（ISO24000）に次いで，2010年に制定された社会的責任に関する基準である。ISO26000は，社会と環境に対する配慮が（組織活動に）有益な成功をもたらす要因であることを認識する人々のための指針を提供するものであり（ISO

ウェブサイト），組織，人権，労働慣行，環境，公正な事業慣行，消費者問題，コミュニティの関与と発展という7つの主要課題に対応している（International organization for standardization 2018）。

さらに，2015年にはニューヨーク国連本部で開催され，150を超える加盟国首脳が参加した「国連持続可能な開発サミット」の成果文書として「我々の世界を変革する――持続可能な開発のための2030アジェンダ」が採択された。このアジェンダにおいて，地球および繁栄のための行動計画として掲げられた17の目標と169のターゲットから構成されるのが**「持続可能な開発目標」**（Sustainable development goals：**SDGs**）である（国際連合広報センターウェブサイト）。

SDGsは国際機関で定め，多くの国によるコンセンサスを得て制定したルールである。大手企業が中心となって，**SDGをCSRを内包するかたちで位置づけ，政府や省庁，地方自治体と連携して，SDGsを積極的に推し進めていくようになった。**また，テレビや新聞などのマスメディアも活発的に取り上げたことによって，世間でのSDGsの認知度は上がってきた。このように，SDGsの認知度や重要性は高まっているといえる。

だが，**企業の観点から捉えた場合，SDGsは，社会や環境に関する課題に対する取り組みであるCSRと，根本的な違いがない。**本書では企業による芸術支援について取り上げていくため，支援者である企業というプレイヤーの視線が欠かせない。本書では取り組みの主体をSDGsにまで広げずに企業に限定し，CSRにフォーカスして議論をしていく。ただし，その意図するところはSDGsを排除することではない。CSRはSDGsの一部であると考えれば，むしろ，今後企業がSDGsを推進するうえでも役に立つものであるといえる。

CSRの範囲はさまざまなステークホルダーに拡大していくとともに，責任の強さにおいて階層化されていった。Carroll（1991）が示したCSRの階層は次の4つが順に積み重なって構成されている。その4つとは，利潤を上げて納税をするとともに従業員を雇用する①経済的責任，法令に則って経営活動をしていく②遵法的責任，たとえまだ法制化されていなかったとしても道義に反する行動をとらないという③倫理的責任，**社会の要請に応えたり先んじたりして社会に配慮した行動をとる**という④**社会貢献的責任**である。

このうち，経済的責任と遵法的責任は果たせなければ，ただちに企業が存続できなくなり，法令面で考えれば，行うべきことが厳格に定められている。また，倫理的責任についても，疎かにすれば社会から強く非難されることになる。これらと異なり，社会貢献的責任は重要性が低く，果たさなくても強い非難を受けることもない。一方でメリットもあり，どのようなかたちで行っていくかについての自由度が高い。そのため，**企業の特色を出したり，自社に対するベネフィットを考慮したりするなど戦略的に行っていくことが可能である。**社会貢献的責任を果たすために行うのが，企業の社会貢献活動（corporate philanthropy）である。

■ 企業の社会貢献活動と芸術支援

企業の社会貢献活動とは，企業がその経営資源の一部を社会的な目的のために寄付することである（Ricks Jr. 2005）。企業の社会貢献活動は**資産家個人によるものを起源とする。**19 世紀以降の産業革命で財をなしたイギリスやアメリカの資産家が，個人的な寄付によって病院や浴場，食堂，レクリエーション施設を設置したことにはじまった（Carroll 2008）。その後，2 度の世界大戦を経て，寄付の主体は企業の創業者や経営者の個人的な意思決定に基づきつつも，大企業を中心とする組織へと移行していき，対象も健康や労働，文化，芸術，都市や地域に関する問題などへと拡大していった（薗部 2014）。

日本では，戦後の高度経済成長期に企業が成長を遂げるとともに，公害などに対する批判に向き合うため，1946 年に経団連の前身である経済団体連合会が発足した（薗部 2014）。ただし，こうした行動は，企業によるネガティブな違反行動の発生を予防する運動（Davis and Blomstrom 1975）と呼ばれ，前掲の CSR のピラミッド（Carroll 1991）に照らしてみると，社会貢献的責任というよりも，むしろ遵法的責任や倫理的責任に含まれるものである。

日本における企業による芸術支援は，1985 年のプラザ合意以降に顕著になってくる。日本企業の海外進出が盛んになり，アメリカを中心とする貿易摩擦による国家間の対立が進み，現地従業員との相互理解が求められるなかで，企業の社会貢献活動は進んでいった。この頃，日本では株価や地価が高騰し，いわゆるバブル景気を迎えた。**企業はより高い文化的プレステージを求め，購入した芸術作品を土地と同様に投機する目的で，世界的に有名な文化団体や芸術団体へ多額の資金を投入していった**のである（企業メセナ協議会 2000）。

この風潮に対応するべく，1990 年には企業メセナ協議会が発足し，**フランス語で芸術支援を意味するメセナ**という用語をつけることによって，企業による芸術支援は見返りを求めない側面が強調されるようになっていった（企業メセナ協議会 2000）。日本経済団体連合会・1% クラブ（2017）によると，経団連加盟企業の社会貢献活動における 2016 年の文化・芸術への支出比率は 17.2% で，教育・社会教育（19.4%）に次いで 2 位であった。企業メセナ協議会（2021）によると，メセナとしての具体的な支援先に関する回答比率のトップ 3 が，美術（45.3%），音楽（34.7%），工芸（18.5%）となっている（いずれも複数回答）。

だが，理想論的にまったく見返りを求めないということでは，かえって株主や従業員，消費者に対するアカウンタビリティを果たしていないことになってしまう。そのため，企業は芸術支援を通じて，どのようなリターンがあるのかについて考慮する必要がある。たしかに，宣伝効果（19.6%）や顧客開拓（15.2%）などについて回答する声はあるものの，そもそも回答している企業数が46と少ない（企業メセナ協議会 2021）ため，実態として十分に把握できるものではない。

これはメセナ支援において，**ハイアート（ハイブラウ）といわれる格式の高い芸術は商業利用されることが厭われる**傾向があることとも関係する。**ハイアートの鑑賞者は所得や学歴の高い層に多く見られ**（枝川 2015），**ビジネスの視点に立てば，適切なターゲティングとポジショニングを行えば，効果的にマーケティングでの利用が可能**だと考えられる。だが，**マーケティングへ利用することをあからさまにすれば，芸術関係者からの反対の声が強まってしまう**。たとえば，芸術をマーケティング利用する場合，現在における消費者からの人気や流行にもとづいて芸術が選別されることが，かえって芸術サイドにとっては由々しき問題となるだろう。

ビジネスサイドは資金を拠出するのだから商業的に利用したいと考える一方で，商業利用されることで，芸術性が損なわれることへの危惧が芸術サイドには根強く残っている。こうしたことから，**芸術を支援する企業はあからさまな宣伝やブランドイメージに直結させたいという声を出しづらい反面，まったく効果を期待せずにお金だけ拠出するのもコーポレート・ガバナンス上困難であるというジレンマに立たされている。**

しかしながら，この問いにまったくの解決策がないのかといえば，そうではない。企業にとって**芸術を支援しつつ，芸術性を損ねずに向上させるとともに，自社の経済性を上げていく方法**があるのではないか。そうした両立を図る手がかりになるのが，共通価値の創造（creating shared value：CSV）である。次に，CSVの概念を説明したうえで，いかに企業による芸術支援が，経済性と社会性の両立を図れるのかを検討する。

■ 経済と芸術の共通価値

CSVはM. E. ポーターとM. R. クラマーが2011年に提唱した概念であり，**企業が事業を営む地域社会の経済状況や社会状況を改善しながら，自らの競争力を高める方針とその実行のことである**（Porter and Kramer 2011）。社会問題に対処することを責任という名のもとにコストとして捉えるのではなく，事業として社会的課題を解決していこうという考え方である。ポーターとクラマーは共通価値を創造する方法として，製品やサービス，バリューチェーン，および，産業集積という3

つをあげている（Porter and Kramer 2011）。Spitzeck and Chapman（2012）は，ブラジルでのBASF，André Maggi Group および Fundação Espaço Eco という3組織のコラボレーションを分析し，その戦略がバリューチェーンにおける生産性の再設計という共通価値を生み出すと指摘した。

Dembek et al.（2016）は shared value（SV）という用語を含む CSV の研究を整理し，CSV の意味，SV から生じる結果，SV の結果の受益者という3つに区分した。その結果，CSV の意味としては，方針や運用慣行，グローバルな商業指針などがあげられる反面，慈善事業の視点が欠けている。SV を行うことで得られる結果に関しては，競争優位，経済価値や環境価値，金融上の価値，企業価値と社会価値，ベネフィットなどの用語があげられている。SV の受益者という点では，企業から，そのステークホルダー，バリューチェーン全体や社会などにまで広がっている（Dembek et al. 2016）。

このように，**企業が社会問題を解決する際に，見返りのない慈善事業としてではなく，経済的価値を生み出すという明確なリターンをめざすべきだということが，CSV の要諦**である。もともとは社会性が高いところからはじまったものであったとしても，次第に商業性が高まっていった結果，明確なリターンを求められる支援というものも存在する。そこには，プロスポーツや商業芸術およびその関連組織に対する支援によって，直接オーディエンスに訴求できる結果，自社製品ブランドの販売促進につながる行為が含まれる。

例として，オリンピック，さまざまなスポーツ競技のワールドカップ，NPB や J リーグなどのプロスポーツリーグや所属チームの支援や所有などがあげられる。こうした支援は，テレビや雑誌，もしくは，インターネットといった媒体や商業性の高いコンテンツ産業を支援して，スポンサーとして名前を出したり，広告を出稿したりすることによって，自社製品の販売促進を図ることに近い位置づけとなる。

だが，**企業が意図的に経済性を求めず，一切リターンを求めないところにカテゴライズされる慈善事業であったとしても，取り組んだ結果としてベネフィットが生じる場合も考えられる。ただし，それを経済価値に換算することは難しい**。なぜならば，そもそも接客や営業，ネット購入などの**ダイレクトマーケティングでないかぎり，マーケティング・コミュニケーションの結果をそのまま捕捉することは簡単ではない**からである。

たとえば，広告の場合，商品購入に到達するまでに何段階かのプロセスを経る。広告において1920年代から伝わる伝統的な購買行動モデルが AIDMA である。これは Attention（広告への注目），Interest（広告や製品への興味），Desire（製品への欲望），Memory（製品記憶），Action（製品の購買）という購買行動プロセスの頭文字を順に示したものである。消費者の行動を単純化して，人々はそれぞれ段階ごとに一定の割合で通過できたとする。それぞれの段階に至る割合を 10% だと仮定すると，AIDMA は 0.1^5 で＝0.00001（0.001%），すなわち，10 万人に 1 人が購入に至ることとなる（Kotler and Keller 2006）。

これは製品ブランドに関する広告を想定して見積もったものである。ましてや，芸術鑑賞のために美術館や音楽鑑賞のためにコンサートホールに足を運んだすべての来場者が企業名を見たとして，どれだけの人がその企業の製品に関心を持ち，購入してくれるだろうか。おそらく，短期的な効果はほとんどなく，ともすると，何年，何十年単位という長期スパンを経て，ようやく効果が認められる施策であるかもしれない。そうした，**コミュニケーションと販売の「タイムラグ」が非常に大きいということが，芸術支援のリターンを即座に金額で示すことを難しくしている一因である。**

しかしながら，Poter and Kramer（2011）が説く社会的価値と経済的価値が両立するという CSV のなかで，簡単に補足できないコミュニケーション上の事象には経済的価値がまったく「ない」と決めつけてしまってよいのだろうか。本来はメセナと呼ばれ，慈善事業としかみなされてこなかった芸術支援にも，CSV に当てはまる側面があるのではないかという問題意識が筆者らにはある。たとえば，スポンサーシップと CSV の関係を見た論文はほとんどないが，スポンサーシップと CSR の関係性を捉えようと試みている文献がある。

Anastasio（2018）は，パートナーシップモデルにおけるスポンサーシップの関与の結果を理解することを目的としている。パートナーシップモデルとは，スポーツや芸術などのスポンサーシップの準備や実施段階において，支援側と被支援側が双方に利益があるかたちで関わり合い，協力していくというものである。ケーススタディを通じて，同研究はスポンサー間の相互作用を含むスポンサーシップ・プラットフォームの役割を指摘するだけでなく，組織内のステークホルダーである従業員によるスポンサーシップに関するエンゲージメントが正のインターナル・マーケティング効果をもたらすことも示唆した。

補論 2 では，企業と社会をつなぐ芸術という観点で，関連理論を紹介するとともに整理した。ステークホルダー理論では，組織は単体で存続することはできず，必ずさまざまなステークホルダーとのつながりが必要であり，全ステークホルダーの利害は一致しないため，調整をするためにさまざまなステークホルダーの関係が複数の概念図で示された。また，ステークホルダーとの関係構築によって生じる効用として，ステークホルダー価値や CSV について触れた。

さらに，利害と関連するところでいえば，特定のステークホルダーだけが利益を得て，ほかのステークホルダーに不利益が生じることを避けるためには，広い視野での対応や倫理的観点が必要となってくる。そうした事柄に関して，芸術がどのように関われるのかということでCSRやメセナ，SDGsなどの関連概念を整理した。企業がステークホルダーとの関係性を構築するにあたって，多様な利害を調整するためには，対話の場が必要となる。本書では，そうした場として，アートプレイスが有効なのではないかと提案している。

参考文献

枝川明敬（2015）『文化芸術への支援の理論と実際』東京藝術大学出版会

企業メセナ協議会（2000）『なぜ，企業はメセナをするのか？――企業とパートナーを組みたいあなたへ』企業メセナ協議会

企業メセナ協議会（2021）『2020年度メセナ活動実態調査［報告書］』企業メセナ協議会

國部克彦（2017）「CSRとガバナンス」國部克彦編著・神戸CSR研究会編『CSRの基礎――企業と社会の新しいあり方』中央経済社

日本経済団体連合会・1％クラブ（2017）「2016年度 社会貢献活動実績調査結果」（https://www.keidanren.or.jp/policy/2017/091.html）2022年10月25日最終アクセス

薗部靖史（2014）「社会貢献活動と広報・PR」伊吹勇亮・川北眞紀子・北見幸一・関谷直也・薗部靖史『広報・PR論――パブリック・リレーションズの理論と実際』有斐閣

谷本寛治編著（2004）『CSR経営――企業の社会的責任とステイクホルダー』中央経済社

谷本寛治（2013）『責任ある競争力――CSRを問い直す』NTT出版

三上富三郎（1974）「コンシューマリズムの概念と本質」『明大商学論叢』57（1），23-45.

Agle, B. R., R. K. Mitchell and J. A. Sonnenfeld (1999) Who matters to Ceos? An investigation of stakeholder attributes and salience, corpate performance, and Ceo values, *Academy of Management Journal*, 42 (5), 507-525.

Anastasio, A. R. (2018) Understanding sponsorship involvement outcomes in partnership models (https://scholarlypublications.universiteitleiden.nl/access/item%3A2904486/view) 2022年10月25日最終アクセス

Carroll, A. B. (1991) The pyramid of corporate social responsibility: Toward the moral management of organizational stakeholders, *Business Horizons*, 34 (4), 39-48.

Carroll, A. B. (2008) A history of corporate social responsibility: Concepts and practices, in A. Crane, D. Matten, A. McWilliams, J. Moon and D. Siegel eds., *The Oxford handbook of corporate social responsibility*, Oxford University Press.

Davis, K. and R. L. Blomstrom (1975) *Business and society: Environment and responsibility*, McGraw Hill.

Dembek, K., P. Singh and V. Bhakoo (2016) Literature review of shared value: A theoretical concept or a management buzzword? *Journal of Business Ethics*, 137 (2), 231-267.

Eriksen-Coats, F. (2018) What is mendelow's matrix and how is it useful? (https://blog.oxfordcollegeofmarketing.com/2018/04/23/what-is-mendelows-matrix-and-how-is-it-useful/) 2022 年 10 月 25 日最終アクセス

Freeman, R. E. (1984) *Strategic management: A stakeholder approach*, Harpercollins College Div.

Freeman, R. E., J. S. Harrison and A. C.Wicks (2007) *Managing for stakeholders: Survival, reputation, and success*. Yale University Press. (E. R. フリーマン・J. S. ハリソン・A. C. ウィックス，中村瑞穂訳『利害関係者志向の経営――存続・世評・成功』白桃書房，2010 年)

Freeman, R. E. and D. L. Reed (1983) Stockholders and stakeholders: A new perspective on corporate governance, *California Management Review*, 25 (3), 88-106.

Halal, W. E. (2001) The collaborative enterprise: A stakeholder model uniting profitability and responsibility, *Journal of Corporate Citizenship*, 2, 27-42.

Harrison, J. S. and A. C. Wicks (2013) Stakeholder theory, value, and firm performance, *Business Ethics Quarterly*, 23 (1), 97-124.

Jensen, M. C. (2002) Value maximization, stakeholder theory, and the corporate objective function, *Business Ethics Quarterly*, 12 (2), 235-256.

Jones, T. M. and W. Felps (2013a) Shareholder wealth maximization and social welfare: A utilitarian critique, *Business Ethics Quarterly*, 23 (2), 207-238.

Jones, T. M. and Felps, W. (2013b) Stakeholder happiness enhancement: A neo-utilitarian objective for the modern corporation, *Business Ethics Quarterly*, 23 (3), 349-379.

International Organization for Standardization (2018) ISO26000 Guidance on social responsibility. (https://www.iso.org/files/live/sites/isoorg/files/store/en/PUB100258.pdf) 2022 年 10 月 25 日最終アクセス

International Organization for Standardization, Popular Standards ISO26000 SOCIAL RESPONSIBILITY, ISO website. (https://www.iso.org/home.html) (2022 年 10 月 25 日最終アクセス)

Kotler, P. and K. L. Keller (2006) *Marketing management*, 12th ed., Prentice Hall. (P. コトラー・K. L. ケラー，恩藏直人監修・月谷真紀訳『コトラー&ケラーのマーケティング・マネジメント〔第 12 版〕』丸善出版，2014 年)

Lazano, J. M. (2005) Towards the relational corporation: From managing stakeholder relationships to building stakeholder relationships (waiting for Copernicus), *Corporate Governance*, 5 (2), 60-77.

Mendelow, A. L. (1981) Environmental scanning: The impact of the stakeholder concept, *Proceedings From the Second International Conference on Information Systems*, 407-418.

Mitchell, R. K., B. R. Agle and D. J. Wood (1997) Toward a theory of stakeholder identification and salience: Defining the principle of who and what really counts, *Academy of Management Review*, 22 (4), 853-886.

Mitchell, R. K., G. R. Weaver B. R. Agle A. D. Bailey and J. Carlson (2016) Stakeholder agency and social welfare: Pluralism and decision making in the multi-objective corporation, *Academy of Management Review*, 41 (2), 252-275.

Mitchell, R. K., H. J. Van Buren Ⅲ, M. Greenwood and R. E. Freeman (2015) Stakeholder inclusion and accounting for stakeholders, *Journal of Management Studies*, 52 (7), 851-877.

Payne, A., D. Ballantyne and M. Christopher (2005) A stakeholder approach to relationship marketing strategy: The development and use of the "six markets" model, *European Journal of Marketing*, 39 (7/8), 855-871.

Porter, M. E. and M. R. Kramer (2006) Strategy and society: The link between competitive advantage and corporate social responsibility, *Harvard Business Review*, 84 (12), 78-92.

Porter, M. E. and M. R. Kramer (2011) Creating shared value: How to reinvent capitalism and unleash a wave of innovation and growth, *Harvard Business Review*, January/February, 62-77.（M. E. ポーター・M. R. クレーマー，『DIAMONDO ハーバード・ビジネス・レビュー』編集部訳「経済的価値と社会的価値を同時実現する共通価値の戦略」『DIAMOND ハーバード・ビジネス・レビュー』2011 年 6 月号，8-31.）

Ricks Jr., J. M. (2005) An assessment of strategic corporate philanthropy on perceptions of brand equity variables, *Journal of Consumer Marketing*, 22 (3), 121-134.

Schormair, M. J. and D. U. Gilbert (2021) Creating value by sharing values: Managing stakeholder value conflict in the face of pluralism through discursive justification, *Business Ethics Quarterly*, 31 (1), 1-36.

Sheldon, O. (1924) *The Philosophy of management*, Sir Isaac Pitman and Sons Ltd.（オリバー・シェルドン，企業制度研究会訳『経営のフィロソフィ――企業の社会的責任と管理』雄松堂書店，1975 年）

Spitzeck, H. and S. Chapman (2012) Creating shared value as a differentiation strategy: The example of BASF in Brazil, *Corporate Governance*, 12 (4), 499-513.

Sundaram, A. K. and A. C. Inkpen (2004) The corporate objective revisited, *Organization science*, 15 (3), 350-363.

補論 3

企業のコミュニケーションと文化芸術

1. アートプレイスを介したコミュニケーション

補論 3 では，企業のコミュニケーション手段としてのアートプレイスという視座から，2 つのテーマを扱う。ひとつめは，外部へのコミュニケーションの手法としてのスポンサーシップについての研究である。アートのスポンサーシップがどのように研究されてきたのかについて述べていく。2 つめは，社内コミュニケーションとアートプレイスの関連についての研究である。

2. 芸術へのスポンサーシップ

最初に，企業が芸術を支援する形式のひとつである，スポンサーシップについての研究を検討する。先述したように，日本では一般的にメセナと呼ばれる芸術支援は企業の社会貢献活動に含まれ，見返りを求めない慈善的な意味合いで捉えられることが多い。だが，企業がある特定の対象を支援するという点では，**広義には芸術支援もスポンサーシップにカテゴライズされる**（薗部 2019）。本節ではスポンサーシップの概要に触れ，話を芸術支援に限定したうえで，芸術のスポンサーシップが企業にもたらす効果について言及していく。

■ スポンサーシップとは何か

スポンサーシップとは，あらゆる企業目的あるいはマーケティング目的で支援するために実施するコーズやイベントに関する投資である（Gardner and Shuman

1988)。一般的にコーズは大義と訳され，社会問題を解決する慈善的なニュアンスで取り扱われることが多い。その場合，見返りを求めず寄付することを意味する。

世良（2014）はコーズを「よいことなので，援助をしたくなる対象」と定義し，貧困層の支援や地球環境保全などの慈善事業に限定せず，より広義なものとして捉えている。こうした良いことなので支援したいもののなかには，芸術支援も含まれるだろう。さらに，**スポンサーシップには，企業が芸術組織などのさまざまな組織を一方的に支援するのではなく，企業にも得られる何かがあるという考え方もある。**Cornwell and Maignan（1998）は，支援をする側とされる側が相互に利する部分があることを指摘している。

スポンサーシップの対象はいくつかのカテゴリーに分けることができ，Cornwell（2020）による区分を簡潔に言い表すと，①有形の対象，②無形の対象，③プレイヤー，④運営組織となる。まず，有形の対象は，スタジアムのネーミングライツやモータースポーツに出場するレースカーのシャーシーに企業や製品のロゴをつけるといった，会場，設備，事柄など，かたちのある支援先を意味する。無形の対象は，スポーツ大会や音楽フェスティバルなどのアクティビティ，イベント，プログラムなどのことである。

プレイヤーとは，個人や組織単位で実際に試合やイベントに出場するアスリートや演奏家といった個人，もしくは，そうした人たちが直接所属するチームや楽団などの集団をさす。運営組織は，アメリカンフットボールを運営する the National Football League（NFL）や国際オリンピック委員会（International Olympic Committee：IOC）などスポーツ大会やイベントを運営する組織，リーグ，委員会のことである（Cornwell 2020)。

一般的な**スポンサーシップが慈善事業としての社会貢献活動と明確に異なるのは，間接的に訴求するいわゆるソフトセル型であるものの，マーケティング上の成果を期待して行われている点**である。実際，スポンサーは支援対象もしくはイベント，および，その運営組織に対して金品を支払い，その見返りとして，支援対象やイベントに関する権利を得ることができる（Dean 2002)。支援対象として，スポーツ，音楽，文化，慈善，テレビ，もしくは，地域社会でのイベントなどが含まれる（Gardner and Shuman 1988)。

テレビに関して取り上げてみると，番組のスポンサーとなる企業は，特定の番組の資金的支援をする代わりに，番組の途中で CM を流すことができる。CM を通じて，視聴者は製品ブランドや企業ブランド（製品や企業の名称）を知ることになり，そのブランドを好きになる人も出てくるであろう。さらには，そのなかの一部の人が製品を購入してくれる可能性も高まっていく。

■ 芸術のスポンサーシップの効果

テレビのスポンサーになることと同様の効果は，スポーツや芸術などのイベントへのスポンサーシップにも期待することができる。スポーツや芸術，エンタテインメント，社会活動に関連したイベントや活動の公式スポンサーシップはイベント・マーケティングとも呼ばれる。Keller（2013）は企業がイベントのスポンサーになる理由を次のように分類している。

まず，心理変容に関わるものと売上につながるものに分けられる。それぞれについて，例をあげて説明していく。**心理変容に関わるものの例には，自社ブランドを特定の消費者グループに人気のあるイベントと結びつけられること，企業や製品名の認知を高められること，主要なブランド・イメージ連想の消費者知覚を形成もしくは補強すること，企業イメージを強化する，経験を間接的に自社ブランドや製品への熱意に転化させることなどがあげられる。**

売上に直結する例には，支援するイベント自体を商品化するマーチャンダイジングやイベント自体のプロモーションが含まれる。加えて，間接的に売上に関係するものとして，大切な顧客や重要な従業員に報いるために用いるものも存在する。これはプロモーションというよりは，社内外を問わず，重要な人々をいわば接待というかたちでもてなすことで，関係性を強化し，帰属意識を高めてもらえることが期待される（Keller 2013）。

社員が抱く自社への帰属意識に関していえば，インターナル・リレーションズの文脈で語ることができる。インターナル・リレーションズとは，組織内部の人々と良好な関係を構築することである（伊吹 2014）。臼井（2015）によると，六花亭製菓（北海道帯広市）では，本業とともに芸術・文化支援を盛んに行っており，1982 年から月に 1 回のペースで自社が保有する店舗とホールを兼ねる真駒内六花亭ホール店においてクラシックコンサートを開催しているという。こうした文化・芸術支援が企業に根づき，地域で支持を受けていくことによって，従業員は仕事に対して誇りを持ち，より質の高いパフォーマンスが醸成される可能性がある（臼井 2015）。

一方，スポンサーシップを心理的効果の側面からさらに詳細に見ていく。まず，ブランドや企業をスポーツや芸術，音楽，娯楽，チャリティなどに関する特定のコミュニティと結びつけることができる（Cornwell 2020）。この結びつけるという行為は広告の機能と同様である。**製品やサービスはその対象自体に付随する物理的な性質によってだけでなく，広告を含む「他の要因」によってイメージが規定されるの**である（Sirgy 1982）。

製品やサービスを総称して製品ブランドと呼ぶ場合，ブランドはイベントやコーズといった要因がブランドと結びつくことによって，二次的ブランド連想が生み出される（Keller 2013）。ブランドとは，ある売り手の商品やサービスを競争相手のそれらから差別化されたものとして識別するための名称，用語，デザイン，シンボル，あるいは，他のなんらかの特徴と定義される（American Marketing Association ウェブサイト）。

こうした製品ブランドは，はじめは企業側で企図して制作したものである。しかしながら，**広告などのコミュニケーションに触れたり，実際に製品を使用してみたりするといった経験をすることによって，ブランド知識として消費者の記憶に蓄積され，個人的な意味を持つようになる**（Keller 2003）。

スポンサーシップに関する実務的な効果測定について，パブリック・リレーションズ（PR），広告やマーケティング，モデリングや分析といったアプローチがある。PR 手法は，スポンサーシップ活動成果を整理してまとめることで，記述的に特徴を描き出すものである。広告とマーケティングは，基本的にはサーベイベースで分析され，スポンサーシップやスポンサーに対する記憶，イメージの変化，購買意図と行動によって態度が高まるかなどを捉える。モデリングや分析は，スポンサーシップに関する定量調査と探索調査などで用いられる（Cornwell 2020）。

探索的調査の例として，Lund and Greyser（2015）の研究があげられる。彼らは顧客や幅広いオーディエンスとのインタラクションという観点で，銀行と美術館のパートナーシップがどうあるべきかを事例分析で捉えようと試みた。事例として取り上げたのは，主要グローバル金融組織 UBS とマルチサイト型のミュージアムであるグッゲンハイム美術館のスポンサーシップ提携である。

主要な代表者へのインタビューと直接観察によって，以下の結果が明らかにされた。銀行にとって，主要な芸術組織との提携は文化的・象徴的・社会的な資源にアクセスでき，それらの資源は，富裕層向けサービスに価値を与えて差別化しうるものであった。また，主要なクライアントに芸術に高い関心を持たせることで，非公式な場でのコミュニケーション機会をつくりだし，関係強化を図っていた。一方，美術館にとってスポンサーシップは，これまで不足していた来館者と芸術作品を世界の地域から獲得するという点で，国際的な拡張を促すものである。また，提携によって，美術館のパートナーや潜在的な寄付者のネットワークも拡大することが示唆された（Lund and Greyser 2015）。

■ 芸術のスポンサーシップが抱える問題

このように**芸術のスポンサーシップからは肯定的な心理的影響が生まれる**と考えられる。しかしながら，そうした**芸術のマーケティング活用を好ましくないという**

声は根強い。これとは対照的に，好意的にスポンサーシップが受け入れられている分野がスポーツである。野球やサッカーなど世界各国のリーグや，ワールドカップやオリンピックなどの世界大会など，スポーツに対するスポンサーシップに大きな疑義が出ることはあまりない。

スポーツは勝敗がはっきりしており，国内でのトップクラスの大会や世界大会になると，素晴らしいプレーを多くの人々が同時に視聴できる。また，ときには知らない人同士が声をあげて肩を組み，特定の選手やチームを応援することで一体感やチームや国に対する帰属意識を持ちやすいといえるだろう。

もちろん，スポーツのスポンサーシップにも疑義が出された例はある。近年の例をあげれば，2020 年以降世界的に甚大な被害をもたらしている新型コロナウイルス感染症によって，スポーツ大会を中止もしくは延期するなどの措置を求める声があがった。しかしながら，これは，同感染症の世界的流行が緊急事態をもたらした例外的なものといえよう。パンデミックが収束さえすれば，おそらくスポンサーシップによるスポーツ支援自体には疑義が出ないだろう。このように，スポーツはスポンサーシップに対して支持されやすい性質を持っている。

これに対して，**スポンサーシップによる芸術支援活動をマーケティングに利用しようとすると，懐疑的に捉えられる傾向がある**（Sonobe and Kawakita 2020）。補論 2 第 3 節（企業の芸術支援による CSV）でも触れたが，バブル経済期には，日本企業が土地や株などとともに世界的な芸術作品を投機的目的で購入したことに疑問の声があがった。また，芸術支援も製品を売るためのプロモーション手段として捉えられ，数億から数十億円をかけた文化イベントが行われていった（根本 2005）。こうした支援は芸術を儲けのための道具としてしか見ておらず，軽んじてさえいたようにも見える。

だが，企業による芸術支援へ懐疑的な目が向けられる理由は，企業側のみではなく，支援される芸術側にも原因があると考えられる。芸術はハイアート（ハイブラウ）とローアート（ローブラウ）というように，格式の高さで二分されることがある。前者は知的あるいは審美的で優越性のある芸術に用いられるのに対して，後者は美的に洗練されていないものに向けられたものである（Levine 1988）。

商業のために芸術を利用していること自体を「ロー」アートと呼んで低いものとみなし，経済的成功とは別のところに価値をおいている姿勢がうかがわれる。だが，資金援助が一切なくなれば，芸術イベントやその関係者が活動を続けていくことができなくなってしまう。そのため，芸術組織はファンドレイジングというかたちで，外部から資金を獲得しなければならない。こうした**「商業利用をされたくないけれども，惜しみない資金援助をしてほしい」というジレンマをハイアートに携わる芸**

術組織や芸術関係者は抱えている。

このような理由から，芸術に対するスポンサーシップへの注目はこれまで低かったといえる。筆者らが論文検索サービスの EBSCO を用いて 2000 年から 2019 年までの査読論文の傾向を確認したところ，タイトルに sports と sponsorship を含むものは 37 本であったのに対して，art と sponsorship を含む論文はわずか 7 本であった。だが，**はたして芸術をマーケティングや企業内で活用するのはそんなに悪いことなのだろうか。**本書を著すことになった背景には，こうした問題意識が含まれている。

---

3. 企業内部のコミュニケーションとアート

■ インターナル・コミュニケーションとアート

ここからは，社内コミュニケーションとアートプレイスの関連性を捉えていきたい。**社内コミュニケーションは，パブリック・リレーションズで関係性を構築するステークホルダーのなかで，企業内部の社員を対象にしたものである。インナー・コミュニケーション，インターナル・コミュニケーション，社内広報，インナー・ブランディングといった言葉で表される活動をさす。**

企業内部の社員たちとのコミュニケーションがうまくいかないと，社員が同じ方向を向いて長期的に企業を継続し成果を上げることは難しい。そのため重要だといわれてきたものの，製品を売るためのコミュニケーションほどには予算をかけない企業が多いのではないだろうか。

近年では，いくつかの要因により，組織内の人々に対するコミュニケーションは，これまで以上に重要になってきている。その理由のひとつめは，**組織内外が曖昧になっている**ことである。契約社員や派遣社員，アウトソーシングによる常駐社員，パートやアルバイト，フリーランスとの契約，副業での参加，など多様な雇用形態が見られ，彼らとの協働が欠かせない。2 つめは，**人材の多様性が高まってきた**という点である。グローバル化による海外拠点の増加や国内の外国人労働者，宗教の違い，LGBT（性的少数者）への対応など，多様な価値観が共存する組織になっており，伝統的な日本企業のスタイルが通用しなくなってきている。3 つめは，雇用の流動化である。転職の増加，M&A などにより社員が固定された状況は減少してきている。

企業内の社員たちとのコミュニケーションに関しては，広報分野だけでなく，組織論やマネジメントで扱われてきたが，最も関連するものしては，組織文化の形成や経営理念の浸透の研究だろう。

「ベネッセアートサイト直島」のように，企業が経営理念の浸透の装置として，アートプレイスを活用することがある。そのため，経営理念の浸透が，どのように研究されてきたのかを見ておきたい。

■ 経営理念の浸透

経営理念の浸透に関する研究は，組織内部の人材への影響という点からも組織論の分野で主に研究されてきており，広報分野においても扱われているテーマである。経営理念とは「企業の社会的存在意義を表明するもの」（高尾・王 2012，p.1）であり「成文化された価値観や信念」（同，p.17）をさす。多くの企業では，企業理念，社是・社訓，ミッション，ビジョン，バリュー，パーパス，行動指針など企業によってさまざまな用語で表現されている。企業がめざす理想を述べているが，現実とのギャップもあり，メンバーに浸透しておらず形骸化している場合も少なくない。その研究には大きく３つの流れがあり，経営理念とは何かに関するもの，理念の浸透策の研究，理念浸透とその成果に関する研究である。

経営理念とは何かについては，その分類や機能などの研究がある。たとえば，奥村（1996）は，経営理念を階層性で捉えた。階層性とは，その言葉の普遍性と抽象性の程度によって階層構造をなしていることである。①会社の使命や存在意義を抽象度の高い言葉で表した経営理念，次に②これを具体化し実行させるための経営方針，そして，③社員の行動を具体的に示す行動指針と，順に具体的になっていく。また，経営理念には３つの機能があるとされている。ステークホルダーとの関係や自社の使命といった企業の存在意義や将来への方向性を示す「社会適応機能」，企業内の文化の良質化や従業員の動機づけや一体感の醸成に関する「企業内統合機能」，経営目標や戦略，組織・制度に展開されるための「経営実践機能」の３つである（横川 2010[★1]）。

経営理念浸透策の研究では，理念浸透策によってどのように理念浸透がなされるかを見ていこうとする研究である。たとえば，Schein（1999）は「一次浸透メカニズム」と「二次浸透メカニズム」の２つに浸透プロセスを分けている。「一次浸透メカニズム」とは，創業者や経営者などリーダーが自らの行動で浸透を図るものである。トップが普段からどのような意思決定をするのか，危機にどのような反応をするのか，どのような基準で限られたリソースを割り当てるのか，どのような基準で報酬や昇進，採用をするのかといった点から，メンバーはこの組織の価値基準を獲得する。「二次浸透メカニズム」とは，形式的で物質的なものであり，たとえば，組織構造やシステム，作法やしきたり，物理的空間，社内のエピソード，組織の信条に関する公式表明などである。両者は整合性がとれていなければならず,「二次浸透メカニズム」より「一次浸透メカニズム」のほうが理念浸透に効果的であるとしている。

このように**リーダーの行動が,理念浸透に有用だという点は,芸術支援活動についても同様**だろう。社長の趣味として捉えられがちな芸術支援であったとしても,それが経営理念とつながる行為として認識され社会貢献策であることが伝われば,社員への経営理念浸透策として機能するだろう。

経営理念浸透とその成果に関する研究では,企業理念の浸透の程度を説明変数とし,従業員の行動など成果との関係を探るものである。理念浸透には組織レベルでの浸透と,個人レベルでの浸透がある。前述の理念浸透策の研究では組織レベルでの浸透を主に扱ってきたが,ここでは組織レベルに加え,個人レベルでの浸透を扱うものへと発展している。たとえば,北居・田中(2009)は,理念浸透を2つの次元,個人の内面への浸透の程度である「内面化」,マネジメントや製品,制度への理念の反映の程度である「定着化」で測定し,両者とも個人の職務満足と組織コミットメント[★2]を高めることを示している。高尾・王(2012)は,理念浸透を3つの次元(情緒的共感,認知的理解,行動的関与)で捉え,理念浸透が従業員の組織行動に影響することを実証している。ここで扱っている組織行動は,役割外行動である組織市民行動,仕事にどの程度集中するかの職務関与,チャレンジ精神を反映する革新志向性などである。

また,理念浸透の研究においては「理解→行動」を前提に議論されてきたが,実際には「行動→理解」という逆方向のメカニズムが考えられることが指摘されている(田中 2013)。マーケティングの分野でも,なんらかのプログラムに**参加し手伝うといった応援行動をすることでその対象へのコミットメントが生まれる**というメカニズムが指摘されている(川北・薗部 2019)。

経営理念浸透策としてアートプレイスを活用している代表例は,「ベネッセアートサイト直島」であろう。また,資生堂やサントリーなどほかの事例でも,アートプレイスでの取り組みは企業の理念を反映している。**アートプレイスで参加性の高いプログラムに参加することは,理念浸透策として,そして企業へのコミットメントという点でも有効**である。その結果,さまざまなポジティブな組織行動が期待される。

★1 3つの機能のうち,社会適応機能と企業内統合機能については,間(1972)などでも提示されている。

★2 組織コミットメントには,功利的,規範的,情緒的の3種があるとされるが,この研究では,情緒的コミットメントに着目している。

■ アートとの関わりが企業の内部資産に与える影響

企業が芸術支援を通してアートと関わることが，実は企業の内部資産に影響を与えるのではないかという点は，さまざまな側面から議論がなされている。

アート・マネジメントの研究分野から，芸術文化組織をビジネスとの関係で考えるための2つの研究を紹介する。芸術文化組織にとっての収入源のひとつが，ビジネスセクターからの支援である。そのためには，単に社会貢献というだけではなく，もう少しリターンを考慮した投資として捉えてもよいのではないかという指摘である。

Comunian（2009）は，ビジネス分野からのアートへの投資は，販売促進や，企業をよく見せることや，社会的責任を果たすといったことが原動力となっているが，生産プロセスや自社製品の付加価値に影響するという点が研究されてきていないことを指摘した。たとえば，イタリアのイリィ・カフェはアーティストを起用しアーティスティックなグッズやインテリアで店舗ブランドの価値を高めている。さらに，カフェを社会的ハブとして考える文化プロジェクトを実施することが，企業の競争力を高めている例をあげている。この場合，店舗スタッフや供給業者，役員から現場の従業員までを巻き込むことが重要であるとする。

企業の本業である事業への直接の効果については，これまで多くの事例があった。しかし，ここでは，単に製品のデザインが良くなるといった点だけでなく，社内の人々がアーティストとともにカフェの価値を考える取り組みを通して，社内の人材の能力の向上といった点にまで言及されている。

さらに，Comunian は，Fahy et al.（2004）のスポンサーシップベースの競争優位の考え方をもとに，3つの競争優位を提示している（**図補 3-1**）。スポンサーシップをする際にはスポンサーフィーだけではなく，追加的な金銭的，プロモーション的，マネジメント的な投資（キーとなる資産）の違いによってその成果は異なる。スポンサーシップのポジション獲得という競争市場での競争優位がそこで生じる。これが第1レベルの競争優位である。これは，スポンサーシップの競争市場での競争優位である。第2レベルの競争優位は，製品市場においての持続的な競争優位であり，製品に対して知覚価値が上がるなどであり，そこから業績の向上につながる。そして，第3のレベルの競争優位は，当初のスポンサーシップの差異を生み出したキーとなる資産へのフィードバック効果である。アーティスト・イン・レジデンスでは，たとえば小さな作品を1つつくるだけのことに見えるかもしれないが，そこに関わった従業員にはクリエイティブ実践やコラボレーションプロセスの共有によって，もたらされるものがある。

Lewandowska（2015）は，アートとビジネスの関係の質によって，その成果が

図補 3-1　スポンサーシップをベースにした競争優位のモデル

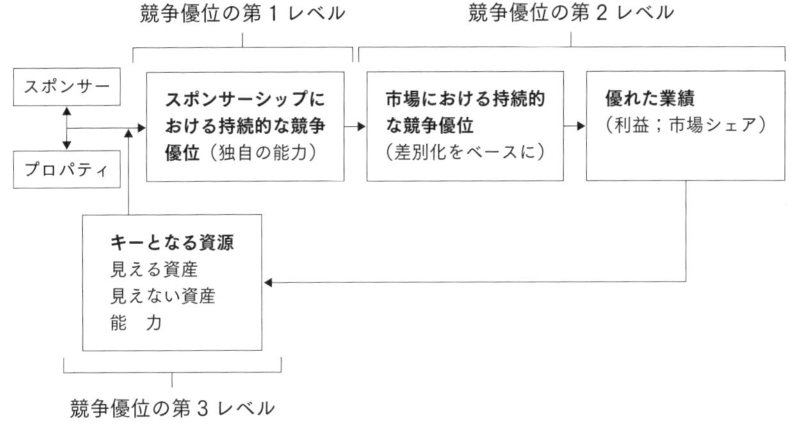

（出所）　Fahy et al. (2004), Comunian (2009) をもとに筆者作成。

異なることを実証的に示している。単にお金を出すスポンサーシップと，企業とアート組織とがともにプロジェクトをつくっていくパートナーシップとの違いを測定し，これらの程度の違いが「組織のクリエイティビティとラーニング」「コミュニティやステークホルダーとの関係構築」に影響するかを実証的に示した。ここで興味深いのは，「クリエイティビティとラーニング」に対して，パートナーシップは共同制作を通して影響があったが，スポンサーシップでは影響がなかった。「コミュニティやステークホルダーとの関係構築」についても，パートナーシップは強い影響があったが，スポンサーシップでは弱い影響しか見られなかったことである。

■ デザイン思考とアート思考

また，**ビジネスにおける課題解決やイノベーションのために，デザイナーやアーティストの思考プロセスを借りてきたらよいのではないか**という考えが，デザイン思考やアート思考という言葉で注目されてきている。ビジネスにおけるデザイン思考とは，デザイナーの思考プロセスをビジネスの現場での課題解決やイノベーションに活かしていこうとすることである。デザインファーム IDEO の CEO であるティム・ブラウンがビジネスでのスタートであるとされており，ビジネスの研修でも使われるようになっている。顧客のベネフィットという視点を入れていくことが求められる。

一方，アート思考にはさまざまな定義が見られる。そのなかから，秋元（2019）の説明を紹介しておこう。「デザイナーが生み出すのが『解決策（答え）』であるのに対し，アーティストが生み出すのは『問いかけ』である[★3]」という言葉にあるように，近年ではデザインとアートの違いを，デザインは課題解決を目的としており，アートは課題発見だと見なされることが多い。とくに現代アートの作家たちは，時代の課題を敏感に感じ，それを思いもよらない方法で，アートとして表現していく。そういった思考法をアート思考としている。アート思考は「何が問題なのか」という問いからスタートする点が特徴である。

★3 『WIRED』2012年のインタビュー（Maeda 2012）より。

■ アーティスティック・インターベンション

このようなアーティストの思考法を獲得するために，近年欧米では，アーティストとの相互作用をビジネスの場に取り入れようとする試みが見られるようになってきている。アーティスティック・インターベンション[★4]研究（八重樫・後藤 2015）として注目されている。なかでも，アーティストが数カ月，あるいは数年にわたって組織に入り相互学習を目的とした長期的な取り組みは，「アーティスティック・インターベンション・レジデンシー」（Antal 2012）と呼ばれている。それは，ビジネスとアートという文化の溝を越えた相互学習を可能にするためのさまざまな方法を発見するためのプラットフォーム（Antal 2012）であるとされており，アートプレイスのなかでの相互作用を想定している。この分野の研究は，ビジネスセクターとアーティストとの仲介者に関する研究や，その内容についての複数事例研究が主である。プロジェクトの構造を分析し，うまくいく事例のパターンを発見しスイートスポットと名づけた研究もある（Meisiek and Barry 2018）。いずれも，解決すべき問題が多岐にわたっており，また，仲介者やアーティストの関わり方も異なっているため研究は難しく，一定の見解が見られるまでにはまだ多くの研究が待たれるところであろう。

このように，ビジネスとアートとの相互作用は，まだはじまったばかりであるが，近年注目されているトピックである。本書の事例として取り上げたロフトワークの場合も，デザイナーやクリエイターを企業の人々とともに開発に参加させることで，新しい発想を得ようとしている。アートの力は企業にとっても直接的に影響しうる。

★4 アーティスティック・プロボケーション，ワークアート，アートベースメソッドなど，さまざまな用語で説明されている。

参考文献

秋元雅史（2019）『アート思考――ビジネスと芸術で人々の幸福を高める方法』プレジデント社

伊吹勇亮（2014）「インターナル・リレーションズ」伊吹勇亮・川北眞紀子・北見幸一・関谷直也・薗部靖史『広報・PR 論――パブリック・リレーションズの理論と実際』有斐閣

臼井栄三（2015）「文化・英術を通して，顧客との絆をつくる――人びととの共通価値を，地域社会の中で生み出すために」北海道教育大学岩見沢校芸術・スポーツ文化学研究編集部会編『芸術・スポーツ文化学研究』大学教育出版

奥村悳一（1996）「変革期における経営理念の刷新」『横浜経営研究』17（3），217-233.

川北眞紀子・薗部靖史（2019）「芸術文化組織の参加型広報プログラムに関する定量調査――ボランティア動機がコミットメントに与える影響」『広報研究』23, 67-79.

北居明・田中雅子（2009）「理念の浸透方法と浸透度の定量的分析――定着化と内面化」『経営教育研究』12（2），49-58.

世良耕一（2014）『コーズ・リレーテッド・マーケティング――社会貢献をマーケティングに生かす戦略』北樹出版

薗部靖史（2019）「イントロダクション――企業と社会の戦略的コミュニケーション」『企業と社会フォーラム学会誌』8, 1-16.

高尾義明・王英燕（2012）『経営理念の浸透――アイデンティティ・プロセスからの実証分析』有斐閣

田中雅子（2013）「経営理念の内容表現が理念浸透に与える影響」『同志社商学』64（6），277-294.

根本長兵衛（2005）『文化とメセナ――ヨーロッパ／日本：交流と対話　町が再生し，市民がよみがえる』人文書院

間宏（1972）「日本における経営理念の展開」中川敬一郎編著『経営理念』ダイヤモンド社

八重樫文・後藤智（2015）「アーティスティック・インターベンション研究に関する現状と課題の検討」『立命館経営学』53（6），41-59.

横川雅人（2010）「現代日本企業における経営理念の機能と理念浸透策」『ビジネス＆アカウンティングレビュー』5, 219-236.

American Marketing Association, Definition of brand, Deminition of marketing（https://www.ama.org/the-definition-of-marketing-what-is-marketing/）最終アクセス 2022 年 10 月 25 日

Antal, A. B.（2012）Artistic intervention residencies and their intermediaries: A comparative analysis, *Organizational Aesthetics*, 1（1）, 44-67.

Comunian, R.（2009）Toward a new conceptual framework for business investments in the arts: Some examples from Italy, *Journal of Arts Management, Law, and Society*, 39（3）, 200-220.

Cornwell, T. B.（2020）*Sponsorship in marketing: Effective partnerships in sports, arts and events*, 2nd ed., Routledge.

Cornwell, T. B. and I. Maignan（1998）An international review of sponsorship research, *Journal of Advertising*, 27（2）, 1-21.

Dean, D. H. (2002) Associating the corporation with a charitable event through sponsorship: Measuring the effects on corporate community relations, *Journal of Advertising,* 31 (4), 77-87.

Fahy, J., F. Farrelly and P. Quester (2004) Competitive advantage through sponsorship: A conceptual model and research propositions *European Journal of Marketing,* 38 (8), 1013-1030.

Gardner, M. P. and P. Shuman (1988) Sponsorships and small businesses, *Journal of Small Business Management,* 26 (4), 44-52.

Keller, K. L. (2003) Brand Synthesis: The multidimensionality of brand knowledge, *Journal of Consumer Research,* 29 (4), 595-600.

Keller, K. L. (2013) *Strategic brand management: Building, meaning, and brand equity,* 4th ed., Pearson Education.（ケビン・レーン・ケラー，恩蔵直人監訳『エッセンシャル戦略的ブランドマネジメント〔第4版〕』東急エージェンシー，2015年）

Levine, L. W. (1988) *Highbrow/lowbrow: The emergence of cultural hierarchy in America,* Harvard University Press.（ローレンス・W. レヴィーン，常山菜穂子訳『ハイブラウ／ロウブラウ――アメリカにおける文化ヒエラルキーの出現』慶応義塾大学出版会，2005年）

Lewandowska, K. (2015) From sponsorship to partnership in arts and business relations, *Journal of Arts Management, Law, and Society,* 45 (1), 33-50.

Lund, R. and S. A. Greyser (2015) *Corporate sponsorship in culture: A case of partnership in relationship building and collaborative marketing by a global financial institution and a major art museum,* Harvard Business School Working Paper.

Maeda, J. (2012)「ジョン・マエダの考える“デザインを超えるもの”」WIRED, 2012.09.26.（https://wired.jp/2012/09/26/so-if-designs-no-longer-the-killer-differentiator-what-is/）2022年10月25日最終アクセス

Meisiek, S. and D. Barry (2018) Finding the sweet spot between art and business in analogically mediated inquiry, *Journal of Business Research,* 85, 476-483.

Schein, E. H. (1999) *The corporate culture survival guide,* Jossey-Bass.（エドガー・H. シャイン，金井壽宏監訳・尾川丈一・片山佳代子訳『企業文化――生き残りの指針』白桃書房，2004年）

Sirgy, M. J. (1982) Self-concept in consumer behavior: A critical review, *Journal of Consumer Research,* 9 (3), 287-300.

Sonobe, Y. and M. Kawakita (2020) The prestige effects of sponsorship on attitudes toward corporate brands and art events, *Japan Forum of Business and Society Annals,* 9, 42-58.

索　引

★サ行

★タ行

★ナ・ハ行

アートプレイスとパブリック・リレーションズ
芸術支援から何を得るのか
Art Place and Public Relations:
What Do Companies and Organizations Gain from Supporting the Arts?

2022年11月30日　初版第1刷発行

著　者　川北眞紀子
　　　　薗部　靖史

発行者　江草　貞治
発行所　株式会社有斐閣
〒101-0051　東京都千代田区神田神保町2-17
http://www.yuhikaku.co.jp/

装　丁　守先　正
印　刷　大日本法令印刷株式会社
製　本　大口製本印刷株式会社
装丁印刷　株式会社亨有堂印刷所

ISBN 978-4-641-16605-9